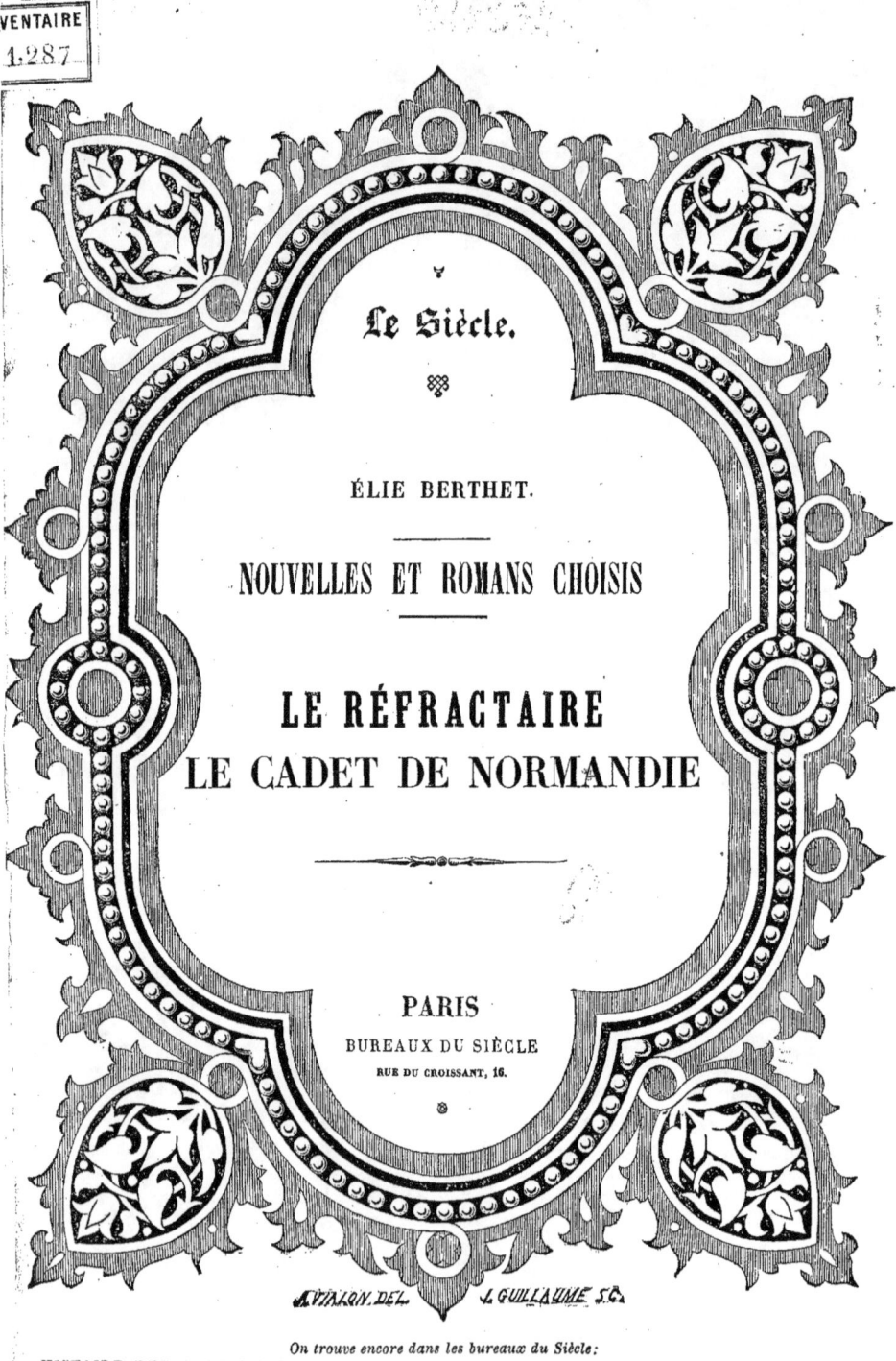

Le Siècle

ÉLIE BERTHET.

NOUVELLES ET ROMANS CHOISIS

LE RÉFRACTAIRE
LE CADET DE NORMANDIE

PARIS
BUREAUX DU SIÈCLE
RUE DU CROISSANT, 16.

On trouve encore dans les bureaux du Siècle :
HISTOIRE DES DEUX RESTAURATIONS (DE 1813 A 1830), par M. ACHILLE DE VAULABELLE.
Huit volumes in-8°.—Prix : 40 fr., et 20 fr. seulement pour les abonnés du journal *le Siècle*.
Ajouter 50 c. par volume pour recevoir l'ouvrage *franco* par la poste.
N. B. — Afin de faciliter aux abonnés l'acquisition de cet ouvrage important, il leur sera loisible de se le procurer par partie de deux volumes chaque, au prix de 5 fr. pris au bureau, et de 6 fr. par la post

Élie Berthet.

LE RÉFRACTAIRE

I

LE PÈRE MORIN.

Il y avait grand bruit, un jour de mai 183— au village de Fleury-les-Bois, situé dans la Nièvre, à quelque distance de la Loire, sur les confins d'une contrée montagneuse et boisée. C'était la veille du départ des conscrits de la commune. Avant de dire adieu pour longtemps au pays natal, les futurs défenseurs de la patrie faisaient dans le village une promenade militaire. Alignés tant bien que mal, leurs chapeaux ornés de rubans versicolores et de leurs numéros de tirage, précédés d'un tambour qui battait la marche à faux sur une méchante caisse de bois, d'un tambour-major maigre comme un échalas, d'une élégante vivandière qui cabriolait à hauteur de ceinture d'homme, les pauvres enfans s'efforçaient de prendre des airs crânes et joyeux, qu'ils croyaient de circonstance. Ils chantaient à tue-tête, ils lançaient aux passans de hardis quolibets, mais, en dépit de leurs stations fréquentes dans les cabarets qui se trouvaient sur la route, cette gaieté était factice et le diable ne perdait rien à cette affectation d'insouciance.

La manifestation guerrière avait donc mis tout le village en émoi. Les mères, les sœurs, les fiancées accouraient sur le seuil des portes pour voir passer, dans l'appareil de leur nouvelle profession, les beaux garçons qui allaient partir; elles saluaient de la main, le sourire sur les lèvres et les larmes aux yeux. Les hommes regardaient d'un air d'étonnement, mêlé de pitié ou de moquerie. Les enfans, ces acteurs inévitables des fêtes publiques, suivaient en gambadant pieds nus, avec des chapeaux de papier et des sabres de bois; tandis qu'un petit bossu, évincé successivement par toutes les filles du village, se frottait les mains à l'écart et riait sournoisement en songeant au lendemain.

Vers la fin du jour, *le bataillon*, comme disait le gringalet d'officier postiche qui commandait la bande, vint stationner sur la place de Fleury; aussitôt les habitans du village s'y rassemblèrent et entourèrent les apprentis soldats. Il était temps que cette longue promenade se terminât; les triomphateurs étaient couverts de sueur et de poussière; les libations, les chants patriotiques et autres leur avaient rendu la voix rauque. Le tambour-major, empêtré de ses bottes à talons, de sa canne et de son bonnet à poil, se soutenait à peine sur ses jambes de fuseau. L'officier jurait que son grand sabre de cavalerie pesait plus de vingt kilos, et, pour preuve, il le faisait manier aux spectateurs, qui semblaient craindre d'en être mordus. La vivandière, lasse de ses gambades, avait déposé à terre son tonnelet, et, relevant gauchement son jupon, elle s'était assise sur le tambour, en exhibant les splendeurs de son pantalon garance. Cependant la troupe ne rompait pas encore les rangs, car elle s'attendait à être passée en revue par quelque haut fonctionnaire du village, par monsieur le maire, par exemple, dont la maison, ou plutôt la ferme, se reconnaissait sur la place au beau peuplier vert qui décorait la porte. Mais monsieur le maire était en ce moment occupé à donner la provende à ses vaches. Étonné de ce vacarme insolite, il avança sa tête, coiffée d'un bonnet de coton, à la lucarne du fenil, et jeta un regard serein et majestueux à ses administrés; mais, après une minute d'examen et un sourire de satisfaction, la tête auguste et le bonnet de coton disparurent. L'autorité était retournée à ses occupations champêtres, laissant les jeunes soldats se passer en revue tous seuls, s'il en avaient la fantaisie.

Bien convaincu de l'indifférence du fonctionnaire civil, les conscrits se disposaient enfin à se séparer et à aller se livrer dans leurs familles aux tristes douceurs des derniers adieux, quand les regards se tournèrent tout à coup vers l'extrémité de la place opposée à celle où se trouvait l'habitation du maire. De ce côté s'élevait une maison assez vaste; un drapeau tricolore flétri et une enseigne sur laquelle on lisait *Gendarmerie royale*, désignaient suffisamment sa destination. Or, la porte de cette maison venait de s'ouvrir, et le brigadier de gendarmerie lui-même, sans armes, le bonnet de police sur l'oreille et les mains derrière le dos, s'approcha en sifflotant.

Sa vue fut pour les nouveaux soldats ce qu'est le roulement du tambour pour les anciens. Ils ne coururent pas aux armes, et pour cause, mais les plus éreintés se redressèrent et reprirent leurs rangs.

— Garde à vous ! cria l'officier; c'est le père Morin...

Un bon enfant que le père Morin, et un vieux de l'Empire... Il va peut-être nous passer en revue !

— Monsieur Morin ! s'écria la vivandière en se relevant d'un bond ; fichtre ! pourvu qu'il ne me voie pas !

Et enfonçant son chapeau ciré sur ses yeux, elle chercha à se cacher derrière la foule.

Le brigadier Morin, ou le père Morin, comme on l'appelait familièrement, n'avait rien cependant qui dût exciter à ce point l'agitation et les alarmes. Malgré sa haute taille, sa prestance militaire, sa croix d'honneur et ses luxuriantes moustaches grises, son air était paisible et bienveillant. Sa figure fraîche, reposée, légèrement arrondie par l'embonpoint, exprimait l'égalité d'humeur. Les gendarmes de campagne, en effet, n'ont pas d'ordinaire ces manières dures, cette physionomie hargneuse de quelques-uns des fonctionnaires du même ordre à Paris et dans les grandes villes. Toujours en contact avec de petites populations qu'ils connaissent et dont ils sont connus, ils en prennent souvent les allures paisibles, les habitudes bourgeoises. Le brigadier de Fleury était l'exemple le plus frappant de cette transformation du soldat ridige en pacifique citoyen. A la brigade, où il était adoré de ses inférieurs, c'était un bonhomme propret, rangé, un peu tatillon, s'occupant de son ménage et de son pot-au-feu, affectueux jusqu'à la faiblesse pour sa fille unique, mademoiselle Victoire Morin, dont le caractère passablement décidé régnait, disait-on avec celui de son père. Du reste, malgré ses qualités privées, il était rigoureux dans l'accomplissement de ses devoirs et le maintien de la discipline. Toujours le premier à cheval quand arrivaient des ordres du chef-lieu, il se montrait infatigable à la poursuite des malfaiteurs ; aucun danger n'eût pu l'arrêter dès qu'il s'agissait d'une mission dont il était chargé. Mais il remplissait ses fonctions sans passion, sans animosité personnelle ; il demandait *les papiers*, il empoignait les coquins, comme un rentier du Marais joue aux boules ou aux dominos, avec calme et simplicité, sans fiel et sans colère, accordant même parfois l'aumône de sa pitié au pauvre diable contre lequel il se trouvait forcé de sévir.

Un tel homme, pas plus que le maire prosaïque de Fleury-les-Bois, ne pouvait avoir de goût pour les honneurs que les conscrits réunis sur la place grillaient de décerner à quelqu'un. Aussi, quand il fut près de la troupe, se hâta-t-il d'adresser un signe au tambour, qui allait le saluer d'un ban, et qui resta, les baguettes en l'air et la bouche béante, fort désappointé de cet excès de modestie. Le brigadier Morin, après avoir porté à son front le revers de sa main, se mit à parler familièrement en patois du pays à ceux des conscrits qui lui étaient connus. Cet abord sans façon fit oublier aux jeunes gens leurs velléités d'étiquette militaire ; ils rompirent les rangs encore une fois, et entourèrent avec empressement le bon gendarme. Chacun d'eux désirait obtenir quelque renseignement sur sa condition nouvelle, ou faire admirer sa tournure belliqueuse au vétéran de la Moskowa et de Waterloo. Morin expliqua, admira tout ce qu'on voulut, consola amicalement les affligés, encouragea, non sans une légère teinte d'ironie, les rodomonts à persévérer dans leurs bonnes dispositions. Il finit par glisser à l'assemblée que le départ général *pour rejoindre* était fixé au lendemain, à quatre heures du matin : que le rendez-vous était sur la place même, où un sergent de ligne, qui se trouvait alors dans une commune voisine, les prendrait en passant, et que quiconque manquerait l'heure serait considéré comme déserteur. Cela dit, il se remit à causer tranquillement avec ses voisins, sans avoir l'air de remarquer que certains tiers-à-bras s'éloignaient précipitamment, pour cacher des marques de faiblesse par trop significatives.

Peu à peu la place se dégarnit, les rangs des spectateurs s'éclaircirent. Le brigadier, sa tâche accomplie, ne semblait plus avoir aucun motif d'écouter les billevesées de nos conscrits. Aussi, tout en répondant avec une complaisance inaltérable aux questions saugrenues, jetait-il autour de lui des regards préoccupés, comme s'il eût attendu quelqu'un dont l'absence lui semblait inexplicable. Tout à coup il s'interrompit au milieu d'une phrase, et se dirigea vers la vivandière, qui jusque-là s'était adroitement soustraite à son attention. En se voyant découverte, la dame au chapeau ciré devint rouge sous son hâle, et baissa les yeux.

— Ah ! vous voici donc, mam'selle ? dit le brigadier d'un ton de galanterie exagérée ; *sucre !* comme vous voilà gentiment attifée !... Sur ma parole, vous me rappelez une petite moudjikoise que j'ai beaucoup aimée dans les temps jadis, sur les bords de la Bérésina... Elle était verte et jaune ; j'en raffolais !

La vivandière, embarrassée et confuse, semblait retenir avec peine une grande envie de pleurer.

— Brigadier, murmurait-elle, vous voulez plaisanter... Mais ça vous est permis, parce que c'est vous, et puis je vous respecte.

— Eh bien ! qu'avons-nous là ? continua Morin en frappant sur le tonnelet que la vivandière avait remis en sautoir, voyons ! la petite mère, n'offrirez-vous pas un verre de *consolation* à un vieux troubadour qui a traîné ses guêtres sur les champs de bataille, du temps de *l'autre* ?

— La marchande de rogomme exprima par une pantomime embarrassée que le tonnelet était vide. — Voyez-vous ça ! reprit Morin en riant d'un gros rire, les troupiers ont tout bu, et peut-être que la débitante elle-même... Alors, ma belle, puisque votre cantine est à sec, vous accepterez bien un verre de rouge ou de blanc, là, au cabaret de la mère Laficelle ?... Nous causerons un peu, et vous n'en serez pas fâchée... Oh ! ne craignez rien ; je ne suis plus très dangereux pour le beau sexe ; et puis les mœurs, le devoir... *Sucre !* avez-vous peur de moi ?

Il passa sa main autour de la taille un peu épaisse de la vivandière, dont l'embarras redoublait ; puis, se tournant vers les conscrits qui regardaient, cette scène en ricanant, il dit d'un ton où la bonhomie n'excluait pas la sécheresse du commandement : — A demain matin, quatre heures, jeunes gens ; le sergent sera là... et puis l'on ne rira plus !

Il porta la main à son bonnet de police, tourna carrément sur ses talons, et marcha vers un cabaret voisin, en entraînant la dame au jupon rouge.

Les risées provoquées par la galanterie du gendarme avaient cessé brusquement, et le couple put s'éloigner sans être poursuivi par de nouvelles plaisanteries. L'inexorable discipline militaire commençait à montrer son bout d'oreille à ces pauvres diables, qui n'y avaient guère songé jusque-là. Nous achevèrent-ils de se disperser, et en un clin d'œil la place eut repris son aspect de solitude accoutumé.

Morin et sa compagne, bras dessus, bras dessous, s'avancèrent en silence vers le cabaret du village, bouge enfumé où le lard rance et le fromage mûr répandaient incessamment leurs âcres parfums. Mais, avant d'en franchir le seuil, tous les deux, par un mouvement spontané, se tournèrent vers l'hôtel de la gendarmerie. A une fenêtre du premier étage, dans un encadrement de rideaux blancs à franges de coton, une grande et belle jeune fille, coiffée en cheveux, semblait les observer elle-même avec attention. La vivandière tressaillit, et le brigadier grommela, en caressant sa moustache :

— Bon ! bon ! elle nous voit... véritablement, poulotte, ma fille Victoire nous a vus ! Mais elle entendra raison, comme les autres... — Cinq minutes après, ils étaient assis sur des bancs de bois, en face d'une table graisseuse ornée d'une bouteille de mauvais vin et de verres à deux sous. La vivandière avait jeté son chapeau sur un meuble, et laissait voir une figure qui, pour être jeune et imberbe, n'avait pas moins un caractère énergique ; le coude sur la table et le front appuyé sur sa main, elle gardait le silence, en proie à l'embarras, à l'indécision et au chagrin. Morin l'observait du coin de l'œil, en vidant son verre à petits coups. — Ah çà ! mon garçon, reprit-il enfin d'un ton sévère et amical à la fois, j'espère qu'en prenant les jupons d'une femme tu n'en as pas pris les idées? ça ne serait pas d'ordonnance, vois-tu ; quoique, pour le dire en passant, il y ait de ces petites femmes qui n'ont pas froid aux yeux !

La prétendue vivandière (car on a deviné sans doute depuis longtemps que c'était un homme qui avait joué ce rôle dans la promenade des conscrits), la prétendue vivandière donc se redressa d'un air surpris :

— Une femme ! — répéta-t-elle machinalement. Puis, jetant les yeux sur son équipage. — Ah ! vous dites ça à cause de ces affiquets de gourgandine ?... ce sont les autres qui ont voulu m'en affubler... mais attendez, j'en serai bien vite débarrassé !

Aussitôt la veste, la collerette, la jupe rouge volèrent au loin. et, au lieu d'une vivandière, il n'y eut plus qu'un jeune drôle, de petite taille il est vrai, mais robuste, bien proportionné, au visage vermeil, à l'expression franche et ouverte, quoique un peu niaise. Il revint, en bras de chemise et en pantalon garance, reprendre sa place sur le banc, en face de Morin.

— A la bonne heure donc ! reprit le brigadier, j'aime à te voir ainsi... tu as l'air d'un brave troupier qui se prépare à faire sa corvée.

Cette observation, au lieu de flatter l'amour-propre du conscrit, parut au contraire exciter en lui une impatience fébrile. Il porta la main au malencontreux pantalon garance, comme s'il eût voulu également s'en dépouiller ; mais il s'arrêta à temps, le doigt posé sur un bouton.

— Brigadier, dit-il avec effort et d'une voix profondément altérée, vous tenez donc beaucoup... mais beaucoup... à ce que je sois soldat ?

Morin le regarda fixement.

— *Sucre!* si j'y tiens ! (Disons ici que cette interjection *sucre!* qui revenait si souvent dans les discours du brigadier, était le seul juron toléré par mademoiselle Victoire, son enfant gâté.) Et le moyen de faire autrement ? Tu es tombé au sort, tu as été déclaré bon pour le service, tu as reçu ta feuille de route et tu vas rejoindre ton régiment ; que peux-tu changer à cela ? Il faut prendre ton sac et tricoter des jambes, à trois sous par lieue ; c'est indubitable ! — Le conscrit garda un morne silence. Morin continua à l'examiner avec sa pénétration tranquille ; après avoir vidé son verre, il reprit : — Écoute, Léonard Bouvet, je te veux du bien, quoique j'aie accroché sur toi certaines choses sur le cœur. Mais tu es un honnête garçon, tu as été à l'école, tu sais lire, écrire, calculer, comme un sergent-major. Ensuite tu es habile dans ton état de bûcheron ; personne mieux que toi ne s'entend à exploiter une forêt, à surveiller les travailleurs, à construire artistement ces trains de bois qui descendent la Loire et rapportent de gros bénéfices... Aussi, avec de la conduite, tu feras certainement ton chemin plus tard dans ce pays ; tu pourras prendre des coupes de forêts à ton compte et gagner lestement une jolie fortune. Ce serait donc un vrai malheur si tu venais à compromettre par quelque sottise tant de belles chances. Or, mon garçon, continua le brigadier en hochant la tête, tu ne me parais pas bien chaud pour le service... Léonard Bouvet ne répondit que par un sourd gémissement. — Peut-être, continua le gendarme en s'écoutant parler, tout en irait-il mieux si ta famille avait de quoi t'acheter un remplaçant ; car, vois-tu, ce qu'on fait à contre-cœur on le fait mal. Pour être un bon soldat, il faut être naturellement propre à la chose ; c'est évident. Mais ton père, quoique assez à l'aise, a cinq autres enfans, la plupart en bas âge. Pour t'acheter un homme, il faudrait vendre son lopin de terre, et il ne peut s'y décider. Aussi, mon ami, je t'engage à prendre ton parti en garçon de cœur, et à ne pas clampiner avec le gouvernement.

— Ah ! brigadier ! brigadier ! murmura le conscrit suffoqué par les sanglots, je ne m'y résoudrai jamais !

— Hein ! quoi ? qu'est-ce que cela veut dire ? fit Morin du ton d'un magister qui régente un écolier ; aurais-tu la pensée... Mais, bah ! ce n'est là qu'un premier mouvement de chagrin, au moment de quitter ta famille, tes amis... Tu en seras revenu après une étape ou deux ; je connais ça... on pleure en partant, puis on finit par rire d'avoir pleuré. — Léonard secoua la tête. — Non !... tu crois?... Eh bien ! alors d'où vient donc ce grand chagrin ? Pourquoi te désoler ainsi ? Est-ce que... tu ne serais pas brave, par hasard ?

— Pas brave ! répéta le jeune homme dont les yeux brillèrent. Puis, se cachant de nouveau le visage dans les mains : — Eh bien ! brigadier, s'il faut l'avouer... il y a de ça, voyez-vous, il y a de ça... je ferais un mauvais soldat, je caponnerais ; bien sûr, je caponnerais...

— Caponner, toi ? sacré mille *sucres!* Si je le pensais... ! Mais non, ajouta aussitôt Morin, je suis sûr du contraire ; je me souviens d'un certain jour que je revenais avec mes hommes de poursuivre des braconniers ; nous passions à l'étoile Verte au moment où l'on était en train d'abattre le chêne du Garde, un vieil arbre qui avait plus de deux cents ans et qui aurait couvert de son ombre un régiment de cavalerie. Miné par le pied, il penchait à droite et à gauche, prêt à tomber. Nous fîmes halto un moment de peur d'être écrasés, nous et chevaux. Tout à coup on s'aperçut que l'enfant de l'un des ouvriers était resté sous le chêne, où il jouait, insouciant du danger. Un cri partit de toutes les bouches, mais personne n'osait aller au secours du petit malheureux. Seul tu t'élanças au pied de l'arbre qui craquait déjà ; tu pris l'enfant dans tes bras et tu l'emportas à toutes jambes... Oui, j'ai vu cela, Léonard, et, quoique je me pique de ne pas être un poltron, la chair de poule me vient, rien qu'à songer à quoi tu t'exposais. Aussi, depuis ce temps, ai-je conçu pour toi une amitié dont je te donnerai peut-être des preuves... Toujours est-il que ce n'est pas un capon qui a sauvé le petit Pariset ; non, *sucre!* ou je ne m'y connais pas !

Léonard Bonvet était évidemment flatté de ce souvenir, et un sourire de satisfaction s'épanouissait sur son visage hâlé, pendant que de grosses larmes roulaient encore de ses yeux. Néanmoins il reprit, après une pause :

— Vous êtes bien bon, monsieur Morin ; mais vous savez, tout le monde a des momens comme ça... on ne réfléchit pas ; et puis c'était chose de mon état ; au lieu qu'être soldat, c'est bien différent ! On va, dit-on, m'envoyer dans un régiment qui partira prochainement pour *Algerre*, et il n'y fait pas bon dans le pays d'*Algerre*... Il y a des Arabes qui ont de grands fusils, avec lesquels ils vous tuent à plus d'un quart de lieue ; puis ils vous coupent la tête et vous mettent à la broche, et comme ça vous n'êtes pas enterré en terre sainte... Ensuite, il y a des lions plus gros que le bœuf noir de monsieur le maire ; ils sautent la nuit sur les hommes en sentinelle, et les emportent comme le chat emporte une souris... Tout cela n'est pas de mon goût, voyez-vous ; je n'aimerais pas à être mangé par les lions ou par les Arabes ; sans compter qu'il faudrait encore traverser la mer, et je me croirais perdu dès que je ne verrais plus les deux rives de chaque côté du bateau.

Pendant ces naïfs aveux, le brigadier se dandinait en souriant, de l'air d'un homme qui se croit certain de répondre par une démonstration convaincante.

— Ah ! ah ! en es-tu là, mon garçon ? reprit-il ; d'abord le voyage de mer ne sera guère plus dangereux que ces voyages que tu entreprends sur la Loire pour conduire à Nevers les trains de bois... On le dit, du moins ; car, pour moi, je n'ai pas expérimenté la chose. Quant aux Arabes, il ne faut pas trop en croire les gouailleries des journaux ou les bavardages de quelques vantards comme Labourot, un des hommes de ma brigade ; tu connais Labourot ? — Léonard fit une grimace significative. — Eh bien donc, pour en revenir, continua Morin, je te dirai le fin mot de cette soi-disant guerre d'*Algerre*, où je ne suis jamais allé, comme bien tu peux croire. Vois-tu, depuis longtemps le gouvernement et les généraux (et il y en a encore de bons, quoique les vieux s'en aillent), donc le gouvernement et les généraux étaient tarabustés de voir qu'il n'y avait plus moyen de se prendre aux cheveux avec les puissances de l'Europe. Plus de Prussiens à frotter, plus d'Anglais à tanner, absence complète de Russes sur toute la ligne : c'était désespérant. L'armée française prenait du ventre dans ses garnisons; nos soldats menaçaient de devenir de vrais soldats du pape, à force de n'avoir rien à faire. Alors des malins ont eu l'idée d'inventer cette histoire d'*Algerre*. Voilà je ne sais combien d'années que j'ai les oreilles rebattues de ces bruits d'expéditions contre les Arabes, les Bédouins, les Kabyles; plus on en tue, plus il y en a. On leur livre de grandes batailles, où on les écrase comme mouches; puis on ne porte à l'ordre du jour de l'armée qu'un Français mort et deux blessés. Ça m'a paru louche; il n'est pas facile de me rouler, moi qui en ai vu de toutes les couleurs! Aussi, j'ai deviné qu'il y avait une anguille sous roche. Est-ce que si la France voulait bien, elle n'en finirait pas, en un temps et deux mouvemens, avec ce ramas de vagabonds à ventre creux? Mais tu comprends; on les mijote pour s'entretenir la main ; quand on sent le besoin de tirer un coup de fusil ou deux, ils sont là, et il est toujours plus agréable de viser sur leur carcasse de parchemin que sur un mannequin de paille ou de bois. Ainsi donc, mon garçon, ne t'effraye pas trop de ces moricauds d'Afrique : ce ne sont que des ennemis pour rire. Ils ne mangent pas plus de chair humaine que toi et moi; et, quant à leur idée de couper les têtes, je le demande un peu ce que ça fait, lorsqu'on est radicalement mort, d'avoir ou non sa tête sur les épaules? — Le conscrit paraissait émerveillé de l'érudition et de la brillante logique du brigadier; celui-ci, après une nouvelle rasade de vin blanc pour s'éclaircir la voix, continua avec majesté : — Reste la chose des lions, et ici, mon cher Léonard, tu me permettras de te dire que je te trouve tout à fait *hétéroclite*, *incohérent* et même un peu *subséquent;* car enfin je me vois obligé de te demander si tu as jamais vu des lions?

— Jamais, brigadier.

— Fort bien; maintenant, autre question : aurais-tu peur d'un chien-dogue qui menacerait tes mollets, à supposer toutefois que tu sois muni de ce genre d'ornement ?

— Allons donc; avec un bon gourdin, je ne craindrais pas chien au monde!

— Eh bien! pourquoi craindrais-tu un lion davantage? Moi qui te parle, j'en ai vu à Paris, quand je suis allé montrer la capitale à ma fille Victoire; c'étaient de vrais lions d'Afrique, et pourtant ils ne m'ont pas semblé plus redoutables que ces gros chiens paresseux qui ronflent sur un os... Je n'en ai pas essayé, mais, avec un moulinet de mon sabre d'ordonnance, je mettrais facilement à la raison deux ou trois de ces cadets-là, et tu sais que je ne suis pas vantard !... Tout bien examiné, mon ami, ne te monte pas plus la tête pour les lions que pour les Arabes. On t'a conté des mensonges, vois-tu ; et un garçon qui a reçu de l'éducation, comme toi, ne devrait pas s'y laisser prendre.

Les traits du conscrit s'étaient rassérénés; ses larmes avaient cessé de couler, et sa physionomie exprimait la plus ferme confiance dans les lumières supérieures du brigadier.

— Merci, monsieur Morin, reprit-il; si les choses sont ainsi, et il n'y a pas à en douter puisque vous le dites, ça change fièrement la thèse... De cette façon donc, il ne faut pas croire ce que jasait l'autre jour en ma présence votre monsieur Labourot, ici même, chez la mère Laficelle, sans doute pour m'effrayer?

— Ah! ah! dit le brigadier en riant, c'est donc vraiment Labourot qui t'a fait ces superbes histoires d'Arabes et de lions? Je m'en doutais... Et tu écoutes les calembredaines de ce grand farceur-là? Avec lui les vérités sont comme si elles avaient passé dans l'étang de Varzy, où, dit-on, *les pistolets deviennent fusils*... Mais j'aurais cru, Léonard, que toi, plutôt qu'un autre, tu te serais défié de Labourot.

— Il est vrai, brigadier, que lui et moi nous ne nous aimons pas au fond. Sans être positivement brouillés ensemble, nous ne serions pas fâchés, je crois, de nous jouer mutuellement quelque mauvais tour...

— Minute, mon garçon; ne t'y frotte pas! Labourot est, ainsi que moi, agent de la force publique, et il ne faut pas molester l'autorité, c'est dangereux... Ah ça! mon cher Léonard, continua le vieux soldat d'un air de satisfaction, te voilà, j'espère, devenu raisonnable? Tu n'as plus rien sur la conscience, n'est-ce pas? Et demain matin tu vas emboîter le pas avec les camarades, franchement et sans tortiller, c'est bien entendu ?

Léonard Bouvet baissa les yeux, et son visage se rembrunit de nouveau.

— Ah! brigadier, dit-il avec un gros soupir, il y a autre chose... Je ne pourrai jamais... il y a autre chose.

— Eh! qu'y a-t-il donc encore? demanda le père Morin en se tordant la bouche d'un air narquois; voyons, parle rondement, mon garçon; je suis ton ami... là... tu peux tout me dire, tout!

— Eh bien! brigadier, il y a... mais je n'ose pas... tenez, décidément il n'y a rien.

Le gendarme mit ses coudes sur la table et approcha son visage de celui de Léonard.

— Gros bêta, veux-tu que je te dise ce qu'il y a, moi? reprit-il à demi-voix; eh bien ! il y a que tu as une idée sur ma fille... est-ce vrai?

Le conscrit pensa tomber à la renverse:

— Sainte Vierge! monsieur Morin, comment savez-vous cela?

— Il y a encore, continua le brigadier sans changer d'attitude, que ma fille, ma jolie Victoire, a aussi une idée sur toi!

— Quoi! brigadier, elle vous a donc avoué...

— Et il y a enfin que moi, le papa, j'ai une idée sur vous deux... Est-ce clair, ça?

Le conscrit n'y tint plus, il s'élança vers Morin, se jeta à son cou et l'embrassa en fondant en larmes. Le brigadier lui rendit ses caresses avec une brusque franchise. Ils restèrent un moment serrés l'un contre l'autre. Enfin Morin se dégagea comme honteux de s'être laissé attendrir.

— Ainsi donc, reprit Léonard, vous me pardonnez d'avoir osé...

— Ne parlons pas de ton audace, monsieur le vert galant, interrompit le brigadier avec quelque sévérité, car je me mettrais en colère, et c'est ce que je ne veux pas faire en ce moment... Oui, je sais qu'on s'est caché de moi, qu'il y a eu des aveux et des promesses échangés entre vous, des simagrées d'amoureux... *Sucre!*... quand j'y pense...! mais avec une fille comme ma Victoire, tout cela n'a pas autant de portée qu'avec une autre. Elle est solide au poste, ferrée sur la vertu, et on peut s'en rapporter à elle pour maintenir les soupirans à distance... Il n'y a pas grand mal, j'en suis sûr; s'il y en avait, tu m'entendrais chanter une autre antienne, mon garçon, et du diable si tu trouvais de ton goût les roucoulemens de mon gosier ! — Bouvet s'empressa de protester de son respect et de son affection sans bornes pour mademoiselle Victoire. — C'est bon ! c'est bon ! interrompit le brigadier; brisons là... Il n'est pas convenable qu'un père discoure trop longuement et avec trop de détails sur de semblables choses; aussi je te dirai seulement ceci : Tu plais à ma fille, tu me plais. Obéis honorablement à la consigne ; pars, fais ton temps, conduis-toi bien au service. Quand tu auras ton congé, reviens au pays, on t'attendra... Ma fille t'apportera quelques économies que je tiens en réserve ; on vous mariera dans les règles, à chaux et à sable, et vous serez tous les deux mes enfans... Voyons, ça te va-t-il ? frappe là !

Et il avança sa large main ouverte.

Mais le conscrit ne parut pas très empressé d'y laisser

tomber la sienne ; il était en proie à une véritable anxiété, et semblait se défier de la rude cordialité du vieux soldat.

— Brigadier, balbutia-t-il, je suis tout plein reconnaissant de vos bontés... Je suis content comme un roi de vous voir si bien disposé pour moi, mais...

— Ne lanternons pas... en deux mots, acceptes-tu, oui ou non ?

— Eh bien ! permettez-moi seulement une question.

— Parle vite, alors.

— Est-ce que mademoiselle Victoire consentirait, elle, à m'accorder sa main quand je reviendrais de l'armée ?

— Pourquoi me demandes-tu cela ? dit Morin désappointé à son tour.

— C'est que je crois... on m'a assuré... enfin je sais que mademoiselle Victoire n'aime pas les militaires, et qu'elle n'épousera jamais un soldat.

Le brigadier fronça le sourcil.

— Ah ! tu sais cela ? reprit-il ; tu connais mes chagrins domestiques... En effet, cette petite sotte, quoique fille d'un soldat, s'est mise à détester l'uniforme... Mais ce sont là des caprices que je ne veux pas lui passer ; je l'ai gâtée jusqu'ici, cette fois je tiendrai bon... Enfin c'est une affaire à régler entre elle et moi ; je sais comment la prendre... Quant à vous, monsieur Léonard, retenez bien mes paroles : je ne donnerai jamais ma fille à un pleurard qui refuserait de partir par peur des Arabes et des lions... Quand même, ce qui est impossible, vous trouveriez moyen de vous faire exempter du service, je n'aurais jamais un poltron pour gendre... et j'aimerais mille fois mieux marier Victoire à Labourot, tout fat qu'on le dit...

A ce nom de Labourot, Léonard bondit sur son siége.

— Brigadier ! s'écria-t-il, mademoiselle Victoire ne peut pas souffrir Labourot ; elle le hait, elle serait malheureuse !

— Que t'importe ? répondit Morin d'un ton évidemment radouci, comme en dépit de lui-même ; laisse-moi le soin de m'entendre avec ma fille... Mais écoute, ajouta-t-il en se levant et en faisant ses préparatifs de départ, j'espère encore que tu réfléchiras avant de te décider à quelque sottise. Si demain matin, quand le sergent passera par ici, tu te trouves à ton poste avec les autres, et si tu te comportes comme il faut, j'oublierai cette discussion fâcheuse, et tu pourras toujours me considérer comme ton ami. Si au contraire tu manques à l'appel... tu me connais... eusses-tu dix fois tourné la tête à toutes les filles du canton, je ferai mon devoir et je te traiterai ni plus ni moins que le dernier malfaiteur contre lequel j'aurais reçu des ordres... Inscris cela sur tes tablettes... Maintenant, serviteur ; je retourne au quartier ; pense à ce que j'ai dit, et qui vivra verra.

Il jeta sur la table le prix de la consommation, et sortit du cabaret en laissant Léonard étourdi et consterné.

Après un moment de réflexion, celui-ci se leva précipitamment à son tour, comme s'il eût voulu rejoindre Morin ; mais le brigadier était déjà rentré à l'hôtel de la gendarmerie.

— Que faire ? — murmura le jeune homme avec angoisse ; le père veut que je parte et la fille...

Il aperçut alors, sur la fenêtre où s'était montrée précédemment mademoiselle Victoire, un verre bleu, rempli de fleurs. Cette circonstance, qui avait pour lui une signification précise, rendit un peu de calme à ses pensées. —Ce soir, elle en décidera ! pensa-t-il.

Puis, après être allé reprendre ses vêtemens ordinaires chez un voisin où il les avait déposés, il se dirigea à pas lents vers la maison de son père, située à quelque distance de Fleury.

II

LES TENTATIONS DU CONSCRIT.

Léonard Bouvet, dont la conversation avec le brigadier de gendarmerie a donné peut-être au lecteur une idée peu favorable, ne méritait pourtant pas un jugement trop sévère. Son caractère était un de ces singuliers mélanges de niaiserie et de bon sens, de finesse et de crédulité, que l'on trouve seulement chez le paysan de France. Du reste, Léonard, par son intelligence, par son éducation, était fort supérieur au commun des paysans. On n'a pas oublié l'énumération faite par Morin des connaissances élémentaires qu'il possédait, et, comme l'avait pressenti le brave gendarme, ce jeune homme était vraiment destiné à s'élever de beaucoup au-dessus du niveau social où il était né. Cependant à vingt et un ans Léonard s'ignorait lui-même ; ses facultés, encore en germe, étaient comme ensevelies sous la croûte des préjugés et des passions locales. Sauf les trop courts instans consacrés à son instruction, sa jeunesse avait été laborieuse, remplie exclusivement par les préoccupations de la vie matérielle. Aîné d'une famille nombreuse, il lui avait fallu de bonne heure partager les rudes travaux de son père. Comment eût-il pu secouer jusque-là le joug des idées fausses, des erreurs qu'il voyait régner autour de lui ? Les natures les plus droites et les plus saines sont aussi parfois les moins précoces ; tout doit venir à temps dans les organisations en parfait équilibre. Aussi ne manquait-il à Léonard Bouvet que du temps et des circonstances favorables pour montrer ce qu'il pouvait et ce qu'il valait.

Au physique, Léonard, maintenant qu'il avait repris ses vêtemens habituels, était un beau garçon, alerte et robuste, malgré sa taille moyenne ; on s'expliquait aisément la distinction particulière dont l'avait honoré mademoiselle Victoire. Son costume morvandeau n'avait pourtant rien d'avantageux ; il consistait en une veste ronde et un large pantalon de *poulan gris*, un gilet croisé garni de boutons de métal, et un de ces chapeaux à forme basse dont les larges ailes sont soutenues par des cordons. Pour compléter cet équipage traditionnel, il eût dû être chaussé de gros sabots ; mais Léonard était un élégant, un *monsieur*, dans son endroit, et, malgré les caquets, il avait en usage de porter des souliers, achetés sur ses économies. Néanmoins ce costume lui allait beaucoup mieux que celui de vivandière, dont ses camarades l'avaient affublé pour la solennité du jour, et son visage mâle, bien qu'un peu ahuri, protestait contre ce choix déshonorant.

Au moment où le conscrit quittait le village de Fleury, le soleil se couchait et Léonard avait un bon quart d'heure de marche pour se rendre à la demeure de sa famille. Le chemin descendait en serpentant sur des derniers mamelons de la chaîne peu élevée, mais abrupte et sauvage, des montagnes de Morvan. A droite et à gauche, les hauteurs étaient couvertes de bois verdoyans entremêlés de champs cultivés. En bas de la pente s'étendait une vallée large et plate, que traversait la Loire dans toute la majesté de son cours tranquille et égal. En face de Léonard, un torrent fougueux, qui prenait sa source dans le haut pays, venait apporter au fleuve la tribut de ses eaux limpides.

Sur une étroite langue de terre formée par l'embranchement de la Loire et du ruisseau, s'élevait la demeure de la famille Bouvet. C'était une construction basse, misérable, au toit de chaume, si malheureusement exposée aux débordemens de la rivière que son existence en pareil endroit semblait un miracle. Mais vingt fois elle avait été recouverte complétement par les eaux, vingt fois, malgré son apparence peu solide, elle avait reparu intacte à la fin de l'inondation ; de là lui venait son nom de la *Cannette*, sous lequel on la connaissait dans le pays. Par derrière, on voyait un jardin, ou plutôt un enclos, ensemencé de chanvre et de pommes de terre, ombragé de quelques arbres fruitiers à demi sauvages. Ces plantations semblaient être le prolongement d'une vaste forêt qui, couronnant les collines environnantes, venait expirer au fond de la vallée ; à une portée de fusil de la Cannette. Sur le bord de l'eau était un petit chantier de bois, dont les bûches, empilées avec la dextérité particulière au pays, semblaient attendre le moment où elles feraient le voyage de Paris à travers canaux et rivières. Un pont jeté sur le torrent et formé de deux troncs d'arbres, avec une branche de châtaignier pour unique garde-fou, reliait la route au sentier qui conduisait à cette habitation d'un aspect solitaire et mélancolique.

Ce beau paysage, éclairé par les derniers feux du soleil, baigné dans les molles vapeurs qui précèdent la nuit, devait avoir pour le jeune homme un charme particulier. Cette cabane dont le toit fumait, c'était celle de sa mère ; c'était là qu'il était né ; ces bois avaient été le théâtre des jeux de son enfance ; sur cet isthme de sable se résumaient tous les événemens de sa vie, toutes ses affections, tous ses souvenirs. Et pourtant, dans quelques heures peut-être, il allait quitter tout cela, s'exposer au hasard d'une existence rude et nouvelle, sans espoir de revenir avant sept longues années et peut-être de revenir jamais ! Aussi s'arrêta-t-il un moment au bord du chemin ; appuyé contre un arbre, il promena un long regard autour de lui, jusqu'à ce que les larmes vinssent obscurcir l'image de ces riantes campagnes.

Enfin il se redressa brusquement, essaya ses yeux d'un revers de main, et continua sa route. Il allait traverser le pont rustique dont nous avons parlé, quand un bruit de pas et une voix prétentieuse, qui fredonnait une romance, le firent tressaillir. Par un sentiment de curiosité bien naturel, il voulut connaître l'importun qui troublait sa tristesse, et il ralentit le pas. Bientôt le chanteur tourna un bouquet de houx formant l'angle de la route, et Léonard aperçut un gendarme qui paraissait venir d'une ville voisine et se dirigeait bon train vers Fleury.

Celui-ci différait beaucoup du bon et pacifique brigadier Morin, avec lequel nous avons déjà fait connaissance. Il était dans la force de l'âge, bien bâti. Sa figure eût été belle sans une expression d'insolence et de fatuité qui révoltait au premier aspect. Son nez relevé avait l'air de provoquer ; le croc de sa moustache noire avait un tour dédaigneux et insultant, son chapeau galonné était posé de côté, presque sur les yeux, avec la crânerie d'un bravache de garnison. Il se dandinait en marchant ; une de ses mains soutenait sur son épaule le grand sabre qu'il avait détaché pour être plus dispos ; il arrondissait son autre bras sur sa hanche, comme un prévôt d'escrime qui se donne des grâces. Son chant lui-même, par son afféterie maniérée, agaçait les nerfs et inspirait le désir de chercher querelle au chanteur.

Mais les observations de Léonard ne furent pas longues; au premier coup d'œil jeté sur le gendarme voyageur, il se retourna avec une sorte de dégoût, comme s'il venait de voir un ascien. Il avait reconnu Labourot, ce rival redoutable dont Morin l'avait menacé d'encourager les assiduités auprès de mademoiselle Victoire.

Le conscrit voulut traverser le pont en toute hâte, afin de n'avoir aucun rapport avec cet odieux personnage, mais l'accélération de son pas éveilla les défiances obligées du gendarme. Labourot cessa tout à coup de chanter, et cria d'un ton brutal :

— Hein ! attendez-moi donc, vous qui vous cachez... Qui êtes-vous ? Où allez-vous ?

Cet accent impérieux irrita Léonard, déjà fort disposé à la colère. Il revint sur ses pas, en enfonçant à son tour son chapeau sur ses yeux.

— Je ne me cache pas, monsieur Labourot, dit-il avec fermeté, et je vais où il me plaît.

Labourot le regarda presque sous le nez et finit par partir d'un éclat de rire.

— Ah ! c'est toi, petit ? reprit-il d'un ton à la fois protecteur et ironique ; d'où diable viens-tu, si tard ? Mais au fait, c'est juste vous avez défilé la parade aujourd'hui et vous vous êtes amusés comme des gueusards!... Hein ! vous vous en êtes joliment donné ! Demain matin ce sera une autre histoire.

Cette familiarité insultante ne paraissait pas du goût de Léonard ; il resta raide et froid au milieu du pont.

— Est-ce là tout ce que vous avez à me dire, monsieur Labourot ? reprit-il. En ce cas, bonsoir... je suis pressé.

Et il voulut encore s'éloigner. Le gendarme le retint par le bras.

— Comment ! comment ! Est-ce ainsi que l'on se sépare entre amis ? songe donc que l'on va t'envoyer en Afrique et tout le monde n'a pas comme moi le bonheur d'en revenir... Il y a les Arabes et puis les lions de l'Atlas, et puis la fièvre, la peste, sans parler de la misère que souffrent les pauvres troupiers dans les expéditions ! tu m'en diras des nouvelles, si nous nous retrouvons un jour... Aussi quand on quitte un camarade qui part pour l'Afrique (et tu es un camarade, maintenant que te voilà soldat), on se dit adieu comme si l'on ne devait jamais se revoir ; c'est le plus sûr ! — Léonard ne savait trop comment prendre ces propos où, sous une forme cordiale, il sentait l'intention de l'effrayer et de le railler. Labourot continua : — Eh ! petit, ça te paraîtra dur dans le commencement ; car, vois-tu, le service ne plaisante pas... Mais tu finiras par t'y habituer, si tu n'es pas emporté par le mal du pays ou tué d'une manière quelconque. On s'habitue à tout, même à la vache enragée, au cachot, et à l'hôpital. Seulement faut de la philosophie et être prêt à tout. Ainsi, par exemple, après avoir embrassé papa et maman les frères et les sœurs et toute la boutique, faut plus compter sur eux; c'est une bonne précaution ; car, enfin, tu dois comprendre qu'en sept années il y en aura plus d'un qui descendra la garde... Et puis, continua-t-il en ricanant, quand on a au pays quelque petite amourette, il faut mettre reçu, mon garçon ; oh ! ça, c'est de rigueur ! On serait trop jobard d'exiger qu'une femme vous attendît si longtemps au risque de vous voir revenir avec un bras ou une jambe de moins, ou avec une balafre au visage... Ces choses-là réjouissent peu les dames, qui naturellement aiment les beaux hommes. Ainsi, mon pauvre Léonard, si jamais tu as filé le parfait amour avec quelque fillette du voisinage, ce que tu as de mieux à faire est de l'oublier tout de suite. Si tu ne peux pas vivre à ta fantaisie, écris-lui dès ce soir une lettre d'adieu. On dit que tu as une jolie écriture ; ça tombe bien... Écris donc, mon garçon, et romps franchement avec la demoiselle... Tu aurais trop de chagrin plus tard d'apprendre qu'elle est mariée à un autre et déjà mère d'un grand nombre de poupards... Ce que je t'en dis là, petit, c'est dans ton intérêt et pour te consoler, à tout événement.

Le pauvre Léonard était si peu *consolé*, qu'il avait grand'peine à retenir ses larmes en écoutant ces paroles perfides. Cependant l'amour-propre et sa haine secrète contre l'interlocuteur le soutinrent ; il fit bonne contenance.

— Je vous remercie, monsieur Labourot, dit-il sèchement, je n'oublierai pas vos conseils, et je les prends pour ce qu'ils valent... Mais vous-même, ajouta-t-il d'un ton sarcastique, vous êtes la preuve qu'on peut revenir d'Afrique en parfait état, sans éclaboussures, et donner encore dans l'œil à toutes les jolies filles d'une paroisse.

Le fat ne put s'empêcher de sourire à ce compliment équivoque.

— C'est, ma foi ! vrai mon garçon, dit-il en se rengorgeant et si je n'étais pas discret... Que veux-tu ? j'ai eu de la chance. Pas une avarie, pas une égratignure en dix années de service ! ça ne se voit pas souvent, et les belles d'un certain village de notre connaissance remarquent fort bien ces petits détails-là... Mais je suis las de ces amourettes frivoles. Je veux faire une fin, comme on dit, et je songe très sérieusement à me marier... Tu ne tarderas pas à avoir de mes nouvelles quand tu seras arrivé au régiment; avant trois mois d'ici tout sera bâclé, je l'espère.

— Vous? demanda le conscrit d'une voix étranglée par l'inquiétude; vous allez vous marier?... Et avec qui donc?

— Tiens! voyez-vous ce petit bonhomme qui veut connaître mes secrets! s'écria Labourot avec dédain ; mais écoute, ajouta-t-il aussitôt comme s'il se ravisait, tu pars demain, et tes indiscrétions ne peuvent être bien dangereuses. Je t'avouerai donc que j'aime une belle personne, la perle de ce pays ; si de son côté, elle m'aime ou non, je n'en dirai rien... toujours est-il que, jusqu'ici, il y avait certains obstacles à mon mariage... ceci ou cela... des bagatelles, des enfantillages ; mais à partir de demain les obstacles seront levés, mon garçon ; j'aurai le champ libre et j'épouserai... j'épouserai, je te le garantis !

Les yeux de Léonard étaient devenus secs et brillants, ses poings se serraient. On eût pu croire qu'il allait s'élancer sur Labourot et le précipiter dans le torrent qui mugissait sourdement au-dessous d'eux. Néanmoins il eut la force de se modérer et de répondre encore par l'ironie à des allusions qui visaient si nettement à l'outrage.

— Epousez si vous pouvez, monsieur Labourot, reprit-il, c'est votre affaire... Mais prenez garde ; si vous voulez conserver cette belle figure dont vous êtes si fier, ne vous exposez plus aux fluxions comme vous en aviez une il y a quinze jours.

Pour comprendre cette réponse, il est bon de savoir qu'en effet quinze jours auparavant, Labourot s'était montré à Fleury, le visage enveloppé d'un foulard, en se plaignant d'une fluxion; mais le bruit avait couru que la prétendue fluxion avait pour cause une main énergique mise trop rudement en contact avec la joue du beau gendarme, et Léonard savait peut-être à quoi s'en tenir sur un pareil bruit. Labourot, certainement, sentit le coup, car il devint cramoisi ; l'expression railleuse de ses traits disparut aussitôt.

— Que veux-tu dire, petit drôle? reprit-il avec confusion ; prétendrais-tu...

— Je ne prétends rien, monsieur Labourot ; mais tenez, ne nous amusons pas à nous dire en tapinois un tas de douceurs dont nous ne pensons pas un mot... Vous ne m'aimez pas et je ne peux pas vous sentir... vous savez bien pourquoi ! Vous ne me voulez pas de bien et je vous veux tout le mal possible, c'est entendu. Allez à droite, moi je vais à gauche, et je souhaite pour l'un et pour l'autre que nous ne nous retrouvions plus sur la même route, car je jure bien... Mais en voilà assez ; bonsoir, et que le diable vous conduise!

— Bonsoir, l'ami Bouvet, reprit le gendarme de son ton moqueur, tu es moins bête que je ne l'aurais cru, puisque tu as découvert que je te gardais un chien de ma chienne, et un bon... Oui, oui, ne tombe jamais sous ma patte, mon garçon, car il t'en cuirait, je te le promets.

— Il suffit ; qui vivra verra... nous aurons peut-être un jour affaire ensemble, monsieur Labourot.

Ils se séparèrent en se menaçant du geste et du regard ; Labourot reprit le chemin de Fleury, et Léonard se dirigea vers la Cannette.

Malgré son apparence calme, le conscrit n'emportait pas moins les traits envenimés décochés par son rival. Il se croyait sûr de la préférence de mademoiselle Victoire, mais les femmes sont si bizarres! d'ailleurs, Labourot était réellement un beau cavalier. Habitué au succès, il avait une langue dorée et son assurance pouvait bien donner à penser. Comment ne pas croire que cette jactance fût fondée sur des faits positifs ? D'un autre côté, Morin lui-même ne paraissait pas aussi pénétré que Léonard l'eût désiré des ridicules de Labourot. Qu'allait-il se passer aussitôt que le pauvre conscrit aurait quitté le pays?

Les absens ont tort, dit-on, et le proverbe est vrai, surtout en amour. Décidément Labourot avait la partie trop belle.

Ces réflexions et d'autres semblables occupèrent Léonard pendant le reste du trajet. La nuit tombait ; c'était l'heure où la famille prenait d'ordinaire son modeste repas du soir, mais, en approchant du logis, il n'entendit pas les cris joyeux de ses jeunes frères et de ses jeunes sœurs saluer son arrivée. Quand il souleva le loquet, un fagot qui achevait de se consumer dans l'âtre éclairait la salle basse. La soupe aux choux fumait dans des écuelles de bois de différentes dimensions. Les enfans, assis par terre, les pieds nus, leur écuelle sur leurs genoux, mangeaient sans ricaner et sans se chamailler, contre leur habitude. On eût pu les croire seuls, tant le silence était complet ; néanmoins le père et la mère se trouvaient là aussi. Bouvet, vêtu à peu près comme son fils, le visage caché par son sombrero morvandeau, les bras pendans, semblait plongé dans de tristes réflexions. La mère, la tête enveloppée dans son tablier, laissait échapper des sanglots étouffés, qui, par intervalles, faisaient tressaillir les enfans étonnés.

Quand Léonard entra, le chien du logis seul vint au-devant de lui, et oublia un moment ses sollicitations muettes auprès des petits gourmands, pour le saluer d'un grondement amical. Ce n'était pourtant pas indifférence de la part du reste de la famille, car les yeux se tournèrent aussitôt vers lui d'un air d'affection et de tristesse.

— Est-ce toi, mon fiot? demanda la mère.

— C'est moi, répliqua le conscrit avec effort.

Et il vint s'asseoir sur un escabeau, en face de la table. Il y eut un nouveau silence.

— Tu ne manges pas ta soupe? dit enfin Bouvet d'une voix rauque et altérée.

— Père, je n'ai pas faim ce soir... Mais il me semble que, ni toi, ni ma mère, vous n'avez rien mangé non plus?

— Manger! s'écria la bonne femme, manger quand notre garçon va partir, quand c'est la dernière fois que nous le voyons peut-être ! Il faudrait n'avoir pas de cœur!

— Puis, se levant précipitamment, elle courut à son fils et l'embrassa avec transport en s'écriant : — Ah! mon pauvre Léonard, est-ce bien vrai qu'ils vont t'emmener, que je ne te verrai plus? Un si vaillant travailleur! un si bon sujet ! un si brave enfant !... On nous disait tout à l'heure que tu étais bien joyeux aujourd'hui sous ton habit de vivandière ; mais ce n'est pas vrai, n'est-ce pas? Tu ne pouvais être joyeux de nous quitter, nous qui t'aimons bien!

— Vous avez raison, mère Marguerite, répliqua le jeune homme avec émotion ; mais que voulez-vous? Il ne faut pas avoir l'air... on tient à ne pas servir de risée aux autres, on avale ses larmes, et on fait des singeries en voici, en voilà!

— Je le savais bien, moi, que notre Léonard n'était pas content de partir ! Ah! mon cher enfant, où vont-ils t'envoyer ? Tu seras perdu, perdu sans ressource... On dit qu'ils vont t'emmener dans un pays où il n'y a pas une goutte d'eau à boire, qu'il faut y apporter de l'eau de France ! Sainte Vierge ! le beau garçon qu'ils me prennent là ! S'ils devaient me le rendre encore... mais ils ne les rendent plus à leurs pauvres mères... ils les tiennent à coups de fusil, ils les font mourir de faim, de soif et de fatigue !... Qui nous aidera maintenant ? qui abattra l'ouvrage? qui fera marcher la maison ? Ton père n'a plus le cœur à la besogne, comme autrefois... Il n'y a que ta sœur Jeannette qui commence à nous rendre des services ; les autres sont bien d'honnêtes enfans aussi, mais ils sont petits, et c'est pour nous une grosse dépense... Quand tu étais là, tu gagnais ta part, et tout marchait bien. Mais ton père, comment parviendra-t-il avec son travail à nourrir et à habiller tant de monde ? Il faudra qu'il s'abîme d'ouvrage, et encore... Mais pour lui, ajouta la bonne femme d'un ton de reproche, il aura bien voulu ; c'est lui qui est cause que tu t'en vas, et s'il eût moins tenu à sa bicoque de maison, à son misérable morceau de terre...

— Ne dites pas cela, mère, interrompit Léonard avec vivacité; vous savez bien que je n'ai pas voulu entendre parler d'une vente qui vous ruinerait...

— Tiens, femme, dit Bouvet d'un ton bourru, si je ne savais que tu n'es pas méchante, je me mettrais en colère contre toi et je t'apprendrais... Comment! tu me vois consterné de la perte de mon aîné, mon bras droit, le compagnon de mes fatigues, et tu viens m'adresser de semblables reproches? Est-ce moi qui ai refusé de vendre notre champ? Eh bien! si Léonard y consent, je vais aller de suite à Fleury, chez le notaire Durand; je lui dirai que je donne tout, et la maison, et le jardin, et la chènevière, pourvu qu'on trouve un remplaçant à Léonard... Voyons, ajouta-t-il en se levant, est-ce entendu? Faut-il partir?... Ce sera sans regret, mon gars.

Marguerite s'approcha de lui.

— Allons! notre homme, dit-elle avec émotion, j'ai eu tort: je te demande pardon; tu as une bonne âme... Mais, puisque tu es si bien disposé, pars sans tarder... Est-il besoin de réfléchir quand on peut perdre un flot tel que celui-ci?

Bouvet allait sortir, peut-être un peu à contre-cœur, car un lopin de terre est aussi cher au paysan que sa propre vie; Léonard le retint.

— Merci, père, dit-il avec résolution, vous m'aimez bien, je le sais, mais je ne consentirai jamais à cela... Je serais un fainéant, un sans-cœur, si je le souffrais... Y pensez-vous? tout donner pour moi! Et vous qui vous faites déjà vieux? Et ces pauvres petits qu'il faut élever? Non, non, n'en parlons plus. Pas un pouce de terre ne sera vendu pour me tirer de ce mauvais pas.

— Mais tu veux donc partir? s'écria Marguerite éperdue.

— Eh! mère, dit le jeune homme avec un sombre désespoir, que pouvons-nous contre la nécessité?... La volonté du bon Dieu doit s'accomplir!

Il y eut là une scène déchirante. Léonard passait des bras de Marguerite, dont les éclats de douleur remplissaient la maison, à ceux de son père, dont le chagrin, moins bruyant et moins expansif, n'en était pas moins violent. Les enfans, d'abord surpris, ne tardèrent pas à se mettre de la partie, en voyant pleurer leurs parens et leur frère aîné. Ce fut bientôt un concert de cris et de sanglots qui eût attendri Labourot lui-même.

— Ah! Léonard, dit enfin Bouvet en serrant les poings, si tu le voulais bien, ils ne t'auraient pas!

— Comment faudrait-il s'y prendre? demanda Marguerite, qui cessa tout à coup de pleurer.

— Dame! Léonard et moi, nous connaissons les bois du voisinage mieux que personne du pays; notre maison est dans un endroit où il facile de se cacher, et l'on trouverait là-haut, dans ces vieilles masures qu'on appelle les ruines de Saint-Révérien, des niches où l'on n'aurait rien à craindre des gendarmes... D'ailleurs nous avons chacun un fusil, et nous savons nous en servir... Oui, Léonard, si tu voulais, je défierais qui que ce fût de mettre la main sur toi, lors même qu'on lâcherait la brigade entière à tes trousses.

— Le fait est, dit le conscrit tout rêveur, qu'il ne serait pas facile de me prendre, si une fois j'étais décidé.

— Pourquoi donc ne resterais-tu pas? s'écria Marguerite, dont cette ouverture ranima les espérances; les enfans et moi nous ferions le guet... et je réponds bien... Seulement, les fusils n'ont rien à voir là-dedans; ce sont les fusils qui me déplaisent dans cette affaire.

— Bah! à quoi cela servirait-il? reprit Léonard avec abattement; tiens, père, toute réflexion faite, ne me parle plus de cela; ce serait me tenter en pure perte, car j'y ai déjà pensé, et j'ai peur de moi-même.

— Mais alors tu veux partir? répéta la pauvre Marguerite, revenant à son refrain habituel.

Léonard se leva.

— Mère, dit-il avec embarras, si je dois partir ou non, je l'ignore encore... Je sors; à mon retour, je vous le dirai.

— Comment! tu vas sortir à pareille heure? demanda Marguerite.

— Et tu ne sais pas si, oui ou non, tu partiras avec les autres! reprit le père avec étonnement; qui donc as-tu à consulter de préférence à nous?

La femme toucha doucement le bras de son mari.

— Laisse-le, dit-elle à demi-voix, laisse notre flot consulter qui il voudra. Il est assez grand, j'espère! Ça ne nous regarde plus... D'ailleurs, une amoureuse, vois-tu, c'est comme une mère. On ne pourra que le bien conseiller... J'ai confiance, moi... laisse-le aller, que je te dis; il a des amis qui pourront lui servir plus tard, et ce n'est pas à nous de fourrer la main entre l'arbre et l'écorce. — Pendant ce dialogue, Léonard, embarrassé, rougissait comme une jeune fille. Il se prépara à quitter la maison en annonçant qu'il serait bientôt de retour. — Nous t'attendrons, dit la bonne Marguerite; ne reste pas trop longtemps dehors... Si c'est la dernière nuit que tu dois passer dans le pays, au moins passe-la près de nous.

Léonard promit brièvement et sortit. La mère coucha les enfans et revint s'asseoir près du feu, pour pleurer librement, en filant sa quenouille. Le père, morne et abattu, le visage caché dans ses longs cheveux, reprit sa pose méditative; la soirée s'écoula sans qu'ils eussent échangé une parole.

III

LA FILLE DU BRIGADIER.

Léonard arpentait avec une grande rapidité ce chemin de Fleury qu'il avait suivi en sens contraire, peu d'heures auparavant. Malgré l'absence de la lune, le ciel était clair et resplendissait d'étoiles; mais la terre était plongée dans une obscurité assez épaisse, grâce aux bois touffus qui la couvraient. Un profond silence régnait dans la campagne; c'était à peine si, par intervalles, une faible brise, semblable à un soupir de la nuit, agitait l'extrémité des bouleaux et des chênes.

Cependant le chemin n'avait ni incertitudes ni périls pour le jeune et alerte Léonard. Il franchit le pont de bois où avait eu lieu son entrevue avec Labourot, et s'engagea sans hésitation dans des sentiers de traverse qui devaient le conduire plus directement à son but. Il marchait avec une ardeur extrême, comme si l'air balsamique de la nuit, en rafraîchissant son sang, lui eût donné des forces nouvelles. Les émotions de la journée, si vives pourtant et si poignantes, s'étaient effacées tout à coup de sa mémoire; il ne songeait plus qu'il allait quitter le pays, ses amis, sa famille. Une seule pensée l'absorbait en ce moment; il allait voir sa chère Victoire, s'entretenir avec elle. Il oubliait même qu'il allait lui dire peut-être un éternel adieu; quelques minutes de bonheur étaient devant lui, il ne regardait pas au delà. Son cœur battait, tout son corps était agité d'un petit tremblement nerveux, sa bouche devenait sèche et brûlante, il dévorait l'espace avec la légèreté d'un jeune faon qui cherche sa chevrette dans la profondeur des taillis.

Il arriva bientôt en vue de Fleury. A cette heure avancée de la soirée, tous les habitans devaient être profondément endormis. Néanmoins, Léonard se garda bien d'entrer dans le village, où il eût risqué d'être aperçu par quelque passant attardé. Il prit au contraire des précautions extrêmes pour rendre sa marche plus furtive, plus silencieuse, et se dirigea à travers champs vers un massif de grands arbres situé derrière l'hôtel de la gendarmerie, du côté opposé à la place. Bientôt il atteignit une haie touffue, qui entourait une sorte d'enclos attenant à la brigade, et fit halte. Après avoir écouté quelques secondes et s'être assuré que personne ne pouvait l'épier, il écarta deux branches épineuses et s'élança avec agilité de l'autre côté de la haie.

Il se trouvait maintenant dans une enceinte inculte, hérissée de plantes parasites, où plusieurs noyers, qui dominaient de beaucoup les bâtimens, produisaient une obscurité complète. Les pas ne faisaient aucun bruit sur cette couche d'herbes molles ; il eût été impossible à la personne douée de la vue la plus perçante de distinguer, au milieu de ces ténèbres, même la forme de sa main. Toutefois le jeune homme redoubla d'attention pour ne pas donner l'alarme ; il se traîna plutôt qu'il ne marcha du côté de l'habitation, s'arrêtant par intervalles, retenant son haleine.

Enfin il toucha le dernier arbre. Devant lui se dressait une masse blanche et uniforme, dont la teinte claire tranchait dans l'obscurité sur les sombres couleurs du feuillage ; c'était la maison. Arrivé là, Léonard se coucha par terre et imita le chant du grillon, avec une telle vérité, une telle justesse d'intonation, qu'un individu de l'espèce s'y fût lui-même laissé prendre.

Cependant une personne qui veillait sans lumière, derrière la fenêtre du premier étage, ne s'y trompa pas. La fenêtre s'entr'ouvrit et une voix douce demanda :
— Est-ce vous, monsieur Léonard ?
— C'est moi, mademoiselle, chuchota le conscrit ; me permettez-vous de monter ?
— Montez donc.

Ici sans doute le lecteur fera réflexion que le brigadier Morin avait prisé trop haut la sévérité des principes de sa fille, puisqu'elle donnait ainsi des rendez-vous nocturnes à un amoureux. Mais qu'il se rassure ; les rendez-vous que donnait mademoiselle Victoire, et dont Léonard se montrait si heureux, étaient sans danger pour la vierge de la brigade. Après avoir reçu cette invitation de monter, qui pourrait effaroucher certaines imaginations trop vives, hâtons-nous de dire que Léonard tout joyeux embrassa le tronc de l'arbre et monta... sur une branche dudit arbre, où il ne se trouva bientôt plus qu'à cinq ou six pieds de la fenêtre de Victoire.

De ce poste périlleux, c'était à peine s'il entrevoyait le visage ovale, les yeux fiers et pleins de feu, la taille haute et svelte de la belle fille du gendarme. Les mains ne pouvaient se toucher ; par conséquent aucun baiser furtif ne pouvait être surpris. D'ailleurs, au premier mot qu'elle prononça, mademoiselle Morin prouva que, la chose étant possible, elle eût été peu disposée à tolérer une pareille familiarité.

— Etes-vous là enfin ? demanda-t-elle d'un ton d'humeur.
— Oui, mademoiselle, répondit Léonard, en se retournant avec précaution sur une branche incommode qui gênait ses mouvemens.
— C'est bien heureux ! voilà dix minutes que l'heure est passée... Est-ce ainsi que vous comptez me remercier de mes complaisances pour vous ? — Le jeune homme voulut s'excuser sur l'impossibilité de quitter trop brusquement sa famille, dans les circonstances particulières où il se trouvait. — Et moi, interrompit la jeune fille, n'ai-je pas autant de droits que votre famille ? Moi qui me compromets pour vous, moi qui... — Elle allait dire « Moi qui vous aime, » mais ses lèvres parurent se refuser à laisser échapper un aveu. Elle reprit : — Vous avez vu mon père aujourd'hui ?
— Oui, mademoiselle, et il m'a dit...
— Je sais ce qu'il vous a dit ; en vous quittant il est venu tout me conter.
— Ah ! Victoire, il paraissait bien en colère !... Il vous a traitée avec sévérité, avec dureté, peut-être ?.
— Lui ! mon père ? allons donc ! répliqua mademoiselle Morin avec un sourire ; il a voulu plus d'une fois se fâcher contre moi, se *gendarmer*, comme il dit, et au bout de cinq minutes je l'ai rendu aussi doux qu'un mouton... J'avoue cependant, poursuivit-elle, qu'il avait aujourd'hui en m'abordant un air sec que je ne lui connaissais pas... Etes-vous bien sûr, Léonard, de ne lui avoir pas parlé des entrevues innocentes que je vous accorde ici, de temps en temps, la nuit ?

— Miséricorde ! mademoiselle, répliqua le conscrit avec un effroi réel, en s'agitant sur sa branche, si j'avais eu le malheur de toucher un mot de cela, votre père, malgré sa bonté, m'eût assommé sur l'heure... Non, non ; il croit seulement que nous nous voyons parfois, en passant, aux fêtes du village ou chez des connaissances communes.

— Alors, il n'y a rien de perdu..... Ah ! Léonard, vous ne pouvez comprendre ce que vous me coûtez d'ennuis, de chagrins, de mortelles inquiétudes !

— Ainsi donc, reprit le jeune homme après un moment de silence, vous savez à quelle condition monsieur Morin consentira à notre mariage..... il veut que je vous quitte, que je parte, que je sois soldat..... C'est à vous de décider. Si vous persistez dans votre haine contre l'uniforme, si vous croyez encore, comme vous me l'avez dit souvent, que dans la vie des casernes et des garnisons on devienne brutal, grossier, indigne d'une femme délicate et bien élevée, je trouverai moyen d'échapper à la loi, dussé-je pour cela braver la terre entière..... Et pourtant je suis bien sûr, moi, en quelque lieu que j'aille, de rester digne de vous..... Si au contraire vous m'ordonnez de partir, j'aurai le cœur déchiré, mais j'obéirai sans me plaindre.

Cette forme soumise, cette abnégation complète était ce qui pouvait toucher le plus l'esprit despotique de la jeune fille. Léonard parlait avec une simplicité, une assurance qui ne laissaient aucun doute sur la réalité de son obéissance absolue, et certes une semblable soumission avait en ce moment plus de portée que les dévouemens à grand fracas des amoureux de salon. Mademoiselle Victoire le comprit sans doute, car sa voix, jusqu'ici égale et bien timbrée, était profondément altérée lorsqu'elle répondit :

— Je vous remercie de votre confiance, Léonard ; vous m'aimez sincèrement, je le sais..... De mon côté je serais profondément affligée de votre départ, d'abord à cause des craintes que vous connaissez, et puis... — Elle hésita, mais le sentiment l'emporta sur ses petits scrupules de dignité et de coquetterie : — Et puis, ajouta-t-elle en fondant en larmes, parce que... je ne vous verrais plus !

Jamais Victoire n'avait montré autant d'attendrissement et prononcé des paroles aussi décisives. Le pauvre conscrit fit un soubresaut de joie sur sa branche, et ébranla l'arbre tout entier.

— Ah ! mademoiselle, reprit-il en se modérant à peine, me dire de pareilles choses !... vous êtes un ange du bon Dieu !

— Paix ! interrompit brusquement la jeune fille.

Elle avait cru entendre le bruit d'une espagnolette qu'on faisait mouvoir avec précaution au-dessous d'elle. Les deux jeunes gens restèrent immobiles et prêtèrent l'oreille ; mais le bruit ne se renouvela pas.

— Ce n'est rien, reprit Victoire ; néanmoins, parlez bien bas, monsieur Léonard ; ce Labourot m'épie sans cesse, depuis que j'ai été obligée de lui donner une leçon de respect. A quelle extrémité ai-je été entraînée !... Mais vous ne sauriez croire, mon pauvre Léonard, combien une femme est malheureuse au milieu de ces militaires. J'ai hâte de quitter une maison où mon repos est incessamment troublé. Ces persécutions insupportables sont la véritable cause de la haine invincible que j'ai vouée à tout ce qui est soldat. En voyant sans cesse autour de moi des hommes turbulens, indomptables, audacieux par état, j'ai apprécié davantage les hommes paisibles, aux mœurs douces, et me suis dit que parmi ces derniers seulement je trouverais un mari capable de me rendre heureuse..... Cependant, mon cher Léonard, je ne suis pas assez déraisonnable pour sacrifier votre repos à mes antipathies personnelles ; j'ai confiance que vous échapperez, dans la carrière des armes, aux vices et aux travers dont j'ai horreur ; que vous resterez, comme vous me le promettiez tout à l'heure, toujours digne de moi... Ainsi donc, mon ami, quoique je sois vivement affligée, plus vivement peut être que vous ne pouvez le croire, de notre séparation, accomplissez votre devoir, obéissez à la loi..... Partez, il le faut ; c'est moi qui vous en prie.

Les sanglots lui coupèrent la parole.

— Vous le voulez, Victoire, dit le conscrit avec abattement, il suffit... Et si je ne reviens plus...

— Vous reviendrez, j'en suis sûre ! dit mademoiselle Morin d'une voix tremblante ; oh ! vous reviendrez.

— Eh bien ! soit, mais dans sept longues années, et alors...

— Vous reviendrez avant sept ans, Léonard ; du moins je l'espère..... Ecoutez, mon père avait pour camarade, sous l'empire, monsieur L***, aujourd'hui général, et très influent auprès du ministre de la guerre. Nous sommes alliés le voir, à notre dernier voyage à Paris ; il nous a accueillis comme des membres de sa propre famille..... Quand votre soumission, votre bonne conduite auront ramené mon père à de meilleurs sentimens envers vous, il consentira aisément à écrire au général pour demander que votre temps de service soit abrégé.

— Mademoiselle, croyez-vous vraiment que le brigadier puisse prendre un si vif intérêt à mon sort ? Malgré l'affection qu'il m'a témoignée au moment, il se laissera certainement endoctriner par la langue dorée de monsieur Labourot, dès que je ne serai plus là..... Labourot, que j'ai rencontré ce matin, n'a aucun doute à cet égard, et il m'a parlé de ses prétentions sur vous avec une assurance, une fatuité...

Les yeux de mademoiselle Victoire lancèrent comme un éclair.

— Labourot est un menteur ! interrompit-elle indignée ; ne vous ai-je pas dit déjà que je le haïssais, que je le méprisais plus que personne au monde ? ne savez-vous pas comment une fois j'ai châtié son insolence ? Si, par un reste d'indulgence, je n'avais pas hésité à me plaindre à mon père, ce sot personnage n'exciterait plus vos craintes..... Retenez bien ceci, Léonard : mon père sera libre de refuser ma main à l'homme dont j'aurai fait choix ; mais, à son tour, il ne parviendra jamais à m'imposer un mari qui me soit odieux.

La jeune fille parlait avec beaucoup de véhémence.

— Paix ! lui dit Léonard d'un ton d'épouvante.

Ils écoutèrent, retenant leur souffle. Cette fois un bruit de barres et de verrous se fit entendre distinctement dans l'intérieur de la maison, comme si l'on se disposait à ouvrir la porte donnant sur l'enclos.

— On nous épiait ! murmura Victoire en pâlissant, malgré sa fermeté ; sauvez-vous, Léonard..... Au nom de Dieu ! que l'on ne vous voie pas !... je serais perdue de réputation. J'aimerais mieux mourir que de laisser pénétrer le secret de nos entrevues.

— Ne craignez rien, mademoiselle ; je vous promets...

— Sauvez-vous, mais sauvez-vous donc... les voici.

Mademoiselle Morin se rejeta en arrière, et ferma sa fenêtre, dont les ressorts soigneusement huilés ne produisirent aucun grincement compromettant. De son côté, le conscrit se renfonça dans le plus épais du feuillage de son noyer, et se mit en devoir de se laisser glisser à terre ; il n'en eut pas le temps.

La porte de la maison venait de s'ouvrir, et trois gendarmes, parmi lesquels se trouvait Labourot, parurent dans l'enclos. Labourot seul était complètement vêtu et armé de sa carabine d'ordonnance. Les deux autres, en pantoufles et en veste du matin, encore à moitié endormis, ne paraissaient pas redoutables ; mais l'un d'eux tenait à la main une chandelle allumée, et la lumière était ce que le pauvre Léonard avait le plus à craindre en ce moment.

Des deux acolytes de Labourot, l'un, le plus âgé, pestait et jurait entre ses dents, tandis que l'autre ricanait d'un air moqueur.

— Je vous répète, messieurs, dit Labourot avec fermeté, que j'ai entendu des chuchotemens et un bruit de pas dans l'enclos. Il faut donc que quelqu'un se soit introduit ici par-dessus la haie, dans quelque mauvaise intention... Si vous voulez m'aider à chercher, nous pourrons tirer de suite cette affaire au clair ; sinon, retournez à vos lits, je chercherai seul.

— Mais qui diable veux-tu que ce soit ? grommela le vieux ; on ne voit rien, et demain le brigadier nous flanquera aux arrêts, pour notre bêtise de nous lever comme ça la nuit sans ordres.

— Voyez-vous, père Cabuchard, répliqua l'autre, le camarade aura rêvé qu'il avait froid aux pieds, et ça lui aura fait tinter les oreilles.

— Et si c'étaient des voleurs ? dit Labourot avec ironie.

— Des voleurs ! répéta le mauvais plaisant à qui l'on donnait à la brigade le sobriquet de *Roucouleur* ; des voleurs à la gendarmerie de Fleury ? ce serait aussi curieux que de voir une souris nicher dans l'oreille d'un chat..... Des voleurs ! mais il n'y aurait donc plus rien de sacré ?

— Au fait, dit tout à coup le père Cabuchard en dressant les oreilles, si l'on était venu me voler mes fleurs !

Il est bon de savoir que Cabuchard avait eu la fantaisie, comme certains pensionnaires de l'hôtel des Invalides, de se faire, dans un angle du clos, un jardinet à son usage. Ce jardin, grand comme le mouchoir de poche d'une vieille priseuse, contenait quatre pois de senteur, deux pieds de cobéas formant berceau autour d'un cercle de barrique, un rosier nain, une touffe de réséda, et quelques autres plantes communes ; le tout encadré d'une maigre bordure de buis. Ce coin de terre était l'eldorado du bon Cabuchard. Aussitôt que le service lui laissait un instant libre, il accourait dans l'enclos, ratissait, sarclait, binait, bêchait avec une béatitude inexprimable ; jamais terre n'avait été si bien remuée ; et quand, pour prix de ses fatigues, Cabuchard pouvait venir, en grande pompe, offrir à la fille de son brigadier un microscopique bouquet provenant de *son jardin*, il se trouvait le plus heureux horticulteur de l'univers.

Ce fut vers cette partie réservée de l'enclos que s'avança Cabuchard, aussitôt que ses alarmes furent excitées, et, comme il portait la lumière, force fut à ses compagnons de le suivre. Malheureusement le petit jardin du vétéran s'était trouvé sur le chemin de Léonard, quand il avait franchi la haie ; la bordure avait été écrasée, le rosier cassé en deux : le treillis, à demi arraché, s'était séparé des plantes grimpantes qu'il devait soutenir, et qui tombaient en festons sur le sol ravagé.

A la vue de ce désastre, le vieux gendarme entra dans une colère épouvantable, et entonna la plus effroyable kyrielle de blasphèmes que puisse proférer une bouche humaine.

— Les brigands ! les scélérats ! disait-il ; me briser mes fleurs, marcher sur mon rosier, tout arracher, tout anéantir !... Ce sont d'infâmes républicains, j'en suis sûr ! Labourot, il faut les chercher... Prête-moi ta carabine... ou plutôt, non, je vais aller chercher la mienne avec mon sabre. Nous nous mettrons à leur poursuite, et le premier qui me tombera sous la main...

— Nous n'avons pas à les chercher si loin, père Cabuchard, reprit Labourot ; la cassure de votre rosier est toute fraîche, et ces traces de pas semblent avoir été faites à l'instant même. Je parie que nos coquins sont encore dans l'enclos !...

— Ici ! dit Cabuchard avec une ardeur extraordinaire ; je paye quelque chose si c'est vrai... cherchons de suite.

— Cherchons, dit le Roucouleur, et si nous trouvons un voleur, je demande qu'on le fasse empailler, et qu'on le mette sous verre dans la chambre du brigadier, avec cette inscription : *Empoigné dans l'hôtel de la gendarme-*

rie de Fleury. Ce sera une rareté qui en vaudra bien une autre.

Tout en ricanant, il imitait ses camarades, qui, penchés vers la terre, examinaient la piste du ravageur inconnu, et se dirigeaient en droite ligne vers les noyers.

Ils arrivèrent en face de la fenêtre de Victoire, et Labourot jeta de ce côté un regard inquisiteur. Aucun signe ne trahissait une complicité avec le rôdeur nocturne. La fenêtre était close, les rideaux étaient baissés. Néanmoins Labourot regardait toujours en hochant la tête; il lui semblait avoir vu vaciller légèrement cette gaze blanche, si impassible en apparence, comme si une personne se fût tenue cachée derrière, dans l'ombre. Une exclamation, partie près de lui, détourna son attention; Cabuchard venait de découvrir, au pied d'un arbre, le chapeau que le conscrit y avait déposé pour grimper avec plus d'agilité.

— Nous sommes bien sur la voie, disait Cabuchard en tournant et en retournant le malencontreux couvre-chef; nous avons trouvé du poil de la bête.

— Tiens! tiens! fit le Roucouleur, c'est donc bien vrai qu'un malfaiteur... c'est qu'aucun de nous ne porte une pareille toiture! Ah mais, ah mais! si c'est tout de bon, j'en suis, j'en resuis, j'en *très* suis... Il y va de l'honneur de la brigade.

— Voilà toujours une pièce de conviction, remarqua Labourot, qui prit en main le chapeau accusateur, et peut-être me permettra-t-elle de reconnaître..... Bien des malfaiteurs se sont trahis à moins.

Mais les trois gendarmes eurent beau examiner le feutre en tous sens, ils n'en furent pas plus avancés. C'était un chapeau comme en portaient les paysans, jeunes et vieux, à vingt lieues à la ronde. Aucun nom, même celui du chapelier, n'était écrit dans la coiffe; pas de numéro, pas d'indication; les braves agents de la force publique furent obligés de convenir que leur conquête était assez insignifiante.

— Bah! nous perdons un temps précieux! dit enfin Labourot; cherchons le maître du chapeau, c'est plus important. Le drôle est encore ici; il faut le trouver, morbleu!... Nous le trouverons.

Et ils recommencèrent leurs minutieuses perquisitions.

Or, ce dialogue avait lieu précisément sous le noyer où était perché Léonard, et Léonard n'en avait pas perdu un mot. Il ne se dissimulait pas la gravité et les périls de sa situation; non qu'il eût aucune crainte pour lui-même, mais il y allait de l'honneur de Victoire et de celui du brigadier Morin. Si le jeune homme, en effet, était trouvé se cachant, la nuit, dans l'enclos de la brigade, personne assurément ne serait embarrassé de deviner la vérité; et Dieu sait ce qui adviendrait de cette découverte pour les personnes dont le bonheur et le repos lui étaient si chers. Il fallait donc éviter un scandale à tout prix; mais comment? Ses persécuteurs s'étaient constamment trouvés jusqu'ici entre lui et cette partie de la haie par où il pouvait opérer sa retraite. Employer la force était impraticable; si vigoureux et si hardi que Léonard, il ne pouvait raisonnablement espérer d'échapper à trois hommes robustes eux-mêmes et exercés à de pareilles luttes; d'ailleurs, il serait infailliblement aperçu, reconnu, et le résultat resterait le même. La ruse seule était donc possible, et l'active imagination de Bouvet s'ingéniait à trouver un expédient pour sortir de ces mortels embarras.

Ce qui surtout l'empêchait d'agir, c'était l'existence de la lumière que Cabuchard promenait avec précaution, pour éclairer sa piste et celle de ses compagnons. Aucune tentative de fuite ne pouvait avoir lieu tant que ce flambeau importun ne serait pas éteint. D'ailleurs, d'un moment à l'autre, un rayon égaré allait trahir la présence du pauvre amoureux, malgré l'opacité du feuillage. Déjà plusieurs fois Labourot avait levé les yeux et les avait tenus fixés vers Léonard avec une persistance inquiétante. Il n'y avait pas de temps à perdre pour prendre un parti.

Au moment où Cabuchard, toujours grondant de la ruine de ses fleurs, rôdait autour du noyer où se trouvait le conscrit, une longue branche, comme agitée par le vent, vint fouetter du même coup la figure de Cabuchard et la chandelle, qui s'éteignit.

— Imbécile! s'écria Labourot dans un mouvement de colère.

Le gendarme horticulteur était d'abord resté abasourdi de cette obscurité subite; il cherchait à se rendre compte si elle avait pour cause un simple accident ou une espièglerie d'un ennemi invisible, quand l'exclamation outrageante de Labourot vint attirer exclusivement son attention.

— Qui m'a appelé imbécile? s'écria-t-il en fureur; cinq cent mille tonnerres! est-ce toi, Labourot?

— Eh! ça a-t-il du bon sens de laisser éteindre la lumière en ce moment? Va bien vite la rallumer, ou le gaillard à qui nous donnons la chasse nous échappera.

— Qu'il s'échappe, je m'en moque pas mal!... mais tu m'as insulté, Labourot; tu as insulté Cabuchard, un soldat de Marengo et d'Austerlitz... vous m'en rendrez raison, monsieur!

— Quand tu **voudras**; mais, de par tous les diables! va rallumer ta chandelle!

— Ah! tu m'as appelé imbécile... Eh bien! demain matin au jour, nous nous verrons à l'*étoile Verte*; je choisis le sabre.

— C'est entendu... mais la chandelle! la chandelle!

— J'y vais moi-même, dit le Roucouleur; en attendant, ouvrez l'œil l'un et l'autre... Je reviens... le temps de frotter une allumette contre la boîte.

Et il se remit à courir vers la maison.

Le moment était favorable; aussi Léonard n'hésita-t-il pas à tenter la fortune. Cabuchard, exaspéré de l'épithète injurieuse dont il comptait poursuivre la réparation, ne paraissait plus songer au rôdeur nocturne et continuait à maugréer. Restait Labourot, qui, la carabine au poing, écoutait, impassible, les provocations de son camarade, et se tenait sur le qui-vive; mais les ténèbres étaient profondes, et une tentative audacieuse avait des chances de succès.

Tout à coup les deux gendarmes entendirent une sorte de frémissement dans le feuillage au-dessus de leurs têtes. Au même instant, la branche qui s'était d'abord agitée l'abaissa jusqu'à terre; de son extrémité se détacha une ombre qui s'élança avec rapidité vers l'autre bout de l'enclos. Cabuchard, homme lent et méthodique, ne bougea pas d'abord et se contenta de jurer sur place. Mais Labourot se mit à la poursuite du fugitif, en s'écriant :

— Le voilà, le coquin! alerte! alerte! il va nous brûler la politesse.

En trois bonds Léonard eut traversé l'enclos; mais, parvenu à la haie touffue qu'il devait franchir, il éprouva un moment de trouble; il ne trouvait pas le passage qu'il avait pratiqué en venant, et que les branchages avaient recouvert. Pendant ce temps, Labourot, sans égards pour le jardinet de Cabuchard, gagnait du terrain et courait en droite ligne sur le jeune homme, que ne protégeait plus l'ombre salutaire des grands arbres. Dans cette extrémité, Bouvet n'eut d'autre ressource que de se jeter à plat ventre et de cheminer ainsi, à travers les hautes herbes, en cherchant le passage tant désiré.

A son tour, Labourot, quand il vit disparaître son adversaire, fut forcé de ralentir son pas, pour juger du point vers lequel il devait se diriger le plus sûrement. Pendant qu'il hésitait, le feuillage de la haie s'agita en face de lui; il entendit un craquement de planches et de palissades. C'était Léonard, qui avait trouvé enfin le bienheureux passage et se glissait avec effort entre les deux souches épineuses. Une seconde encore et il allait être à l'abri de toute poursuite.

Labourot devina ce résultat probable, et il grinça les dents de colère. Ce n'était pas un voleur qu'il s'attendait, lui, à trouver dans l'enclos de la brigade. Il porta sa carabine à l'épaule et fit feu presque au hasard.

Aucun cri ne s'éleva, et, quand la fumée du coup se fut dissipée, tout avait disparu.

Au même instant, on entendit les fenêtres de la maison s'ouvrir, et une voix de femme pousser des clameurs désespérées. Le Roucouleur accourut avec une nouvelle lumière.

— Ah çà! Labourot, qu'y a-t-il donc? demanda-t-il, sur qui as-tu tiré?... Je te préviens que tu as éveillé le brigadier, et la demoiselle est là-haut, à sa fenêtre, qui chante des romances sur l'air du *de profundis*... Nous allons avoir ici de la compagnie dans un instant.

— Donne-moi ta lumière, dit Labourot avec vivacité en lui arrachant la chandelle.

Il marcha vers la haie, et ses compagnons l'imitèrent. Du côté de l'enclos, on ne voyait d'autre trace du fugitif que des empreintes de pas et des herbes froissées; mais, du côté de la campagne, des gouttes de sang frais et vermeil souillaient les feuilles sèches.

— Ah! je l'ai touché au vif, dit Labourot avec satisfaction, quoique ce ne soit probablement pas dans les jambes... Il s'est sauvé, mais on le retrouvera... Ce n'est pas la peine de le suivre.

. . . .

Le lendemain matin, les conscrits de Fleury partirent pour le chef-lieu, sous la conduite du sergent recruteur, et Léonard Bouvet manquait à l'appel. On le chercha vainement dans sa famille, chez ses amis; il avait disparu, et personne ne put ou ne voulut dire ce qu'il était devenu. Après les délais prescrits par la loi, il fut déclaré réfractaire, et ordre fut expédié à la gendarmerie de Fleury de l'arrêter partout où il se montrerait.

Quant à Labourot, personne n'ayant porté plainte au sujet de son coup de carabine, il en fut quitte pour quinze jours d'arrêts, que lui infligea le brigadier parce qu'il s'était servi de son arme sans nécessité absolue. De plus, il reçut de Cabuchard un coup de sabre qui lui enleva la moitié d'une oreille, en réparation d'une certaine épithète lancée trop précipitamment.

Malgré tout cela, on resta convaincu dans le pays que des voleurs audacieux avaient fait une tentative contre la gendarmerie de Fleury, et les bonnes femmes du village se disaient en levant les yeux au ciel :

— On volera quelque jour le clocher avec les cloches!.. où allons-nous, bon Dieu?

IV

LA VISITE.

Pendant le premier mois qui s'écoula à la suite de ces événemens, le plus profond mystère continua de régner sur le sort de Léonard Bouvet. Les uns prétendaient qu'il avait quitté le pays et qu'il était allé se cacher au loin sous un faux nom; d'autres, sans s'inquiéter d'attribuer au pauvre conscrit la logique de feu Gribouille, soutenaient que, par frayeur des dangers de la vie militaire, il avait attenté à ses jours. Mais, à partir de cette époque, de sourdes rumeurs commencèrent à se répandre à Fleury et dans les environs. Un bûcheron racontait à qui voulait lui payer à boire qu'un matin, en parcourant les bois du voisinage, il avait parfaitement reconnu Léonard qui se glissait le long d'un taillis; il était pâle, décharné, semblable à un spectre; ses vêtemens étaient en lambeaux; son aspect trahissait la souffrance et les plus dures privations. D'un autre côté, on remarquait un grand changement dans les habitudes de la famille Bouvet. C'étaient des allées et des venues sans fin, autour de la maison isolée des bords de la Loire. Père, mère et enfans avaient des airs inquiets, mystérieux. On avait vu de la lumière dans leur demeure à des heures très avancées de la nuit; on croyait même avoir distingué des signaux, qui s'adressaient, tantôt à une personne postée dans la forêt qui couronnait les hauteurs voisines, tantôt vers la rivière, que sillonnaient sans cesse des bateaux ou des trains de bois de flottage. De tout ceci on concluait que certainement le réfractaire était caché dans le voisinage, et que sa famille lui donnait assistance dans sa retraite.

Le brigadier Morin ne pouvait rester sourd à ces vagues rumeurs, qui sont presque toujours comme des émanations lointaines de la vérité. Des battues eurent lieu dans les endroits où Léonard avait pu chercher un asile; des perquisitions furent faites dans la maison de ses parens, que l'on soumit eux-mêmes à un sévère interrogatoire. Mais aux questions qu'on leur adressa, la mère répondit seulement par des plaintes et des gémissemens sans fin, le père par de sombres menaces, les enfans par un opiniâtre et stupide « *je ne sais pas*, » qui était pour eux comme un mot d'ordre rigoureux. Une active surveillance de jour et de nuit fut organisée autour de la Cannette, mais sans aucun résultat sérieux.

Beaucoup de personnes du pays expliquèrent cet échec de la force publique de Fleury par l'amitié que le brigadier Morin avait témoignée publiquement à Léonard en diverses circonstances, et notamment le jour de la promenade militaire des conscrits de la commune. Il semblait impossible que, sans une sorte de complicité du chef de la gendarmerie, le réfractaire fût parvenu à se soustraire aux recherches incessantes dont il était l'objet. Cette opinion cependant était une véritable calomnie à l'adresse du brigadier. Quelle qu'eût été autrefois sa bienveillance pour Léonard, cette bienveillance n'eût pu le décider à se relâcher un instant des devoirs de sa charge. D'ailleurs, il était indigné du peu de cas que le jeune homme avait fait de ses conseils si affectueux et si sages; il reprochait ses attentions particulières pour un lourdaud de village incapable d'apprécier un bon avis, une conduite franche et loyale. Enfin, au fur et à mesure qu'il voyait échouer les tentatives pour s'emparer du réfractaire, il se piquait au jeu; l'amour-propre de sa profession surexcitait sa vigilance; il devinait que ses subordonnés ou les gens du pays, qui avaient vaguement idée de ses anciens projets au sujet de Léonard, l'accusaient en secret de tiédeur, et il redoublait d'activité pour prouver combien il méritait peu de pareils soupçons.

On supposait surtout que mademoiselle Victoire, dont l'influence sur son père était bien connue, avait pu l'émouvoir en faveur du pauvre fugitif; mais, à cet égard comme sur d'autres points, l'opinion publique était encore dans l'erreur. Les rapports de la fille et du père, en effet, avaient subi de tristes modifications depuis quelques temps. On ne les voyait plus se promener ensemble sur la grande place du village, elle en petit bonnet coquet et en tablier de soie, lui fièrement cambré dans son bel uniforme. Victoire, autrefois si pimpante et si fière, paraissait triste, souffrante; elle ne travaillait plus à la fenêtre de sa chambre, fredonnant du matin au soir de joyeuses chansonnettes; souvent ses yeux étaient rouges, comme fatigués de larmes. Morin lui-même n'affichait plus pour son enfant ces attentions, ces petits soins qu'il poussait jadis jusqu'à la puérilité; poli et cérémonieux avec elle, on eût dit que sa tendresse fût devenue tout à coup de la froideur et de l'indifférence.

Ces fâcheux changemens s'étaient manifestés à la suite de l'explication qui eut lieu entre la fille et le père, depuis la fuite de Léonard. Quand on commença à parler des apparitions du réfractaire dans le voisinage, Victoire, après de longues hésitations, s'était hasardée à solliciter timidement l'indulgence du brigadier pour un ancien ami. Mais, aux premiers mots qu'elle prononça, Morin l'interrompit avec colère :

— Quoi! mademoiselle, dit-il, vous pensez encore à ce paysan stupide qui a peur des Arabes et des lions? N'êtes-vous pas honteuse de prononcer encore son nom ? Un entêté qui ne veut pas entendre raison et aime mieux courir les bois, sans pain et sans abri, que de faire honnêtement son service au régiment. Le drôle est leste, j'en conviens ; il nous a mis sur les dents, moi et toute la brigade ; mais je finirai bien par reprendre ma revanche ! Ensuite, il n'est pas étonnant que mademoiselle s'intéresse à lui, quand c'est elle peut-être qui l'a poussé à tourner si mal.

— Mon père, je te jure qu'au contraire...

— Eh bien ! dans ce cas, mademoiselle doit voir quel cas il fait de ses conseils, comme des miens... Dans ces âmes sordides, la poltronnerie l'emporte sur tout le reste.

— Mais, mon père, insinua Victoire avec embarras, ce malheureux jeune homme ne pourrait-il avoir une autre raison que la poltronnerie pour différer son départ ? Pourquoi le juger si mal, toi qui l'estimais tant autrefois ? Pourquoi ne pourrait-il invoquer pour excuse une impossibilité ou même un motif honorable ?...

— Bah ! s'il avait une excuse honorable, ne s'empresserait-il pas de la faire valoir ?...

— Mais s'il ne peut pas ? si des intérêts, sacrés pou lui, l'obligent à se taire ? Ah ! mon père, continua la jeune fille dont la voix s'altéra et dont les yeux devinrent humides, tu ne te doutes pas...

Elle se tut comme effrayée d'avance de l'aveu qu'elle allait faire. Morin attacha sur elle un regard perçant :

— Sacre! mademoiselle, qu'avez-vous à m'apprendre ? Quel est ce grand secret qui a l'air de vous peser sur le cœur ? Y aurait-il une connivence coupable entre un homme que je suis forcé de poursuivre pour désobéissance aux lois, et ma propre fille ? Voyons, parlez ; je le veux !

Mais si Victoire avait quelques velléités de confiance, cette sévérité intempestive les étouffa brusquement. Son orgueil fut révolté de ces formes impérieuses auxquelles elle n'était pas habituée.

Elle releva la tête et dit d'un ton ferme :

— Je ne sais rien, mon père... Réfléchis bien seulement qu'un jour peut-être tu regretteras d'avoir montré tant de rigueur à un malheureux digne de pitié... Quant à moi, je n'ai pas les mêmes devoirs ; tu m'excuseras donc d'être plus indulgente.

Et elle se retira dans sa chambre, où elle s'enferma.

— Quelle tête ! quelle tête ! grommelait le brigadier resté seul ; c'est sa mère toute crachée... La pauvre Catherine, ma défunte, était aussi bien difficile à ferrer ! Ou je me trompe fort, ou la petite têtue mijote quelque chose en faveur de son amoureux. En me quittant, elle avait les narines ouvertes comme un poulain qui flaire sa première poignée de fourrage... C'est bon ! on la surveillera de près.

— Mais cette résolution était plus facile à prendre qu'à exécuter. Les besoins du service obligeaient le brigadier à être constamment en campagne, et sa fille restait nécessairement livrée à elle-même pendant des journées entières. Il y avait quelqu'un pourtant qui, sans en être prié, s'était chargé d'éclairer les démarches de mademoiselle Morin. Un soir que le brigadier était retiré dans sa chambre, après une journée de fatigues, il vit entrer mystérieusement Labourot, qui, avec force réticences et précautions oratoires, lui annonça que mademoiselle Victoire avait fait le matin même une visite à la Cannette, et y était restée deux grandes heures.

Au lieu de remercier l'observateur officieux, Morin se montra fort irrité de cette démarche.

— Monsieur Labourot, dit-il d'un ton bref qu'il avait seulement quand il s'agissait du service, votre devoir est de prendre des informations pour le compte du gouvernement, c'est fort bien ; mais personne ne vous a chargé d'en prendre pour le compte de ma famille. Quand j'aurai besoin de vos bons offices, je vous les demanderai ; jusque-là je vous en dispense.

Et Labourot s'en retourna avec cette verte réponse, convaincu que son chef ne tiendrait aucun compte de ses avis.

Il n'en était rien cependant ; Morin avait compris la gravité de l'acte attribué à sa fille, et il s'était promis d'apprécier par lui-même la réalité du rapport de Labourot.

Un soir (c'était environ deux mois après la disparition de Léonard), Morin, en prescrivant le service du lendemain, annonça, en présence de Victoire, qu'il partirait avant le jour pour la correspondance, avec un homme de la brigade qu'il désigna. Mais, à l'heure indiquée, il donna son cheval à Cabuchard, qu'il fit partir à sa place. Il resta donc seul à la brigade avec Victoire, qui ne le croyait pas si près, et devait se considérer comme absolument maîtresse de ses actions.

Dès l'aurore, la jeune fille fut sur pied. Après avoir parcouru la maison en chantonnant, plutôt par habitude que par gaieté réelle, elle descendit à l'écurie. Ne voyant pas le cheval de son père dans sa stalle, elle ne douta plus que Morin ne fût vraiment en campagne avec le reste de la troupe, et elle regagna lestement sa chambrette.

En cinq minutes, elle eut fait une toilette gracieuse. Elle portait une robe d'étoffe légère, mais de couleur sombre, qu'elle s'était taillée elle-même et dont plus d'une dame de la ville eût envié la coupe élégante. Elle avait posé sur sa tête un de ces jolis chaperons de paille adoptés par les femmes du Morvan, et qui sont plutôt un ornement qu'une coiffure. Ainsi vêtue, avec des souliers gris et une modeste écharpe noire, mademoiselle Morin avait un air moitié paysanne, moitié bourgeoise, qui ajoutait à sa beauté, naturellement sévère, un caractère vif et provoquant. Enfin elle passa à son bras un charmant panier en osier de couleur, comme pour se donner une contenance, descendit l'escalier sans bruit, et se mit à traverser la place d'un pas furtif, pour gagner le chemin de la Cannette.

Quand elle eut tourné l'angle de la dernière maison de Fleury, son père, qui l'avait guetté d'une fenêtre, se disposa à la suivre. Sans faire aucun changement dans sa tenue du matin, sans prendre aucune arme, le brigadier descendit l'escalier à son tour, ferma la porte de la maison, et se mit en marche dans la même direction.

Le soleil commençait à se dégager des vapeurs matinales, et préludait à une de ces journées les plus chaudes de la saison. De plus, on était à l'époque de la moisson, et la campagne était sillonnée de gens qui se rendaient au travail des champs. Il n'y avait donc aucun inconvénient pour une jeune fille à se promener ainsi aux environs du village. D'ailleurs on était habitué dans le pays aux allures indépendantes de mademoiselle Morin ; tout le monde la connaissait, et l'autorité de son père imposait aux plus hardis, sans compter que Victoire elle-même, avec son air fier, sa démarche délibérée, ne semblait pas femme à se laisser manquer. Aussi, tous les fronts se découvraient-ils sur son passage, toutes les bouches lui adressaient un bonjour amical ; et quand, après l'avoir poliment saluée, les passans rencontraient cent pas plus loin, à un détour de cette route sinueuse, le brigadier Morin lui-même, ils se félicitaient d'être restés dans les bornes d'un profond respect.

Il eût été facile à Morin d'atteindre sa fille, qui continuait à trottiner en avant, mais un scrupule le retenait. La promenade de Victoire pouvait n'avoir pas le but qu'il supposait. Au bas de la colline s'élevait une petite ferme habitée par un vieux paysan et sa femme, Philémon et Baucis morvandeaux chez qui Victoire allait souvent en été se régaler de fraises et de crème. C'était peut-être là tout simplement l'objet de la sortie matinale de la jeune fille, et dans ce cas le père redoutait de lui laisser voir des soupçons offensans. Pour s'assurer du fait, et dans la crainte qu'en s'approchant trop il ne finît par être aperçu, il s'arrêta sur une élévation d'où il pouvait voir la route se bifurquer ; un embranchement conduisait à la ferme, l'autre à la maison de Bouvet. Mais Victoire, arrivée à l'angle de bifurcation, tourna brusquement le dos à la ferme, et, traversant le petit pont que nous connaissons, continua sa marche vers l'habitation isolée des bords de la Loire.

— Sucre! dit le brigadier en mordant sa moustache, on ne m'avait pas trompé... elle va à cette damnée Cannette ! La petite sotte me compromettra ainsi !... Mais je vais la rattraper, et je l'empêcherai bien, du moins pour aujourd'hui, de faire une imprudence !

Et il partit d'un pas accéléré, dans l'intention, bien déterminée cette fois, de rejoindre sa fille, mais

Rien ne sert de courir, il faut partir à point.

Morin n'avait pas compté que mademoiselle Victoire, ne se sentant plus gênée par les regards des passans, accélérait le pas à son tour. Aussi, quand il arriva, tout en nage, au point rustique, sa fille avait-elle déjà franch l'étroit sentier qui se prolongeait de l'autre côté. Il répugnait beaucoup à l'honnête brigadier de pénétrer chez le réfractaire autrement que dans l'exercice de ses fonctions; cependant, sûr que là seulement il pourrait retrouver sa fille, il se porta rapidement vers l'habitation.

Mais il était dit que son activité, en cette circonstance, ne lui servirait de rien. Lorsqu'il fut en vue de la Cannette, Victoire n'y était déjà plus. Elle n'avait fait que traverser la maison, et elle s'éloignait d'un autre côté, avec une femme enveloppée d'une mante, dans laquelle Morin crut reconnaître Marguerite Bouvet, la mère de Léonard. Toutes les deux s'engagèrent dans l'enclos et la chènevière ; puis, gagnant rapidement les bois, qui sur ce point descendaient jusqu'à la rivière, elles disparurent bientôt derrière les coudriers et les buissons.

Vainement Morin, déconcerté, fit-il retentir la campagne d'appels vigoureux. Soit qu'il n'eût pas été entendu, soit que les promeneuses fussent distraites, elles ne se retournèrent pas. Que faire donc ? Le brigadier pouvait aller prendre des informations à la Cannette ; mais, à cette heure de la matinée, il était sûr de n'y trouver que des enfans, dont il entendait déjà les bruyans ébats dans l'intérieur de la maison. D'ailleurs, c'eût été du temps de perdu, et les deux femmes allaient d'un tel train qu'il fallait se hâter, si l'on voulait les rejoindre.

— Eh bien, morbleu ! dit le brigadier, nous allons jouer des jambes ! Je n'en aurai pas le démenti ; je saurai enfin ce que vient faire par ici cette fille effrontée. Suivons-les... et si je tombe sur le gîte du lièvre, ma foi ! tant pis pour le lièvre ; pourquoi se laisse-t-il surprendre?

Ces réflexions terminées, Morin se mit en route avec ardeur, afin d'atteindre les promeneuses qu'il apercevait encore par intervalles sur la hauteur.

Nous le laisserons pour un moment, et nous rejoindrons avant lui Victoire et Marguerite.

Elles se tenaient amicalement par le bras et causaient à voix basse, comme si, du fond des broussailles qui bordaient le sentier, on eût pu surprendre leurs secrets.

— Bonne Marguerite, disait la jeune fille avec animation, cela est-il bien vrai ? ne se ressent-il plus de sa blessure ? est-il enfin complétement guéri ? Oh ! si vous saviez quelles inquiétudes, quelles alarmes j'éprouve depuis deux mois !... Pauvre Léonard ! Dire que c'est pour moi, pour moi seule, qu'il a souffert tout cela !

— Vous allez le voir, mademoiselle, répliqua la mère Bouvet; sans doute vous le trouverez bien changé, mais sa blessure est fermée, grâce à Dieu, et maintenant il va de mieux en mieux. C'est là une belle cure de monsieur Charles Girard, le jeune médecin de Fleury !... Quel bon jeune homme, mademoiselle ! et courageux, et savant, et discret comme un poisson ! Quand notre Léonard était obligé d'aller sans cesse de çà et là, afin d'échapper aux battues et aux perquisitions, monsieur Charles faisait souvent deux lieues à pied, le matin et le soir, pour lui panser son épaule. Aussi, celui-là peut dire qu'il y a de par le monde une famille où tous, jusqu'au dernier, se laisseraient hacher pour lui !... Ah ! mademoiselle, ce fut une bien triste nuit que celle où, mon homme et moi, nous vîmes revenir notre pauvre enfant, couvert de sang et se traînant à peine ! Bouvet saisit son fusil et voulait aller tout massacrer à Fleury... Cependant je le calmai un peu ; je courus chercher monsieur Girard, qui vint aussitôt avec ses instrumens et parvint à extraire cette maudite balle. Que de cruelles nuits nous avons passées depuis celle-là ! Mais, dans notre malheur, une consolation nous reste ; notre fils n'est pas parti ; nous le voyons tous les jours... de temps en temps je peux lui apporter un peu de soupe bien chaude et un verre de vin pour restaurer son pauvre corps, et maintenant que le voilà hors d'affaire, je me sens bien joyeuse de le savoir près de moi.

— Oui, Marguerite, mais s'il vient à être pris ! Vous ne connaissez pas mon père... il est vigilant, adroit, infatigable...

— Eh bien ! laissez-le faire, mademoiselle, dit la bonne femme d'un ton un peu narquois; si l'on n'a pu s'emparer de notre cher garçon quand il était malade, blessé, incapable de s'aider lui-même, on n'en viendra pas mieux à bout maintenant qu'il est gaillard et dispos... Allez, allez! nous avons des ruses et des cachettes qui peuvent défier toute la gendarmerie de Fleury, oui, et celle de tout le département aussi... Vous verrez ! la justice y perdra son latin.

— Ne l'espérez pas, bonne Marguerite, reprit Victoire en secouant la tête ; je sais mieux que vous combien la position de ce malheureux jeune homme est fausse et périlleuse ; c'est pour cela que j'ai voulu le voir, malgré les graves inconvéniens attachés à une pareille démarche de ma part... Oui, j'ai différé trop longtemps ; j'ai écouté trop longtemps les conseils de mon faux orgueil, de mon égoïsme. Mais le moment est venu de me montrer généreuse à mon tour ; il ne tiendra pas à moi que Léonard ne recouvre bientôt son repos, dussé-je, pour obtenir ce résultat, braver la colère de mon père et le mépris de tous ceux qui me connaissent !

— Qu'est-ce donc, mademoiselle ? demanda Marguerite avec un accent d'inquiétude ; voudriez-vous lui conseiller de se rendre prisonnier ? ce serait une grande sottise qu'il ferait là, car...

— Vous entendrez ce que j'ai à lui dire. Peut-être, dans l'acte que je vais lui conseiller, y aura-t-il des sacrifices pour tous... pour vous comme pour moi... Marguerite, il faudra savoir nous résigner.

La mère baissa la tête d'un air mécontent, et elles marchèrent un moment en silence.

A mesure qu'elles avançaient, le bois devenait plus sombre et plus fourré. Depuis quelques instans déjà, elles avaient quitté le sentier frayé ; elles foulaient maintenant les genêts et les bruyères. La pente était raide ; les gros rochers qui saillaient çà et là au milieu des halliers ; les ravins, les buissons qu'il fallait tourner à chaque instant, rendaient cette ascension extrêmement pénible par la chaleur. Aussi Victoire, peu habituée que Marguerite à de pareilles excursions, était-elle hors d'haleine.

— Mère Bouvet, demanda-t-elle une fois en s'arrêtant pour respirer, sommes-nous loin encore de l'endroit où est caché Léonard ? Cette route est cruellement fatigante !

— Mes enfans, mon homme et moi nous la faisons pourtant plus d'une fois dans la journée, répliqua Marguerite avec une sorte d'aigreur. Voudriez-vous pas que votre père et ses gendarmes pussent arriver ainsi tout à cheval jusqu'à mon pauvre fiot ? Ce serait trop commode pour eux et trop dangereux pour lui. — Puis, voyant que la dureté de ces paroles avait appelé une rouge sur le front de la jeune fille, elle ajouta aussitôt : — Pardonnez-moi, mademoiselle ; vous êtes bonne, vous, je le sais, et vous aimez Léonard ; vous venez de me dire ces choses... et quand on a du chagrin, on est injuste.

Enfin elles atteignirent le sommet de la colline qu'elles gravissaient avec tant de peine ; leur vue, si longtemps bornée par un mur de verdure, put embrasser tout à coup un large espace de ciel bleu et un vaste paysage. Le plateau sur lequel elles se trouvaient maintenant formait une clairière, dominée de tous côtés par d'autres collines couvertes de bois impénétrables. Au centre s'élevaient des ruines imposantes qui semblaient avoir appartenu à un ancien monastère. On apercevait encore çà et là les arceaux effondrés des cloîtres, les piliers décharnés et sans toiture de l'église. Deux ou trois grandes tours ébréchées, attestaient que cet édifice avait été construit à une époque où les monumens religieux eux-mêmes avaient à se défendre contre des ennemis extérieurs. Les cours et les abords des bâtiments étaient jonchés de décombres ; et ce qui restait debout menaçait le curieux d'une chute prochaine. Les ronces, les orties, les lierres acquéraient là des proportions gigantesques ; nul pied humain ne semblait devoir se poser impunément dans ce chaos d'arbustes épineux, de pierres mouvantes, de crevasses perfides. Une pareille solitude ne pouvait avoir d'autres habitans que les choucas qui croassaient au faîte de l'une des tours, les lézards verts et les couleuvres qui se chauffaient au soleil sur les pignons noircis, et regagnaient leur trous, à travers les feuilles sèches, au moindre bruit.

Marguerite s'était arrêtée, comme pour permettre à mademoiselle Morin de contempler ce tableau de désolation.

— Vous connaissez sans doute cet endroit ? demanda-t-elle.

— Je n'y suis jamais venue... Mais ce sont là sans doute les ruines de l'ancien prieuré de Saint-Révérien, que l'on dit presque inabordables... C'est vraiment un bien triste lieu !

— C'est pourtant ici, reprit Marguerite d'une voix sourde, que depuis deux mois mon fiot a trouvé un asile... Ces ruines vous paraissent tristes à cette heure, par ce beau soleil ; que diriez-vous donc, mademoiselle, si vous les voyiez par une nuit noire, quand le vent souffle, quand le hibou chante ?... Avec ça on dit que les âmes des moines défunts se promènent souvent à minuit dans les cloîtres... Mais je n'ai jamais peur quand je viens voir Léonard, et elle lui a déjà porté malheur... et pourtant qui voudrait faire du mal à une pauvre mère comme moi ?

Tout en causant, elles s'étaient remises en marche, quoiqu'on ne vît aucune trace de chemin. Pendant qu'elles surmontaient avec peine les obstacles dont le sol était hérissé, un homme surgit de terre devant elles ; il tenait d'une main une hache de bûcheron, de l'autre un fusil, qu'il jeta derrière une cépée en reconnaissant les deux femmes. C'était le père Bouvet, en costume de travail, son grand chapeau enfoncé sur les yeux.

Il attacha sur elles un regard perçant.

— À quoi penses-tu donc, Marguerite ? dit-il d'un ton dur sans saluer Victoire ; ça a-t-il du bon sens d'amener quelqu'un ici ?

— Laisse, notre homme, répliqua la mère de Léonard en lui adressant un signe d'intelligence, c'est *lui* qui le veut ; *il* a toute confiance en elle, et il ne faut pas le contrarier.

— Le contrarier ! et pourquoi non s'il est aveugle ? Vous verrez que ça finira mal... cette fille est d'une mauvaise race, et elle *lui* a déjà porté malheur.

Cette nouvelle humiliation fit monter le rouge au visage de mademoiselle Morin.

— Ne vous offensez pas de ce qu'il dit, reprit Marguerite ; il n'est pas méchant, mais il aime tant notre Léonard !... Et toi, Bouvet, tu as tort ; je prends la sainte Vierge à témoin que tu as tort à l'égard de cette bonne demoiselle.

Elle lui parla encore quelques instans bas, comme pour le ramener à des sentimens moins hostiles. En toute autre circonstance, Victoire n'eût pu supporter de semblables défiances, et elle se fût retirée avec quelque fière parole ; mais il y allait de trop grands et de trop chers intérêts pour qu'elle écoutât cette fois les suggestions de son amour-propre offensé. Elle attendit donc, muette et le front baissé, le résultat de cette conférence entre les deux époux.

— Soit, reprit enfin le mari avec rudesse ; agissez comme vous voudrez, mais moi je ne m'y fie pas... j'y aurai l'œil aujourd'hui et plus tard ; si tout n'est pas en règle on me trouvera... Suffit, je m'entends.

Il fit un signe de la main et disparut silencieusement comme il était venu.

V

LA TOUR FENDUE.

Marguerite prit la jeune fille par la main et l'entraîna rapidement dans les ruines. Comme nous l'avons dit, aucun passage ne semblait possible au milieu de ces matériaux entassés, de ces plantes grimpantes qui étendaient partout leurs nœuds inextricables. Cependant la paysanne conduisait Victoire à travers ces difficultés avec une aisance, une sûreté de coup d'œil qui pouvaient provenir seulement d'une grande habitude. Après lui avoir fait faire un détour, afin d'éviter une jonchée de pierres abruptes qui roulaient sous les pas, elle l'introduisit, par une brèche étroite, dans ce qui avait été jadis la grande cour du couvent.

De ce côté, l'aspect de la désolation était plus frappant encore. La campagne environnante, avec ses baux massifs de verdure, avait disparu ; on ne voyait plus que murs croulans, échiquetés à la crête, pilastres aux sculptures rongées par le temps et le salpêtre. A l'angle de la cour, une des tours dont nous avons parlé était fendue du haut en bas et penchait d'une manière effrayante ; on eût cru qu'il suffisait pour la renverser de la brise légère qui agitait l'extrémité des hautes herbes. Au centre, à l'endroit où avait été autrefois la fontaine du couvent, s'étendait une mare d'eau verdâtre et croupissante où les grenouilles sautillaient au milieu des joncs.

Marguerite montra à la jeune fille, avec une sorte de complaisance, ces tristes détails.

— Vous le voyez, dit-elle en souriant, il ne serait pas facile de venir ici sans guide ; aussi bien ce n'est rien encore comme mon Léonard pourrait faire la figue à une légion entière de gendarmes et de soldats. Eh bien ! ce n'est rien encore, vous allez voir sa chambre... Mais, avant tout, il est nécessaire que je le prévienne ; car nous pourrions ne plus le trouver au nid.

Elle ramassa trois cailloux et les jeta l'un après l'autre dans la mare, de manière à produire le plus de bruit possible. À peine le troisième caillou était-il tombé dans l'eau, qu'une voix, qui semblait sortir des nuages, cria joyeusement :

— Est-ce toi, mère ? m'apportes-tu des nouvelles de... qui tu sais bien ?

Mademoiselle Morin regarda de tous côtés ; elle n'aperçut que la cime des tours et des murailles qui se dessinaient sur le ciel avec leur panache mouvant d'herbes sauvages.

— Oui, oui, mon gars, répliqua Marguerite ; tu seras content. — Et elle ajouta bas, en s'adressant à mademoiselle Morin : — Nous allons lui faire une surprise, à ce cher enfant ; venez... mais, au nom de la bonne Vierge, songez à ce que vous lui direz ! — Elle soutint Victoire, ou plutôt la porta jusqu'au pied de la tour. Là, elle écarta des broussailles qui cachaient une crevasse sombre, où elle pénétra résolûment. La jeune fille, malgré son courage, hésitait à la suivre dans cette ruine menaçante dont la déclivité rappelait celle de la fameuse tour de Pise, ou de la tour non moins fameuse de Bologne. — Ne craignez rien, petite, dit la mère Bouvet ; il y a plus de cent ans que la tour Fendue de Saint Révérien, comme on l'appelle, est dans l'état où vous la voyez, et elle subsistera longtemps après nous.

Elle se mit à gravir un escalier étroit, pratiqué dans l'épaisseur de la muraille, suivant l'habitude des constructeurs du moyen âge ; les gravois en avaient comblé les marches de manière à former une pente assez douce. Victoire, honteuse d'un premier mouvement de crainte, marchait derrière elle. Le couloir n'était pas entièrement obscur ; d'intervalles en intervalles, des meurtrières projetaient une croix lumineuse dans le passage et permettaient d'éviter les chocs et les obstacles. Elles montaient ainsi depuis quelques minutes, quand la voix qu'elles avaient entendue déjà se fit entendre de nouveau au-dessus de leur tête :

— Mère, disait-on, qui donc m'amènes-tu ? Je n'ai pas reconnu le pas de ma sœur Jeannette... C'est une femme, pourtant !

— Tu vas le savoir, mon garçon, répliqua la mère frémissante de joie.

En même temps, Marguerite entra dans une espèce de chambre voûtée dont le plancher conservait la déclivité effrayante de la tour. Cette chambre avait environ douze ou quinze pieds carrés, mais elle était si basse qu'un homme de haute taille aurait eu peine à s'y tenir debout. Elle était éclairée par plusieurs meurtrières en forme de croix, semblables à celles du couloir, puis par une large portion de cette fente longitudinale qui partageait la tour en deux, malgré les giroflées et les lierres.

Grâce à cette brillante clarté, on pouvait examiner dans tous ses détails le misérable réduit où une créature humaine avait été forcée d'établir temporairement sa demeure. Les murs, raboteux et humides, avaient perdu leur revêtement ; la voûte, plus solide, était tapissée d'une mousse courte et verdâtre qu'argentait la bave des limaçons. Sur le rebord des meurtrières s'accumulait la fiente de ces hiboux dont les cris sinistres avaient souvent effrayé Marguerite dans ses visites nocturnes ; et, même à cette heure de la matinée, l'aile noire des corbeaux effleurait de temps en temps les corniches voisines.

On semblait pourtant avoir tenté quelques efforts pour rendre le lieu habitable. Un matelas et des couvertures de laine, jetés dans un enfoncement, servaient de lit. Un peu de paille jonchait cette partie de la chambre, afin de la préserver de l'humidité. Plusieurs vases de terre et de ferblanc, soigneusement couverts, étaient placés au frais dans une sorte de niche, et contenaient sans doute des provisions. On avait fabriqué des sièges avec des pierres plates, une table avec une planche pourrie tirée des décombres. Malgré tout cela, Léonard n'était guère plus somptueusement logé que les anachorètes de la Thébaïde; et Victoire, à l'aspect de cette misère et de ce dénûment, sentit son cœur se serrer douloureusement.

Mais ce fut d'abord sur le réfractaire lui-même que se porta son attention. Il était convenablement vêtu; seulement ses traits avaient conservé une grande pâleur, et tout son corps était d'une maigreur extrême. Il se tenait debout à l'entrée de la chambre, et, par suite d'une habitude qu'il avait contractée depuis peu, il avait saisi son fusil à deux coups.

Il s'avança affectueusement pour embrasser sa mère ; mais quand il aperçut, par-dessus l'épaule de Marguerite, la personne qui restait dans l'ombre, à l'entrée du couloir, il poussa un cri perçant.

— Mademoiselle Victoire !... ici ? s'écria-t-il ; bon Dieu que je vous remercie !

Par un mouvement plus rapide que la pensée, il s'élança vers la jeune fille et la pressa avec force contre sa poitrine. Puis, comme effrayé de sa hardiesse, il recula humblement, attendant les reproches que son impétuosité méritait.

Mais mademoiselle Morin était trop émue pour songer à se fâcher d'une familiarité qu'elle n'eût probablement pas tolérée dans une autre circonstance. Les larmes inondaient ses joues, et elle balbutia avec effort :

— Pauvre, pauvre Léonard ! dans quelle affreuse position je vous retrouve ! comme vous avez souffert !...

— Ah ! je suis bien payé de mes peines, dit le jeune homme, qui rassuré par cet accueil osa lui prendre la main ; si j'avais su... si j'avais pu penser...

— C'est à moi que tu dois cette surprise, petiot, dit Marguerite avec orgueil ; ton père ne voulait pas... tout à l'heure encore il nous a fait une scène... Tu sais, il est toujours défiant et grondeur... mais j'ai tenu bon, parce que je devinais combien tu serais heureux de voir mademoiselle Morin.

Léonard embrassa vivement sa mère ; puis il conduisit la fille du brigadier à un de ces sièges grossiers dont nous avons parlé, et, s'asseyant lui-même à ses pieds, il se mit à la contempler avec amour.

— Oh ! que vous êtes bonne d'être venue ! reprit-il avec chaleur ; au milieu de mes malheurs, mon plus grand chagrin était de ne pas vous voir... Vous avez donc un peu pensé à moi ? Si vous saviez comme j'ai pensé à vous !... Mais pourquoi pleurer ? continua-t-il en affectant la gaieté ; tout est fini maintenant ; ma blessure est guérie ; je viens sans éprouver de douleur... et vous voyez que je suis ici comme un petit roi dans son palais.

— Eh bien ! Léonard, reprit Victoire, si vous ne souffrez plus des suites de ce funeste accident, la vie pleine d'inquiétudes et de privations que vous menez ici ne doit pas moins vous paraître insupportable ?

— Mais non, mademoiselle, on s'y habitue. Je vois tous les jours mon père, ma mère, mes frères et mes sœurs. Depuis que je vais un peu de force, je sors la nuit ; je vais même parfois coucher dans notre maison, sur le bord de la Loire. L'autre soir, j'ai poussé ma promenade jusqu'au village de Fleury ; j'ai vu de loin votre fenêtre éclairée, et mon cœur battait de joie. Puis, quand votre lumière s'est éteinte, je disais, comme si je vous avais parlé à vous-même : « Bonsoir, mademoiselle ; faites de bons rêves où je serai... » Ensuite, continua-t-il en désignant quelques volumes placés sur la planche qui lui servait de table, j'ai là de quoi m'occuper ; ce sont des livres que m'a prêtés monsieur Girard... Je les lis, et c'est étonnant comme ils se gravent dans ma mémoire. Quand je les ai finis, on les reporte au docteur qui en donne d'autres. Si vous saviez que de bonnes choses j'ai déjà apprises comme cela ! J'étais bien ignorant, mais je ne veux plus l'être, afin de ne pas rester indigne de vous, si instruite, si raisonnable !

Victoire était vivement touchée de cette naïve tendresse.

— Cependant, mon cher Léonard, reprit-elle, cette existence ne peut pas toujours durer ; comme je le disais tout à l'heure à votre mère, vous serez pris certainement tôt ou tard...

— Pris, mademoiselle ? interrompit le réfractaire ; eh ! qui pourrait me prendre dans cette cachette introuvable dont, excepté mon père, ma mère et vous, personne au monde ne soupçonne l'existence ? Les deux enfans eux-mêmes n'y sont jamais venus ; ils s'arrêtent à la mare de la grande cour, d'où ils m'appellent par un signal. Qui s'aviserait de chercher une créature humaine dans la tour Fendue de Saint-Révérien ? Ces ruines ne sont pas fréquentées par les gens du pays; il court sur leur compte de mauvais bruits de revenans et d'âmes en peine qui en écartent les curieux. Moi-même j'avoue que plus d'une fois, la nuit, si je ne m'étais pas fait une raison, je me serais laissé gagner par la peur...

— Mais tu n'as jamais rien vu, n'est-ce pas ? demanda Marguerite en frissonnant.

— Jamais... Je reconnaissais toujours que j'avais été effrayé par une belette qui m'avait frôlé en chassant dans les broussailles, ou par quelque chouette qui avait effleuré mon visage de ses longues ailes, et je finissais par rire de ma peur.

— Ceux qui vous cherchent, Léonard, dit Victoire en

soupirant, ne craignent ni les revenans, ni les obstacles, ni la nuit, ni les dangers.

— Eh bien! ni moi non plus, mademoiselle; je ne crains même peut-être pas les Arabes et les lions autant que votre père le suppose... Tenez, mademoiselle Victoire, souvenez-vous bien de ce que je vous dis : on ne me prendra jamais que de mon consentement.

La jeune fille comprit qu'il y avait là une question d'amour-propre sur laquelle le réfractaire céderait avec répugnance; elle crut nécessaire de changer de batteries pour arriver à ses fins.

— Soit, reprit-elle, je ne doute, mon cher Léonard, ni de votre adresse ni de votre courage; mais si vous vous résignez aisément à cette vie pénible, n'avez-vous pas un peu pensé aux personnes qui vous aiment? Votre famille, tout occupée du soin de pourvoir à votre sûreté et à vos besoins, néglige ses travaux ordinaires; votre père abandonne son état pour veiller autour de vous; vos frères et vos sœurs apprennent le mensonge et l'oisiveté en s'employant à votre garde. Et puis, ne songez-vous pas aux inquiétudes de votre pauvre mère? à mes inquiétudes aussi, moi qui tremble à chaque instant de voir une déplorable lutte s'élever entre vous et une autre personne...

— Ne craignez rien pour le brigadier, mademoiselle, interrompit le réfractaire avec feu ; je me jetterais du haut en bas de la tour Fendue avant de lever la main sur lui.

— Je le sais, Léonard; mais ce n'est pas pour lui seul que j'éprouve des craintes mortelles...

— Merci, mademoiselle Victoire; depuis quelque temps vous me comblez de joie avec vos bonnes paroles... Eh bien ! je vous avouerai que ces idées-là me sont déjà venues... En effet, je suis une grosse charge pour ma famille; à cause de moi personne ne travaille plus, et on a dû faire de grandes dépenses pour me soigner, pour me nourrir...

— Ne t'inquiète pas de cela, mon fiot ! s'écria la mère ; ce qui est passé est passé. Maintenant on va se remettre à la besogne et tout ira bien.

— Pardonne-moi, mère, mais je crois vraiment que tout n'ira pas bien... Mademoiselle Victoire a touché juste ; je vous coûte gros et vous êtes sans cesse dans l'huile bouillante à cause de moi. Si encore on voyait comment cela finira! mais demain, dans six mois, dans dix ans, ce sera peut-être la même chose.

— Bah! bah! la sainte Vierge viendra à notre secours ! dit Marguerite en levant les yeux au ciel.

— Il est bon de compter sur la Providence, reprit la jeune fille avec fermeté, mais il faut aussi s'aider soi-même... Ecoutez-moi, Léonard ; ma visite d'aujourd'hui ne doit pas rester stérile; ce n'est pas pour la vaine consolation de pleurer avec vous que j'ai voulu vous voir; je désirais surtout vous apporter des conseils, vous éclairer sur les dangers de votre position. Ces dangers sont tels, que tôt ou tard vous y succomberez. Il faut donc recourir sans retard au seul moyen honorable de sortir de l'affreux abîme où vous vous êtes précipité.

— Et ce moyen, quel est-il, mademoiselle Victoire?

— Je vous ai dit qu'il n'y en avait qu'un... C'est d'aller vous rendre sans retard, soit à mon père, soit à tout autre agent de la force publique, pour obéir à la loi.

Marguerite se leva furieuse.

— Comment ! mademoiselle, vous osez encore...

— Paix, ma mère, paix! je t'en prie, dit Léonard Bouvet; mais je t'en prie! dit Léonard Bouvet. Mais, mademoiselle, continua-t-il en s'adressant à Victoire, avez-vous réfléchi à la rigueur de la loi pour les pauvres diables qui se trouvent dans le même cas que moi?

— J'espère, Léonard, que cette loi inexorable ne vous sera pas appliquée. Votre récente blessure, un certificat du médecin qui vous a soigné et qui constatera d'une manière authentique l'impossibilité où vous étiez de partir dans les délais prescrits, suffiront pour vous faire acquitter devant la commission militaire, j'en ai la certitude...

— Mais alors... réfléchissez, Victoire... je serai obligé de dire où et en quelle circonstance j'ai reçu cette blessure, et je ne m'y déciderai jamais... C'est pour éviter cette fâcheuse nécessité que je suppliai mon père et ma mère, la nuit où je fus blessé, d'étouffer leurs plaintes, que je fis jurer le secret au bon petit médecin monsieur Girard, avant de me panser ; que je me suis condamné enfin à une existence misérable depuis deux mois. Mademoiselle Victoire, je n'ai pas oublié ces paroles que vous prononçâtes au moment de nous séparer : « J'aimerais mieux mourir, disiez-vous, que de laisser pénétrer le secret de nos entrevues! » Vous voyez comme j'ai compris ce vœu.

— Cher Léonard, j'ai vivement regretté cette parole, en voyant quelles conséquences elle avait pour vous... Bon et généreux jeune homme! vous avez voulu éviter à tout prix le scandale qui fût retombé sur ma tête et sur celle de mon père, vous vous êtes dévoué pour nous épargner cette honte. J'ai apprécié ce généreux sacrifice; mais je ne dois plus l'accepter... Si j'ai agi inconsidérément en vous recevant à l'insu de tout le monde, j'en porterai la peine; advienne que pourra!... Seulement, ajouta-t-elle en baissant les yeux, plus tard, quand vous serez redevenu maître de vous-même, vous vous souviendrez qu'il y a quelque part une jeune fille qui s'est compromise pour vous et qui a droit à une réparation.

Le réfractaire l'écoutait d'un air de doute et de chagrin.

— Mademoiselle Victoire, répondit-il, je n'aurai jamais ce courage... Vous exposer à la colère de monsieur Morin, au mépris de tout le pays! D'ailleurs ces aveux auraient-ils sûrement le résultat que vous en attendez? On dit ces grands messieurs des conseils de guerre si sévères, si impitoyables! Enfin, ajouta-t-il d'un ton sombre, j'ai sur le cœur, il faut l'avouer, un *atout* que j'ai reçu à l'épaule, et si je trouvais une occasion de le rendre à celui qui me l'a donné...

— Ne pensez pas à cela, interrompit Victoire; votre position n'est-elle pas déjà assez dangereuse, sans la compliquer encore d'une vengeance particulière? Ecoutez, Léonard ; vous m'avez dit bien des fois que ma volonté était la vôtre et que mes désirs étaient des ordres pour vous; je viens aujourd'hui m'assurer de la réalité de mon pouvoir... Je vous ordonne, je vous conjure de renoncer à vos idées de vengeance, de vous soumettre sans retard à la loi, de vous sauver enfin en révélant la vérité tout entière... Mon ami, m'obéirez-vous?

— Victoire, songez donc...

— Ne l'écoute pas, mon fiot ! s'écria Marguerite, qui ne pouvait plus se contenir ; ils te mettraient en prison, et tu y mourrais... Oh! que je regrette d'avoir amené ici cette fiéronne qui prend des airs de reine! Certainement ton père avait raison de se défier d'elle; et qui sait si elle n'a pas manigancé quelque chose avec le brigadier pour te faire tomber dans leurs filets?

Léonard s'efforçait vainement de la calmer, tandis que Victoire gardait un silence dédaigneux.

— Mon gars, continua Marguerite au comble de l'exaspération, il faut que je te dise... Cette fille-là ne t'aime pas, vois-tu! elle ne t'a jamais aimé; sans cela est-ce qu'elle te conseillerait de te laisser prendre? Défie-toi, Léonard... J'en suis sûre, elle ne t'aime pas.

Mademoiselle Morin se retourna vers le jeune homme.

— Le croyez-vous, Léonard? demanda-t-elle d'une voix altérée mais pleine de dignité; si votre mère disait vrai, pensez-vous que je serais ici?

— Pardonnez-lui, mademoiselle, s'écria le réfractaire, elle ne sait pas... elle ne peut comprendre...

Il s'arrêta tout à coup. Une voix, qui appelait dans la cour d'honneur, venait d'éveiller les échos sinistres de ces vieilles ruines; en même temps on marcha d'un pas précipité dans le couloir conduisant à la chambre voûtée.

— Il y a du nouveau, reprit Léonard d'un ton bas et étouffé; voici mon père qui monte, il a vu quelque chose.

En effet, presque aussitôt Bouvet, courbé en deux, son

large chapeau toujours enfoncé sur les yeux, parut dans l'ombre à l'extrémité du passage. Avant même d'avoir prononcé une parole, il s'arrêta, abaissa son fusil et ajusta Victoire.

La jeune fille, intrépide comme Morin lui-même, ne bougea pas; mais Léonard se jeta rapidement devant elle et écarta le canon du fusil, en disant avec énergie :

— Père, que fais-tu?

— Laisse-moi, dit Bouvet avec un accent de rage en cherchant à dégager son arme, je veux la tuer pendant que nous en avons encore le temps... Elle t'a trahi.

— Trahi! elle?... C'est impossible!

— Quand je disais! fit Marguerite; oh! la fille à Judas!

— Père, tu te trompes, reprit Léonard avec agitation en retenant toujours le fusil du bûcheron; qu'y a-t-il donc? que se passe-t-il?

— Il y a que tu es vendu, quoi! On t'a envoyé la fille pour te servir de glu; mais le brigadier la suivait de près pour ramasser la pipée... Laisse-moi la tuer.

Victoire, quoique un peu pâle, avait supporté avec une énergie toute virile ces effrayantes menaces; mais, en entendant affirmer qu'elle avait été suivie par son père, elle ne put garder le silence.

— Ceci est absurde, dit-elle avec un sourire amer, j'ai la certitude que mon père est allé depuis ce matin, pour affaire de service, au village de Guérandie, dans une direction opposée aux ruines de Saint-Révérien.

— Elle ose nier encore! murmura Bouvet d'un accent sourd et profond; écoutez!

Tout le monde se tut; alors on entendit distinctement, dans la grande cour, la voix sonore du brigadier Morin qui appelait sa fille. Victoire, malgré son assurance, éprouva un léger tremblement. Bouvet et sa femme, qui s'étaient emparés de chacune de ses mains, remarquèrent ces signes de terreur.

— Nieras-tu, maintenant? reprit Bouvet; mais comme on fera à mon fils, il te sera fait... Je ne te perds pas de vue... Si on te prend, tu es morte!

— Et moi, dit la mère plus exagérée encore dans la colère parce qu'elle était plus exagérée dans la tendresse, est-ce que je ne me vengerai pas du tour infâme que m'a joué cette scélérate créature?... Se servir de moi pour trahir mon fiot! Ah! si je ne me retenais pas, je la déchirerais de mes propres mains...

— Mère, laisse-la, répéta Léonard.

Le sombre désespoir du réfractaire fit diversion aux sentiments tumultueux de ses parens. Son regard était fixe, ses bras pendaient le long de son corps, sa poitrine était oppressée.

— Elle! murmurait-il, me tromper... me tendre un piége!

— Léonard! pouvez-vous le croire? répliqua la jeune fille d'un ton de reproche; je ne m'abaisserai pas à me justifier... je vous affirme seulement que mon père ignorait ma visite à Saint-Révérien.

— Malheureuse! cria Marguerite, vous soutenez toujours...? Comment alors monsieur Morin saurait-il que vous êtes ici? car c'est votre nom qu'il prononce en rôdant là-bas au milieu des décombres... Oh! j'ai commencé à comprendre votre infamie quand je vous ai entendue conseiller au pauvre gars de se rendre.

Un geste suppliant de Léonard lui ferma la bouche encore une fois.

— Eh bien! mademoiselle, reprit-il avec une résignation touchante en s'adressant à Victoire, que désirez-vous de moi? Que je me rende à la justice? Il n'était pas nécessaire d'employer la ruse pour me décider à ce parti extrême; votre volonté nettement exprimée cût égard eût suffi. Je vais descendre me constituer prisonnier entre les mains du brigadier Morin.

— Tu ne feras pas cela, mon fiot! dit Marguerite éperdue; sur ma parole! cette fille est sorcière et elle t'a jeté un sort.

— Si tu le fais, dit le père en serrant son fusil, prends garde à toi-même.

— Non, non, monsieur Léonard, reprit Victoire touchée de cette abnégation, les choses ne doivent pas se passer ainsi... Vous réfléchirez plus tard sur les observations que j'ai cru devoir vous présenter, et vous agirez comme vous l'entendrez... Mais, en ce moment, une pareille démarche serait inopportune, dangereuse peut-être, et pour vous et pour moi. Restez ici... Moi, je vais retrouver mon père, et il me sera facile d'expliquer ma présence dans ces ruines.

— Défie-toi, mon garçon, dit Marguerite, elle va tout conter au brigadier, et elle s'empressera de lui montrer l'escalier de la tour.

— Elle ne sortira pas, gronda Bouvet.

La jeune fille se redressa avec dignité.

— Si le père et la mère de Léonard avaient été moins aveuglés par leur frayeur et par leur tendresse pour leur fils, dit-elle en désignant une étroite lucarne d'où elle venait de jeter un regard rapide dans la cour, ils auraient vu que le brigadier est seul, sans armes, et qu'il ne saurait être bien redoutable pour deux hommes armés de fusils... D'ailleurs, Léonard doit s'être ménagé des moyens de fuir sans être aperçu de la cour; qu'il parte donc, moi je resterai ici sous votre garde, jusqu'à ce qu'il soit en sûreté.

Bouvet et sa femme se penchèrent à la meurtrière, et purent constater qu'en effet Morin ne semblait pas animé d'intentions hostiles. Pendant qu'ils causaient entre eux à voix basse, Léonard s'approcha de Victoire et lui prit la main.

— Mademoiselle, lui dit-il, les apparences sont contre vous, et cependant je ne puis croire à une pareille trahison de votre part. Expliquez-moi seulement comment il se fait que votre père...

— Que répondrai-je, Léonard? Je ne comprends rien moi-même à ce qui arrive... A moins que mon père ne se soit défié de moi, qu'il ne m'ait épiée, qu'il ne m'ait suivie... Mais l'injustice de vos parens ne doit pas obscurcir votre jugement. Vous ne pouvez douter maintenant que je vous aime... que je vous aime bien!

Et ses yeux devenaient humides. Le réfractaire pressa frénétiquement contre ses lèvres la main qu'on lui abandonnait. Bouvet s'avança vers eux :

— Voilà le gendarme qui se promène au pied de la tour, dit-il; peut-être m'a-t-il vu me glisser tout à l'heure de ce côté; et, s'il venait à découvrir le passage...

— Il ne le découvrira pas.

— Ne vous y fiez pas, Léonard, répliqua mademoiselle Morin d'un air inquiet; mon père sait certainement que je suis cachée dans ces ruines; entendez-vous comme sa voix devient tremblante d'impatience et de colère? Un hasard malheureux pourrait le conduire au couloir secret; et je frémis de songer à ce qui arriverait s'il nous trouvait ici... Partez donc, Léonard, partez, je vous en prie; il n'y a pas de temps à perdre.

Victoire n'exagérait pas la sagacité du brigadier. Comme il errait dans les ruines, où il avait vu de loin entrer sa fille et Marguerite, un homme avait passé près de lui, dans les broussailles, et avait disparu au pied de la tour Fendue. Ce simple indice suffisait à un praticien consommé dans l'art de dépister les gens les mieux cachés; aussi Morin commençait-il à jeter des regards scrutateurs sur le tour, d'un air de soupçon. Les Bouvet en prévinrent leur fils à voix basse.

— Eh bien! je pars, dit Léonard en prenant son fusil; je ne crains rien pour moi, mais je ne voudrais pas que le secret de cette tranquille retraite fût connu... Adieu, Victoire, nous nous reverrons; pensez quelquefois à moi, qui pense toujours à vous... Mon père, ma mère, je vous la confie; quoi qu'il arrive, vous m'en rendrez compte... Vous me comprenez?... vous m'en rendrez compte.

Il dit quelques mots encore à son père, adressa un sourire plein de tendresse à mademoiselle Morin, et sortit d'un pas léger.

Il y eut dans la chambre voûtée un moment de silence; on entendait au dehors, par intervalles, les cris du brigadier qui répétait le nom de sa fille. Ils partaient de fort près, et Victoire se demandait comment Léonard pourrait sortir sans être aperçu par l'œil de lynx du vieux gendarme. Elle était haletante ; le père et la mère du réfractaire semblaient partager son anxiété. Ils attendaient avec angoisse, le visage baigné de sueur.

Tout à coup un croassement de corbeau, imité avec une perfection désespérante, retentit à l'autre extrémité des ruines.

— C'est fait! dit Bouvet en respirant bruyamment.

— Oui, oui, le pauvre garçon est hors d'affaire, dit Marguerite avec un transport de joie; ah! c'est qu'il est fin, allez, mon Léonard! il vous glisse dans la main comme une couleuvre... Eh bien! mademoiselle, continua-t-elle en se levant du banc de pierre sur lequel elle était assise, nous pouvons nous montrer maintenant... Mais, avant tout, laissez-moi vous demander pardon de quelques mots un peu durs que je vous ai adressés. Voyez-vous, quand il s'agit de mon fils, je n'entends pas raison.

Victoire lui tendit la main.

— Eh bien! et toi, mon homme? reprit Marguerite en s'adressant à son mari, n'as-tu pas regret de l'être montré si brutal envers cette jolie demoiselle? Nous nous étions trompés, c'est clair maintenant.

— Est-ce que je sais, moi? On verra plus tard... Mais allez-vous descendre comme ça? et l'autre qui se tient là-bas, au pied de la tour fendue, comme un renard devant un poulailler! Il faut prendre des précautions; attendez un moment.

Il lança par une meurtrière, du côté opposé à l'entrée du passage, une grosse pierre qui tomba avec fracas. Le brigadier, à qui le croassement du corbeau avait peut-être déjà paru suspect, se dirigea vers le point où le bruit nouveau s'était fait entendre. Quand il revint sur ses pas sans avoir rien découvert, il se trouva face à face avec Victoire et Marguerite, qui semblaient sortir de dessous terre.

Le brigadier ne manifesta ni étonnement ni colère de retrouver sa fille en pareille compagnie et en pareil lieu. En revanche, Victoire était tout émue et tremblante. Elle balbutia avec effort :

— Vous ici, mon père! Je ne savais pas vous y trouver. Depuis longtemps j'avais l'intention de venir visiter avec Marguerite ces ruines dont on parle tant, et j'ai profité de votre absence.

— C'est bon, ma fille, il n'y a pas de mal à ça! répliqua Morin avec froideur ; Marguerite Bouvet est une honnête femme, incapable de t'entraîner à une démarche qui ne serait pas innocente... Moi je revenais d'une tournée dans le voisinage, et je vous ai vues de loin vous diriger vers ces ruines ; je me suis hâté de vous rejoindre. — Ces explications paraissaient fort naturelles; cependant Victoire sentait dans cette affectation de sang-froid une sourde et violente agitation. Le brigadier reprit : — Maintenant, Marguerite, il est inutile que vous vous détourniez davantage de votre chemin ; vous allez retourner à la Cannette, et nous, de notre côté, nous allons nous rendre à Fleury par la route la plus courte... Je ne vous en remercie pas moins, ajouta-t-il avec une certaine ironie, d'avoir accompagné Victoire dans cette promenade. Ces ruines sont jolies, et nous avions autrefois, dans ma compagnie, un lieutenant qui eût passé de bien bon cœur une journée ou deux à les dessiner ; mais elles me font l'effet d'être un repaire commode pour les coquins, et il n'est pas prudent de s'y aventurer avant que, les hommes de ma brigade et moi, nous sachions bien ce qu'elles ont dans le ventre. Ce ne sera pas long, et dès demain...

— Quoi! monsieur le brigadier, interrompit Marguerite avec un effroi qui pouvait la trahir, vous voulez...

— Si vous revenez jamais ici avec ma fille, reprit le brigadier sur le même ton, vous ne serez plus exposées, je l'espère, à de mauvaises rencontres ; j'ai vu passer tout à l'heure dans ces buissons un particulier dont les allures ne me plaisaient pas. Voilà pourquoi, demain matin, sans plus tarder, je viendrai avec mes hommes m'assurer de ce qu'il y a derrière ces vieilles murailles... Mais je ne veux pas vous retenir... adieu, Marguerite; n'oubliez pas mes avis ; il n'est pas prudent de s'arrêter trop longtemps aux ruines de Saint-Révérien.

Il salua légèrement de la main, et entraîna sa fille qui avait pris son bras. Marguerite, troublée des dernières paroles du brigadier, resta à la même place et les suivit des yeux jusqu'à ce qu'ils eussent disparu. Alors elle se retourna et rentra précipitamment dans la tour.

Le père et la fille marchèrent d'abord en silence au milieu des décombres. Bientôt ils atteignirent un sentier qui, à travers les bois, conduisait à Fleury. Victoire serra doucement le bras de Morin contre sa poitrine :

— Père, lui dit-elle avec émotion, combien je te remercie!... Oh! tu es bien, quoique tu sois bien changé envers moi! Tu as eu l'humanité de prévenir cette pauvre femme...

— De quoi donc? interrompit Morin avec un étonnement apparent, de quoi ai-je prévenu Marguerite Bouvet? Tu es folle, sur ma parole!

— Mon père, je pensais... j'espérais...

— Tu es folle, te dis-je! J'ai averti Marguerite qu'il n'était pas prudent à des femmes de se hasarder dans ces lieux déserts et mal famés, et que je comptais venir y faire une perquisition avec ma brigade ; quoi de plus simple? J'aurais dit le même avis à toute autre personne connue que j'aurais rencontrée ici.

— Tiens, mon père, reprit la jeune fille en se suspendant à son bras et en le regardant avec un sourire caressant, tu veux paraître plus méchant que tu ne l'es en effet; mais je te juge bien, moi, et je me suis repentie souvent d'avoir manqué de confiance à ton égard !... Aussi je n'aurai plus de secrets pour toi ; je t'avouerai tout, et, pour commencer, apprends que je suis venue ici dans le but...

— Je ne veux rien savoir, interrompit le brigadier d'un air dur, contrastant avec le ton doucereux qu'il avait eu jusqu'à ce moment ; je n'ai pas besoin de vos confidences, mademoiselle... Vous êtes venue visiter les ruines de Saint-Révérien avec une femme du pays, estimable par elle-même, quoiqu'elle ait un fils réfractaire... qu'ai-je besoin d'autres explications? Je ne désire pas en apprendre davantage. Je veux pouvoir remplir mon devoir franchement, sans détours, sans arrière-pensées... Non, non, ne me dites rien ; je craindrais trop d'apprendre quelque chose qui me forçât de haïr et de mépriser ma fille!

— Mon père, mon père, peux-tu me parler avec tant de sévérité, à moi ta petite Victoire, ton enfant chérie?... Tiens, sois juge de ma conduite, de mes actions, de mes pensées ; je te dirai tout ; j'en suis sûre, tu seras plein d'indulgence pour moi et pour un malheureux jeune homme...

— Allez-vous encore commencer à me parler d'un malfaiteur que mon devoir me prescrit de traiter impitoyablement? dit le gendarme en frappant du pied avec impatience; encore une fois, gardez vos confidences pour vous... Plus tard, lorsque le mandat dont j'ai été chargé aura reçu son exécution, je pourrai vous entendre, et prenez garde de me trouver sévère, bien sévère. Jusque-là, taisez-vous... Seulement, ajouta-t-il d'un ton sombre en détournant les yeux, comme je ne me soucie pas que vous me compromettiez et que vous vous compromettiez vous-même en courant les bois, comme ce matin, désormais vous ne sortirez plus seule. Vous ne quitterez la maison qu'à mon bras ou en compagnie de telle personne à qui je jugerai à propos de vous confier.

— Quoi! mon père, reprit la jeune fille dont l'orgueil se révolta, prétendriez-vous me retenir prisonnière?

— Prisonnière ou non, il en sera comme je l'ai résolu. J'ai eu trop de confiance dans votre sagesse, et je m'en suis repenti. On ne m'y prendra plus.

Victoire voulut protester encore ; mais sa conscience lui reprochait trop vivement ses fautes, et les sanglots lui coupèrent la parole.

Le lendemain, des perquisitions eurent lieu à Saint-Révérien ; mais elles ne produisirent aucun résultat. Le passage de la tour Fendue était obstrué de pierres qui semblaient, depuis un temps immémorial, en interdire l'entrée ; et la brigade, après une journée de pénibles recherches, dut se retirer, sans avoir trouvé trace des malfaiteurs qu'on supposait cachés dans les ruines.

VI

LA CANNETTE.

Le temps s'écoulait, et aucun changement n'était survenu dans le sort du personnage principal de cette histoire. En dépit des espérances secrètes de mademoiselle Morin, Léonard ne s'était pas rendu. Soit qu'à la réflexion la crainte de compromettre Victoire l'eût emporté sur toute autre considération, soit qu'il eût cédé de nouveau aux supplications de sa mère, il continuait à braver avec une audace impunie les agens de la force publique. On le rencontrait souvent, et on prétendait qu'il avait la hardiesse de venir coucher presque toutes les nuits à la Cannette ; mais par un bonheur qu'expliquaient seulement le dévouement de sa famille et la sympathie des gens du pays, il échappait aux recherches actives dont il était l'objet. Ruses, surprises nocturnes, rien n'y faisait. Morin était au comble de l'exaspération. Les sentimens d'affection qu'il avait éprouvés autrefois pour le réfractaire s'étaient complétement effacés dans cette lutte irritante, personnelle, de tous les instans. Il eût voulu, au péril de sa vie, s'emparer enfin du démon insaisissable qui tenait la brigade entière en échec. D'ailleurs il ne manquait pas de motifs secrets pour haïr cet homme qui avait si gravement compromis sa fille et lui-même. Aussi cherchait-il sans relâche les moyens les plus efficaces de prendre Léonard ; et, en cas de réussite de ces plans, le malheureux jeune homme ne devait attendre du père de Victoire que les traitemens les plus rigoureux.

L'acharnement du brigadier pourra paraître inconciliable avec la longanimité qu'il avait montrée à Saint-Révérien, en prévenant la mère Bouvet des recherches projetées pour le lendemain ; mais cette longanimité était seulement le résultat de la prudence paternelle. Morin avait deviné la présence de Léonard dans les ruines, et il craignait avec raison que le nom de sa fille ne se trouvât mêlé plus tard, d'une manière scandaleuse, au procès du réfractaire, si l'arrestation venait à s'opérer grâce à une complicité apparente de Victoire. Son devoir de père avait donc été en opposition avec son devoir de fonctionnaire, et le fonctionnaire s'était sacrifié. Cependant il brûlait de reprendre sa revanche ; et maintenant qu'il croyait avoir définitivement rompu toutes relations entre sa fille imprudente et son ancien protégé, il poursuivait Léonard avec d'autant plus d'ardeur qu'il avait été forcé de le laisser aller une fois.

Cependant on était à la fin de l'automne, et Victoire, désormais prisonnière dans sa chambre, ainsi que l'avait ordonné Morin, voyait avec douleur les alternatives de pluie et de froid qui annoncent les approches de l'hiver. Elle se demandait comment Léonard, poursuivi d'asile en asile, mal nourri, mal vêtu, supporterait la mauvaise saison qui approchait. Quelques mots prononcés, peut-être à dessein, en sa présence, lui donnaient à penser les souffrances auxquelles était déjà exposé le pauvre réfractaire ; et Labourot, qui depuis quelque temps semblait avoir repris complétement faveur auprès de son père, ne lui épargnait pas dans l'occasion les allusions cruelles. Dévorée d'inquiétude, elle avait voulu écrire à Léonard pour le presser encore de renoncer à cette vie insupportable, au risque de ce qui pourrait arriver ; mais toujours la vigilance du brigadier l'avait empêchée de faire parvenir, soit une lettre, soit un message verbal au jeune Bouvet, et elle était obligée d'attendre avec terreur les événemens.

Un soir de septembre, quelques heures après la chute du jour, Morin et Labourot quittèrent la brigade seuls et à pied, en annonçant vaguement qu'ils sortaient pour *affaire* de service. Ils étaient en petit uniforme ; mais sous leurs manteaux ils cachaient leurs sabres et leurs carabines. Le temps était affreux ; depuis trois jours une pluie glaciale tombait presque incessamment, et, au moment de leur départ, elle sembla encore redoubler de violence. L'obscurité était profonde, mais le vent se taisait, et n'eût été la pluie fouettant les feuilles jaunies, le calme le plus complet eût régné dans la campagne.

Les deux gendarmes se hâtèrent de sortir du village et prirent le chemin de la Cannette. Cette route, si commode et si agréable pendant la belle saison, était maintenant toute défoncée, traversée de flaques d'eau et de ravins. Mais de pareils obstacles, que les ténèbres eussent rendus sérieux pour des promeneurs ordinaires, n'étaient pas de nature à arrêter les deux militaires. Ils traversaient, sans paraître s'en apercevoir, les torrens et les fondrières, se contentant de s'envelopper de leurs manteaux pour protéger leurs armes contre l'humidité.

— Tenez, brigadier, dit Labourot, qui précédait son chef d'un pas ou deux afin de lui servir d'éclaireur, nous avons pris le bon moyen, et ce soir, je gage, nous ne ferons pas buisson creux, comme par le passé. Ça ne vaut rien de mettre toute la brigade sur pied dans les expéditions du genre de celle-ci. Deux hommes résolus, comme vous et moi, conviennent bien mieux quand il faut célérité, discrétion et pas mal de finesse. Aussi, je vous le promets, nous pincerons notre drôle cette nuit, vous verrez ! nous le trouverons gîté chaudement entre deux draps, en chemise et en bonnet de coton, dormant comme un loir et digérant sa soupe aux choux.

— *Sucre !* grommela Morin, je voudrais bien en faire autant. Voilà un vilain monsieur de temps tout de même ! et si nous ne devions rien trouver là-bas...

— Un peu de patience, brigadier. Il me semble à moi que le temps est précisément tel que nous pouvons le désirer. Notre gaillard ne nous attend guère par cette pluie battante ; il se sera arrangé pour passer une bonne nuit chez papa et maman... Allons toujours et je réponds de l'affaire. Cette fois, personne ne nous a vu sortir de la brigade, personne n'a été prévenu, et ses espions ordinaires sont sans doute en défaut... J'ai une hachette et des menottes dans ma poche... je ne vous dis que ça.

— Mais enfin es-tu bien sûr qu'il doive passer cette nuit à la Cannette ?

— Si j'en suis sûr !... Tenez, brigadier, je vous apprendrai mon secret maintenant que nous sommes seuls. Je n'ai pas voulu en parler là-bas à la maison, parce qu'on ne sait qui peut vous écouter...

— Comment, Labourot, accuserais-tu tes camarades ?

— Je n'accuse personne, brigadier, mais je me défie. Tout ce que nous projetons dans le but d'empoigner ce malfaiteur lui est rapporté, et ça donne à penser... Pour lors donc, j'ai voulu aussi avoir ma police à moi, et j'ai confessé ce petit vaurien de Labrochette, le fils à la mère Léveillé. Il est camarade avec les petits Bouvet, et, en lui donnant une toupie neuve, en lui promettant une boîte pleine de billes de marbre, je n'ai pas eu de peine à lui tirer les vers du nez.

— Vraiment ! dit Morin, à qui les moyens mis en usage par son inférieur ne répugnaient nullement, tant on s'habitue aisément à certaines idées ; et que t'a-t-il appris, le petit Labrochette ?

— Voici... Lorsque la mère Bouvet, en étendant son linge comme pour le sécher, place un mouchoir blanc sur une des piles de bois voisines de la maison, c'est signe que tout est tranquille et que notre homme peut venir se reposer au logis. Un mouchoir rouge au contraire annonce quand nous sommes en campagne et quand il ne fait pas bon se chauffer le gras des jambes au foyer paternel... Partant de là, je me suis mis en embuscade depuis trois jours, examinant quel drapeau la mère Bouvet arborait sur sa pile de bois ; hier et avant-hier rien n'a paru, ni mouchoir ni chiffon, ni rouge ni blanc... Je commençais à croire que Labrochette s'était moqué de moi. Enfin ce matin j'ai remarqué un fichu blanc, qui flottait en haut d'une perche de manière à être aperçu de loin. Il était clair que, par un temps comme celui-ci, une bonne ménagère ne pouvait avoir placé là ce mouchoir pour le faire sécher ! C'était donc bien un signal, et il n'était pas difficile d'en deviner la signification... Ainsi vous le voyez, brigadier, je ne manque pas de raisons pour vous promettre que nous pincerons notre enragé cette nuit.

— Il suffit, Labourot, reprit Morin d'un air satisfait, tu as bien travaillé, et, si nous réussissons, je te porterai au rapport... Mais où diable sommes-nous ? ajouta-t-il en s'arrêtant tout à coup, on n'y voit goutte, et il me semble que nous barbotons dans l'eau.

— C'est le petit ruisseau de Lauzette qui a débordé, brigadier ; véritablement il y a là plus d'eau que je n'en voudrais dans ma ration de vin... Avancez encore un peu et vous sortirez de la mare... Dame ! nous ne pouvons espérer de rentrer à l'hôtel les pieds secs.

— S'il n'y avait que les pieds, gronda Morin, passe encore... mais, avec un temps pareil, c'est miracle que la Loire ne soit pas sortie de son lit. Et elle ne plaisante pas, la Loire !

— Bah ! nous aurons bien toujours le temps de coffrer notre homme. A quoi ne s'exposerait-on pas pour livrer à un bon conseil de guerre qui en débarrasserait le pays ?

Il y eut moment de silence.

— Tu n'aimes pas Léonard Bouvet plus que moi ? dit enfin Morin à demi-voix.

— Oh ! pour cela oui, brigadier, j'en conviens volontiers... et si je peux poser ma griffe sur son épaule, il lui en cuira. N'est-ce pas lui qui est cause que mademoiselle Victoire... ?

— Tu as prononcé le nom de ma fille ! Qu'a-t-elle à voir dans cette affaire, monsieur Labourot ?

— Pour Dieu ! brigadier ne vous fâchez pas... Je parle de mademoiselle Morin en tout bien, tout honneur. Il n'y a pas d'affront, je pense, à dire que, s'il ne se trouvait pas d'obstacles de son côté ou du vôtre...

— Quoi ! tu voudrais encore l'épouser, malgré les sots propos que tiennent les oisifs du village ?

— C'est le plus ardent de mes vœux, brigadier. J'ai mes raisons, moi, pour être sûr que mademoiselle Victoire ne se laisse pas serrer de trop près par les galans... C'est une vaillante demoiselle, et je ne croirai jamais qu'un homme, quel qu'il soit...

— Oui, mais avec cela elle ne t'aime pas, mon pauvre Labourot ; j'ai même cru remarquer qu'elle éprouvait pour toi un éloignement particulier.

— On n'est pourtant pas trop déchiré, brigadier ! Mais je sais à quoi cela tient... Mademoiselle Victoire *mesquine* les militaires, et, soit dit sans vous offenser, c'est drôle de sa part. Ensuite il y a moyen de la satisfaire ; mon temps de service expire dans quelques jours, je puis me résigner à rentrer dans le civil, si elle l'exige. J'ai un peu de bien dans mon pays et... Mais, brigadier, vous ne vous fâchez pas comme autrefois quand je me hasardais à toucher cette corde...? comment faut-il que j'interprète votre patience à m'écouter ?

— Prends-la en bonne part, mon garçon, reprit Morin d'un ton grave ; pendant un temps j'ai eu des préventions contre toi, mais je n'en ai plus... Malgré tes petits travers, tu es un brave militaire, tu fais bien ton service, et j'aurais tort de ne pas t'avouer que je te considère fort... Je ne te cacherai pas non plus que la position actuelle de ma fille m'inquiète. Il y a eu en effet une petite amourette innocente entre elle et ce Léonard ; mais tu sens bien qu'un pareil mariage est maintenant impossible, et il me tarde de couper court aux commérages, en établissant mademoiselle Morin d'une manière convenable.

— Eh bien ! brigadier, vous m'avez là sous la main, et je ferai un gendre tout comme un autre... Certainement mademoiselle Victoire ne trouvera pas trop à critiquer sur ma personne, et, pour peu que vous m'aidiez à la chose, nous enlèverons lestement son consentement, je vous le garantis... Voyons, brigadier, une fois, deux fois, ai-je votre parole ?

Morin réfléchit quelques secondes.

— Je ne puis rien promettre encore, reprit-il ; il faut, avant tout, nous débarrasser de ce maudit Léonard qui avait ensorcelé ma pauvre fille... Cette besogne finie, nous causerons de tes projets. Labourot, nous en causerons.

— Merci, brigadier, s'écria le gendarme transporté de joie. Ah ma foi ! notre gaillard n'a qu'à se bien tenir ce soir... S'il passe à ma portée, je lui lâche une prune...

— Ne tirez pas sans nécessité, monsieur Labourot, dit Morin avec sévérité, je vous le défends. — Et il ajouta d'un ton plus doux : — Tu sais bien que les règlemens s'y opposent... Du calme, de la modération, mais de la fermeté, et tout ira bien.

Pendant cette conversation, les deux promeneurs étaient arrivés au petit pont qui conduisait du grand chemin à la demeure des Bouvet. Depuis un moment ils entendaient un bruit sourd, profond, continuel, qui grandissait toujours, et finit par ressembler au grondement lointain du tonnerre.

— Que diable est ceci encore ? demanda Morin en s'arrêtant.

— Bah ! c'est le torrent du Butard qui fait ses farces... il faut qu'il ait joliment plu dans la montagne !... Mais hâtons-nous de passer, et attention ! nous approchons de la tanière du blaireau.

Les deux gendarmes s'engagèrent sur les planches humides et mal jointes jetées sur le torrent. Le ravin où il coulait avait une grande profondeur, et c'était à peine si, au cœur de l'été, un mince filet d'eau murmurait au milieu des cailloux ; néanmoins on voyait maintenant des masses d'eaux rapides et écumantes monter en grondant jusqu'aux charpentes. Il fallait un pied sûr et une certaine hardiesse pour traverser ce pont raboteux, tremblant, sans garde-fous, par une nuit aussi sombre. Cependant en un instant Morin et son acolyte furent sur l'autre bord, et ils continuaient leur marche vers la Cannette, lorsqu'une voix grêle comme celle d'un enfant s'éleva dans l'obscurité tout près d'eux :

— N'allez pas par là, criait-on en patois, bonnes gens, revenez ; la rivière... Sainte Vierge ! ajouta-t-on aussitôt avec effroi, ce sont les gendarmes !

Une ombre légère passa devant eux et disparut dans les ténèbres, en remontant vers la colline.

Le bruit du torrent n'avait pas permis au brigadier et à Labourot d'entendre distinctement ces paroles. Morin essaya de rappeler l'enfant, et fit même quelques pas à sa poursuite, mais son compagnon le retint.

— Ne lanternons pas, brigadier, dit Labourot avec chaleur ; c'est un frère ou une sœur de Léonard, qu'on avait posé là en sentinelle... Certainement notre homme est maintenant au logis ; tombons dessus avant la vedette ait eu le temps de donner l'alarme.

— Cependant, dit le brigadier avec hésitation, il serait bon de savoir ce qu'il a voulu dire...

— C'est une ruse, une diablerie pour nous tromper... Emboîtons le pas vivement, ne donnons pas à ce sournois la satisfaction de nous rouler encore une fois.

Ces suppositions ne manquaient pas de probabilité ; aussi Morin céda-t-il, et tous les deux reprirent le pas accéléré, malgré l'obscurité et les difficultés du chemin.

A mesure qu'ils approchaient de la Cannette, le sol leur semblait boueux, et bientôt ils s'aperçurent qu'ils marchaient dans une flaque d'eau jaunâtre de plusieurs pouces de profondeur. Mais ils étaient trop animés pour s'inquiéter de cette circonstance, et ils atteignirent enfin la maison des Bouvet.

Le plus profond silence régnait à l'entour, comme si la famille se livrait depuis longtemps déjà au repos. Aucune lumière ne brillait aux fenêtres ; néanmoins un peu de fumée sortait encore de la cheminée. Un chien vigilant, qui en cas semblable, n'avait jamais manqué de saluer les visiteurs nocturnes de ses sonores aboiemens, se taisait cette fois et semblait dormir comme tout le reste.

Labourot se mit à rire d'un rire silencieux.

— Je crois, chuchota-t-il, que nous arrivons au bon moment ; le Léonard va enfin tâter de mes poucettes !... mais assez causé pour le quart d'heure... Cette masure a deux portes, celle-ci et une autre qui donne dans les bois... gardez ce côté, brigadier ; moi, si vous le permettez, je garderai l'autre ; puis nous aurons bon marché de ce que nous trouverons dans la maison... ça vous va-t-il ?

— Oui ; mais dépêchons... il me semble déjà voir trembler ces piles de bois comme si elles étaient soulevées par les eaux... Il ne fait pas bon ici.

— L'affaire ne sera pas longue. Je vais allumer ma lanterne, et nous frapperons quand je serai prêt. Ah ! prenez garde, brigadier ; le gaillard est agile, et sûrement on tentera quelque résistance, si on a le temps de se retourner... Veillez sur le père, moi je me charge du fils.

Le brigadier dégagea silencieusement sa carabine, tandis que Labourot franchissait la haie du jardin. Pendant un moment, on n'entendit plus que la crépitation de la pluie sur le toit de chaume et le grondement sourd de la rivière.

Enfin les gendarmes frappèrent à la fois aux deux portes de la maison ; mais, à leur grande surprise, ces deux portes se trouvèrent ouvertes, et ils entrèrent sans obstacle ; l'habitation était vide. On jugeait pourtant à divers signes qu'elle avait été abandonnée précipitamment et depuis fort peu d'instans. Les restes d'un souper étaient épars sur la table, un tison flamboyait encore dans l'âtre ; mais la famille entière, hommes, femmes et enfans, avait disparu.

— Mille tonnerres ! s'écria Labourot, qui sa lanterne à la main venait de traverser la première pièce, ceci est de la sorcellerie. Pour le coup, personne n'a pu les prévenir, et cependant la nichée s'est déjà envolée... à moins qu'il ne se trouve ici quelque cache secrète.

— Tu sais bien que non ; nous avons visité assez souvent cette bicoque de fond en comble... Il y a dans tout ceci quelque chose d'inconcevable. Ni la mère ni les enfans n'avaient rien à craindre de nous ; pourquoi seraient-ils partis ? Cherchons cependant ; accomplissons notre tâche jusqu'au bout.

Ils allumèrent une petite lampe de ferblanc, posée sur la cheminée, et ils commencèrent une perquisition minutieuse. Ce fut bientôt fait ; la maison ne contenait que deux pièces et les meubles étaient peu nombreux. Au bout de quelques minutes, les agens de la force publique demeurèrent convaincus qu'ils étaient seuls à la Cannette.

— Je m'y perds, disait Morin d'un air pensif ; la famille Bouvet n'a pas d'autre asile, que je sache, et je ne comprends pas... Mais nous tirerons ceci au clair un peu plus tard ; pour le moment l'affaire est manquée, il faut retourner à Fleury.

— Quoi ! si vite, brigadier ? répliqua Labourot ; pourquoi l'affaire serait-elle manquée ? Les Bouvet, jeunes et vieux, sont partis, c'est vrai ; mais il n'est pas dit que le nôtre, le bon, ne rentrera pas cette nuit. Sans cela comment expliqueriez-vous ces portes ouvertes, ce feu allumé, ce souper servi ? Évidemment quelqu'un est attendu, quelqu'un va venir... ce quelqu'un c'est mon homme ; je flaire ça... Retournez à Fleury si vous voulez, brigadier, mais permettez-moi de rester. Je tiens à en finir aujourd'hui même avec ce maudit Léonard !

— Si tu restes, je veux rester aussi, reprit le brigadier ; soit, attendons... peut-être, pendant ce temps, la pluie cessera-t-elle.

— A la bonne heure ; mais, un moment...! ce luminaire est inutile et ferait fuir l'oiseau qu'il s'agit d'attirer ; nous y verrons toujours assez clair.

Il souffla la lampe et porta la lanterne dans la pièce voisine, afin de pouvoir la retrouver au besoin ; puis les deux militaires, enveloppés de leurs manteaux, vinrent s'asseoir dans l'obscurité, au coin du foyer, où un reste de chaleur commença à sécher leurs vêtemens mouillés.

Quelques instans s'écoulèrent. Morin et son compagnon se taisaient, soit par prudence, soit qu'ils fussent livrés à leurs réflexions, et ils restaient dans une complète immobilité.

Tout à coup on entendit au dehors comme un clapotement ; on eût dit que quelqu'un s'approchait pesamment de la maison à travers les flaques d'eau. Les gendarmes devinrent attentifs et se levèrent sans échanger une parole.

Bientôt la porte s'ouvrit, une ombre se dressa dans l'encadrement, et une voix grelottante demanda avec un accent lamentable :

— Bon Dieu ! monsieur Morin, est-il bien vrai que vous soyez ici par cette horrible nuit ?

Labourot s'élança d'un bond sur celui qui venait de parler et le saisit autour du corps.

— Je le tiens, brigadier, s'écria-t-il d'un ton joyeux, apportez de la lumière.... C'est bien lui !.... Je serai votre gendre.

Léonard, qui venait d'apparaître d'une manière si inopinée, avait été d'abord étourdi de cette brusque attaque, et s'était laissé prendre sans résistance. Mais à la voix de Labourot, ce mot de *gendre* prononcé prématurément et sans doute dans une intention méchante, rendirent au réfractaire toute son énergie. Il se dégagea par une vigoureuse secousse, saisit l'agresseur à son tour et le renversa.

— Ah ! c'est toi, misérable Labourot ? disait-il avec rage ; sûrement le diable t'a conduit ici cette nuit pour le punir de tes méchancetés... Ah ! tu veux être le gendre du brigadier, toi ? Ah ! tu veux être le mari de ma chère Victoire ? Jamais, entends-tu ? jamais... jamais !

Pendant cette lutte à laquelle il ne pouvait prendre part à cause de l'obscurité, Morin avait couru chercher la lanterne dans la pièce voisine, et il criait avec force :

— Léonard Bouvet, ne fais pas de résistance... tu aggraves ton cas !... Tu es arrêté au nom de la loi, il faut te soumettre... Tiens ferme, Labourot, je suis à toi !

Quand il revint avec de la lumière, il trouva les deux adversaires se roulant par terre et étroitement serrés l'un contre l'autre. Cependant Léonard avait l'avantage, tandis que Labourot, embarrassé dans son lourd manteau, s'épuisait en efforts inutiles pour se dégager. Néanmoins, à la voix du brigadier, qui ne savait comment porter secours à son compagnon, le réfractaire releva la tête.

— Je le lâcherai, monsieur Morin, lui dit-il, si vous me promettez qu'il ne portera pas la main sur moi... C'est à vous que je veux avoir affaire ; vous me prendrez si vous y tenez ; vous savez bien que je ne résisterai pas contre vous.

— Alors tu te rends à moi ? Dis-le nettement, et, quoique je sois payé pour ne t'aimer guère, j'aurai encore foi en ta parole.

— Je ne dis pas que je me rends, mais je jure de ne pas chercher à m'enfuir jusqu'à... jusqu'à ce que nous nous soyons expliqués.

— J'y consens... aussi bien je ne te perdrai pas de vue et j'ai encore la poigne solide.

Une sorte de trêve ainsi conclue, les deux adversaires se remirent sur pied, l'un jurant et maugréant, l'autre froid et silencieux.

Alors seulement il fut possible de reconnaître, à la lumière que portait le brigadier, le triste état où se trouvait réduit le pauvre Léonard Bouvet. Il était d'une maigreur effrayante ; ses yeux, bordés de rouge, brillaient d'un éclat fiévreux; mais ses joues restaient si pâles que sa lutte récente n'avait pu les colorer d'une teinte légère. Il était nu-tête et pieds-nus; ses vêtements consistaient en une chemise et un pantalon de grosse toile, trempés d'eau, ainsi que ses longs cheveux qui tombaient en mèches sur ses épaules.

Malgré sa colère contre le réfractaire, Morin ne put se défendre d'un sentiment de pitié.

— La résistance à la loi ne t'a pas engraissé, Léonard, dit-il d'un ton moins sévère en l'examinant ; tu dois savoir maintenant ce qu'il en coûte de se mettre en révolte contre l'autorité ; je t'avais prévenu.

— Oui, vous m'aviez prévenu, brigadier, répliqua le jeune homme tristement, et je vous en remercie. Mais je suis peut-être moins coupable que vous ne pensez... Plus tard, vous saurez... Seulement, brigadier, je vous en supplie, dites-moi s'il est bien vrai que vous ayez promis la main de mademoiselle Victoire à ce Labourot, comme il s'en vantait tout à l'heure? Cette parole-là, voyez-vous, m'est restée sur le cœur... Tenez, je me rendrai tout de bon, je laisserai faire de moi ce que l'on voudra; mais dites-moi ce que c'est un mensonge indigne, que mademoiselle Victoire ne consentira jamais à prendre pour mari un semblable fat!

— Et pourquoi n'y consentirait-elle pas? s'écria Labourot irrité, ne vaux-je pas un lâche qui a déserté?

— Paix! ne l'insulte pas, Labourot, dit le brigadier, souviens-toi des règlements... cet homme est déjà notre prisonnier... Quant à répondre à ses questions, ajouta-t-il en fixant sur Léonard un œil irrité, monsieur Bouvet n'a pas pu l'espérer; il n'y a rien dans la loi qui m'y oblige.

— Ah ça! maintenant je présume que l'on va nous suivre sans résistance?

— Vous suivre! répliqua Léonard comme frappé d'une idée dont les dernières émotions l'avaient distrait un moment, mais vous ignorez donc... où avais-je la tête? Nous avons perdu un temps précieux... oui, il est trop tard maintenant pour passer sur la levée de l'enclos...

— Mais qu'y a-t-il donc? demanda le brigadier.

— Ce qu'il y a? vous ne le savez pas?... regardez.

Léonard ouvrit la porte, et Morin, avançant sa lanterne, eut alors l'explication du singulier clapotement qu'il avait entendu lors de l'arrivée du réfractaire. Bien que le seuil de la maison fût élevé de deux marches au-dessus du sol, une eau jaunâtre et bourbeuse menaçait déjà de pénétrer dans l'intérieur.

— L'inondation ! s'écria Morin, sucre! nous allons passer un mauvais quart d'heure.

— Jamais je n'ai vu l'eau monter avec une telle rapidité, dit Labourot, qui oublia aussitôt sa rivalité et sa querelle; tout à l'heure il n'y en avait qu'un pouce ou deux, et maintenant...

— Elle montera bien plus haut encore si ce que l'on annonce est vrai, reprit le réfractaire ; plusieurs des grands étangs qui alimentent les biefs, en amont de la Loire, ont crevé, dit-on, comme ils firent il y a quelques années. Avant le jour, l'eau dépassera de beaucoup le toit de la Cannette... c'est pour cela que toute ma famille s'est enfuie ce soir et a gagné la hauteur des bois.

— Mais alors nous sommes perdus! dit Labourot avec épouvante.

— Partons donc, profitons du moment! s'écria Morin, en nous tenant par la main, nous pourrons encore atteindre un endroit sec.

— Ne l'espérez pas, reprit Léonard tristement ; le torrent du Butard, après avoir emporté le pont, a débordé aussi et formé une nouvelle bouche où l'eau est furieuse. C'est à peine si j'ai pu, tout à l'heure, traverser le courant à la nage, et maintenant cette entreprise serait au-dessus des forces humaines.

— Mais, Léonard, demanda le brigadier, si vous saviez cela, pourquoi êtes-vous venu ici?

— Pour vous sauver, monsieur Morin, dit le jeune homme avec fermeté, pour vous sauver ou pour mourir avec vous... Tout à l'heure, un des enfants vous a rencontré près du pont, et vous a reconnu à votre voix; il m'a appris que vous vous dirigiez de ce côté; alors, je me suis dit : Je ne souffrirai pas qu'un brave homme comme monsieur Morin périsse à cause de moi, je vais aller à son secours; si je le sauve, mademoiselle Victoire le saura; si je succombe à la peine, mademoiselle Victoire me pleurera peut-être.

— Merci, Bouvet, s'écria le brigadier, en lui serrant la main. J'avais raison autrefois de t'aimer. Mais comment espères-tu nous sauver?

— Nous? répéta le réfractaire avec ironie, je n'ai parlé que de vous, brigadier ! les autres se tireront d'affaire comme ils pourront. Pour vous, je réussirai, j'en suis sûr ; je ne sais encore par quel moyen, mais je vous sauverai, je vous le promets.

— Léonard, tu n'auras pas l'inhumanité d'abandonner dans un semblable danger un homme qui ne t'a jamais fait de mal?

— Lui! dit Léonard en fixant sur Labourot un regard de haine, et à qui donc dois-je tous mes maux, si ce n'est à lui? Qui m'a tourné la tête en me parlant sans cesse des dangers de la vie militaire, en me contant les hasards périlleux de la guerre d'Afrique? Plus tard, qui m'a mis hors d'état de partir, malgré la bonne volonté que j'en avais, en me blessant grièvement?

— Blessé, toi! Tu as été blessé par Labourot? demanda le brigadier avec vivacité. Ah! voilà que je commence à comprendre beaucoup de choses...

Léonard resta interdit; dans l'ardeur de son ressentiment il s'était trahi lui-même.

— Brigadier, balbutia-t-il, je ne dis pas précisément : il serait possible.

— Je ne savais pas que ce fût vous, Léonard, s'écria Labourot.

— Menteur! s'écria le réfractaire revenant à ses griefs; et depuis que je le suis dans la peine, qui m'a poursuivi avec le plus d'acharnement et de cruauté? Qui a profité de son influence auprès du père de Victoire pour lui arracher un consentement qui m'ôte ma dernière espérance?... Non, tenez, monsieur Labourot, je ne vous ferai pas d'autre mal; mais n'attendez pas que je tente le moindre effort pour vous tirer du péril où vous vous êtes engagé par haine contre moi.

— Je te déclare, Léonard, reprit Morin avec dignité, que mon sort est inséparable de celui de mon camarade. Les secours que je pourrai trouver dans cette triste nuit, il les partagera avec moi ; sinon nous resterons seuls, et, si nous ne réussissons pas, nous périrons ensemble.

En ce moment le grondement de la rivière redoubla ; une lame d'eau boueuse pénétra, avec un frémissement sinistre, dans la maison qu'elle envahit toute entière. Les tisons du foyer grésillèrent et s'éteignirent en fumant. Cette première lame fut suivie de plusieurs autres plus rapides et plus hautes.

— Alerte! s'écria Léonard ; voici maintenant la véritable inondation, celle qui est particulièrement redoutable, celle de la Loire! Il n'y a pas une minute à perdre... je vais essayer... oui, c'est cela ; j'ai justement ce qui m'est nécessaire... bon courage, brigadier !

Avec une vigueur qu'on ne pouvait attendre de son corps amaigri, il saisit une lourde table et la plaça sur un bahut non moins lourd où l'on serrait les effets de la famille.

— Montez là-dessus, reprit-il ; avec la pointe de votre sabre, vous percerez la toiture de chaume et vous m'attendrez... Il n'est pas probable que l'eau atteigne la toiture avant une heure d'ici; c'est plus de temps qu'il ne m'en faut... je serai prêt.

Il chercha des cordes dans un coin de la cabane, s'empara de plusieurs outils suspendus à la muraille, et se prépara à sortir.

— Mais où vas-tu, Léonard? que comptes-tu faire? demanda Morin.

— Vous allez le voir... ne craignez rien... je sauverai le père de Victoire !

Il sortit de la salle, où l'on avait déjà de l'eau jusqu'à mi-jambes, et referma la porte sur lui. Quelques secondes après, on l'entendit nager avec effort dans l'enceinte formée par les piles de bois devant la maison.

Demeurés seuls, les deux gendarmes s'empressèrent de suivre le conseil du réfractaire. Ils abandonnèrent leurs carabines et leurs lourds manteaux, qui pouvaient gêner leurs mouvemens, et gravirent l'échafaudage préparé par Léonard ; puis, attaquant résolûment le toit avec leurs sabres, ils y pratiquèrent une ouverture, par laquelle ils purent se hisser dehors. L'intérieur de la maison, en effet, n'était déjà plus habitable. Les meubles légers flottaient à la surface de l'eau, dont le niveau s'élevait de minute en minute. A la vérité, le bâtiment était de force, malgré sa chétive apparence, à résister au fléau. En pareil cas, la couverture en chaume seule était emportée d'ordinaire ; mais cette toiture était précisément en ce moment l'unique ressource des malheureux militaires.

VII

L'INONDATION.

Du haut de ce poste dangereux, un épouvantable spectacle s'offrit à leurs regards. La plaine était envahie sur tous les points par l'inondation ; les cultures, les buissons, les chemins avaient disparu. Les grands arbres seuls dressaient tristement leur tête au-dessus d'une nappe d'eau fauve et tournoyante. Une faible lueur, venue du ciel à travers la couche de nuages, permettait de s'assurer que, du côté de la terre, cette nappe s'étendait jusqu'au pied des hauteurs de Saint-Révérien et de Fleury, à un quart de lieue de la Cannette. Du côté de la Loire, l'aspect était encore plus terrible. Là, ce n'étaient que flots tumultueux, tourbillons insensés. L'œil s'effrayait de la largeur de ce fleuve immense dont il n'apercevait plus les rives ; et les deux gendarmes, serrés l'un contre l'autre, transis de froid, sur cet îlot de chaume qui allait, d'un moment à l'autre, devenir le jouet des eaux, se considéraient déjà comme voués à une mort certaine.

Au milieu de cette désolation, ce fut d'abord Léonard Bouvet qu'ils cherchèrent. Il était sur une pile de bois, et s'occupait activement à construire un radeau avec des bûches. Grâce à son habileté dans ce genre d'ouvrage, on pouvait espérer que ses efforts seraient couronnés de succès. Néanmoins, il y avait de quoi frémir à voir les dangers qu'il bravait. Dans l'eau jusqu'à la ceinture, au sommet de cette pile tremblante dont le fleuve lui disputait les lambeaux, il était exposé sans cesse à être entraîné par les courans formidables qui mugissaient autour de lui. Heureusement, il avait eu la précaution d'attacher une corde à un des gros piquets qui soutenaient les piles, et, tout en travaillant, il s'y cramponnait avec énergie. Le radeau, retenu de la même manière, plongeait à chaque instant, et menaçait de se disloquer au contact des grosses lames. Malgré ces difficultés, la besogne avançait, et l'assemblage de cordes et de bois prenait des dimensions suffisantes pour porter plusieurs personnes.

— Et nous accusions Léonard d'être un lâche ! dit le brigadier en détournant les yeux ; crois tu, Labourot, que ce fleuve débordé ne soit pas plus terrible que tous les lions et tous les Kabyles de l'Afrique ?... Mais que ferons-nous si ce jeune homme s'obstine à ne se donner place sur la machine qu'il est en train de construire là-bas avec du bois de flottage ?

— A vous parler franchement, répliqua le gendarme d'un air de sombre rêverie, je ne me soucie pas de me noyer ; mais je crois que j'aurais plus de répugnance encore à solliciter les secours d'un homme que je hais...

L'eau est assez tranquille autour de nous ; je sais un peu nager ; pourquoi n'essayerais-je pas d'atteindre cette ligne noire que vous voyez là-bas et qui doit être la terre ?

— Non, non, je te le défends ! s'écria Morin avec autorité ; ce serait courir à une mort certaine. Ne vois-tu pas que nous sommes au centre d'un triangle formé par la Loire et les deux branches du Butard ? Comment pourrais-tu traverser ces torrens enragés ? Il vaut mieux s'adresser à la générosité de Léonard... Il y a entre vous d'autres motifs d'inimitié que ceux que je connais ; un mot qui lui est échappé ce soir m'a donné des soupçons... Mais nous éclaircirons cela dans un moment plus calme. En attendant...

Il n'acheva pas ; un grondement plus fort qu'auparavant s'élevait dans le lointain, en haut de la rivière, et Morin, tournant la tête, aperçut dans cette direction de grosses vagues noires, surmontées de crêtes écumeuses ; elles descendaient avec la vitesse d'un cheval de course. L'approche de cette barre effrayante agita les eaux, relativement calmes, qui entouraient la Cannette, et leur niveau, un moment stationnaire, recommença à s'élever rapidement.

A cet aspect menaçant, le haineux Labourot lui-même ne put retenir un cri de détresse ; le brigadier appela d'une voix retentissante :

— A nous, Léonard ! nous allons être engloutis !

Mais Léonard avait vu le danger et le jugeait terrible. Il s'empressa de détacher la corde qui retenait son radeau inachevé, et, s'armant d'une longue perche pour servir de gouvernail, il le poussa d'un effort vigoureux vers le toit de la chaumière. Morin s'empara heureusement de la corde flottante, et, avec l'aide du réfractaire, il se trouva bientôt au centre du radeau. Labourot, obéissant à l'instinct de la vie, saisissait à son tour les ais mal joints de l'embarcation improvisée, quand ces montagnes d'eau qui descendaient le fleuve tombèrent sur eux avec fracas.

Pendant un instant tout fut englouti, la maison, le radeau et ceux qui le montaient. L'écume bouillonnante recouvrit tout comme d'un linceul ; les lames, en se heurtant les unes contre les autres, semblaient faire entendre le chant de mort de ces trois victimes. Néanmoins, le premier choc passé, le radeau, frémissant encore et couvert de bulles brillantes, reparut à la surface, emporté par le courant.

Sur sa plate-forme à demi submergée, Léonard et le brigadier se tenaient étroitement embrassés. Au moment de la crise, le réfractaire avait instinctivement saisi Morin et s'était cramponné aux liens qui unissaient les pièces de bois ; mais, dans le désastre, Labourot avait disparu.

Morin et son libérateur, échappés eux-mêmes miraculeusement à la mort, étourdis par ce plongeon brutal, ne remarquèrent pas d'abord l'absence du gendarme. Comme ils commençaient à reprendre leurs sens et à regarder avec étonnement autour d'eux, tout surpris de se trouver encore vivans, un cri unique, mais puissant, lamentable, dont rien ne saurait rendre le caractère lugubre, se prolongea à la surface de cette immense plaine d'eau. Ils tressaillirent.

— C'est un homme qui se noie, dit Léonard en se levant sur les genoux.

— C'est ce pauvre Labourot ! dit le brigadier ; le laisserons-nous périr sans tenter un effort pour le sauver ?

— Je le hais... il a voulu me tuer et m'enlever Victoire... N'importe ! où est-il ?

Un nouveau cri non moins déchirant que le premier, mais plus bref et plus désespéré, se fit entendre. Alors Léonard, se tournant de ce côté, aperçut dans l'ombre un objet qui disparaissait à la surface de la Loire ; il crut reconnaître le toit de chaume de la Cannette. Attaché à ce fragile débris, un homme, qui donnait déjà les signes d'une asphyxie prochaine, poussait ces lugubres appels et agitait en l'air sa main convulsivement serrée.

Léonard prit la longue perche qui lui servait d'aviron et qu'il avait eu la précaution d'attacher; il s'en servit pour pousser l'embarcation vers le naufragé. Néanmoins, comme le radeau obéissait lentement à la manœuvre, il tendit la rame à Morin en lui disant :

— Tenez ferme... je le vois.

Et il s'élança à l'eau.

Malgré les fluctuations brusques de la rivière débordée, en quelques brassées vigoureuses il eut atteint l'endroit où se trouvait Labourot. Il le saisit par le collet de son uniforme au moment où le pauvre diable, privé de ses sens et épuisé par ses efforts, allait être englouti. Évitant avec soin les étreintes du noyé, toujours si dangereuses, il le ramena jusqu'au radeau, qui fléchit sous cette addition de charge. Bientôt ils se trouvèrent tous réunis sur la frêle embarcation, fort maltraités, il est vrai, Labourot surtout, dont les lèvres violettes et souillées d'une légère écume annonçaient combien il avait vu la mort de près, mais en sûreté du moins pour le moment.

Ce dernier acte de dévouement avait porté au comble l'admiration de Morin. Il pressa le brave jeune homme contre sa poitrine, comme s'il eût voulu réchauffer les membres glacés du réfractaire.

— Tu es un généreux garçon ! lui dit-il avec effusion, et j'ai vu sur les champs de bataille peu d'hommes aussi braves que toi !

— Eh bien ! monsieur Morin, reprit Léonard dont les yeux brillèrent et dont les lèvres sourirent, malgré ses fatigues, dites cela à mademoiselle Victoire... Vous me devez bien cette réparation; assez longtemps vous lui avez dit que j'étais un poltron !

Et il s'empara de l'aviron pour diriger le radeau, tandis que Morin s'empressait de donner des soins à Labourot toujours sans connaissance.

Cependant la situation présentait encore d'immenses difficultés. Il eût été imprudent de se risquer dans le courant impétueux qui régnait au milieu de la Loire; d'un autre côté, les deux embouchures du Butard n'étaient pas moins redoutables. Il fallait pourtant traverser le torrent afin d'atteindre les plaines inondées, où l'eau était presque stagnante. Léonard eut besoin d'une constance à toute épreuve et d'une habileté consommée pour réussir dans cette entreprise. La Loire et le Butard, en se rencontrant, formaient des tournoiements rapides sur lesquels le radeau semblait devoir à chaque instant se disloquer. Un bateau s'y fût abîmé; vingt fois les lames recouvrirent cet informe assemblage de morceaux de bois sans adhérence entre eux. Enfin, à force de peines, le réfractaire parvint à éloigner son embarcation de ces Charybdes et de ces Scyllas continuels qui menaçaient de la dévorer, et, gagnant la vallée, où les courans n'avaient plus cette indomptable violence, il put enfin respirer après tant de dangers.

Les trois hommes errèrent cependant jusqu'au matin dans ces vastes campagnes, maintenant ensevelies sous une couche d'eau de plusieurs pieds d'épaisseur. Léonard eût bien voulu déposer à terre ses compagnons; mais l'obscurité de la nuit, qui ne permettait pas de s'orienter d'une manière certaine, la difficulté de la navigation à travers des arbres, des plantations, des haies sans fin, rendaient cette entreprise tout à fait impraticable. Les gendarmes, néanmoins, paraissaient avoir grand besoin de secours. Morin, transi de froid, restait assis au fond du radeau, incapable de rendre aucun service. Labourot, plus malade encore, était couché presque sans mouvement sur les bûches raboteuses; ses traits étaient livides; on eût pu le croire mort si l'on n'eût entendu le bruit de sa respiration sifflante et irrégulière. Seul Léonard, malgré son apparence chétive, presque nu, incessamment trempé d'eau glaciale, avait conservé sa présence d'esprit et sa vigueur. Toujours debout, sa rame à la main, il s'occupait de prévenir les chocs, d'éviter les remous et les tourbillons. Le froid, la fatigue, le découragement, rien ne faisait sur cette constitution de fer, qui semblait pourtant devoir être brisée depuis longtemps par les chagrins et les privations.

Pendant cette longue et triste navigation dans les ténèbres, les épisodes douloureux, les spectacles déchirans, ne manquèrent pas. Là, un pauvre paysan avait trouvé asile au haut d'un arbre que la rivière menaçait de déraciner, et il appelait à grands cris du secours; plus loin une famille entière, femmes, enfans, vieillards, presque nus et grelottans, était groupée sur le toit de sa maison dont l'inondation avait envahi l'étage inférieur. On voyait passer parfois des cadavres d'hommes et d'animaux entraînés par les flots. Du sein des maisons isolées, des fermes, des villages même, sortaient des clameurs de détresse qui troublaient d'une manière sinistre le silence de la nuit. Léonard eût bien voulu secourir ces pauvres gens; mais que pouvait-il faire? son misérable radeau, construit à la hâte, s'enfonçait déjà sous son poids et sous celui de ses deux compagnons; la moindre surcharge l'eût fait chavirer et eût compromis de nouveau les existences que Bouvet avait protégées au prix de tant de peines. Force était donc de s'éloigner, en fermant les yeux et les oreilles, de ces scènes de désolation, qui pourtant se répétaient de moment en moment.

Enfin quand les premières lueurs d'un jour terne et sans soleil parurent à l'horizon, on aperçut un assez gros village qui, grâce à sa situation sur une hauteur, n'avait pas été atteint par l'inondation. Ce village était fort éloigné de Fleury. Néanmoins, dans un pareil désastre, on pouvait être sûr de trouver partout de l'humanité et des soins empressés. Aussi Léonard n'hésita-t-il pas à pousser son radeau vers les habitations. La manœuvre ne présentait aucune difficulté; car les eaux en cet endroit étaient presque immobiles et peu profondes. En quelques minutes, le jeune homme eut atteint le bord; et, comme ni Morin, ni Labourot, paralysés par le froid, ne pouvaient s'aider, il les prit l'un après l'autre dans ses bras, et les déposa heureusement sur l'herbe.

Il songeait déjà à aller chercher du secours au village, quand il vit des gens du pays, qui les avaient observés de loin, accourir en toute hâte. Le réfractaire, par un reste des habitudes farouches qu'il avait contractées dans sa vie errante, voulut se rembarquer sur-le-champ.

— On va prendre soin de vous, dit-il à Morin, qui avait conservé toute sa connaissance ; pour moi, je ne vous suis plus nécessaire et je pars... Adieu.

Le brigadier le retint doucement par la main.

— Léonard, lui dit-il d'une voix faible, mon compagnon et moi nous te devons dix fois la vie ; eussions-nous encore la force de t'arrêter, nous n'en aurions ni la volonté ni le courage... Réfléchis cependant; ta belle conduite de cette nuit, dont je ferai un rapport à l'autorité, disposera certainement tes juges à une grande indulgence ; et, si tu consentais à te constituer prisonnier...

— Pas encore, brigadier, dit le jeune homme avec embarras; mais ce ne sera pas long !... Je ne veux plus de la vie qu'à mené; il faut que ça finisse. Dans trois jours, à partir d'aujourd'hui, je me rendrai à la brigade, et alors, en avant les menottes, les chaînes, la prison et toute la boutique; en attendant, ajouta-t-il avec émotion, dites à mademoiselle Victoire de vous conter ce qu'elle sait ; peut-être vous paraîtrai-je moins poltron, mais beaucoup plus coupable que vous ne pensiez. Soyez bon alors, monsieur Morin, soyez indulgent pour tous les deux, et... oui... ne vous pressez pas trop de marier mademoiselle Victoire.

En même temps, il voulut s'éloigner, mais il sentit sa main retenue par une main glacée; Labourot était parvenu, par un effort de volonté, à se lever sur son séant.

— Monsieur Léonard, balbutia-t-il, vous valez mieux que moi... Je vous ai fait tout le mal que j'ai pu, et vous... Mais j'aurai mon tour, vous verrez !

La force lui manqua et il retomba évanoui sur l'herbe.
— C'est bon, dit Léonard en sautant sur son radeau; qu'il se repente, je n'en demande pas davantage... Mais voici les bonnes gens... Adieu, brigadier, à revoir dans trois jours.

D'un élan vigoureux, il poussa le train au large.
— Mais où vas-tu donc? cria Morin.
— Avez-vous oublié ces malheureux qui braillaient, la nuit dernière, sur le toit de leurs maisons? Il doit y avoir encore joliment de l'ouvrage sur la rivière!

Pendant que les habitants du village se pressaient autour des deux pauvres gendarmes presque mourans, les transportaient dans leurs maisons et leur prodiguaient les soins nécessaires, Léonard affrontait les plus grands dangers pour sauver de nouvelles victimes.

Dans cette affreuse inondation, neuf personnes encore lui durent la vie.

Cependant, à la fin du troisième jour désigné par lui-même, il venait humblement et chapeau bas se constituer prisonnier à la brigade de Fleury.

VIII

LE JUGEMENT.

On était au commencement de décembre, et déjà une neige épaisse couvrait la terre. Le paysage, si pittoresque, si verdoyant en été, qui environnait Fleury-les-Bois, avait changé d'aspect sous cette pâle livrée de l'hiver. La luxuriante végétation qui peu de mois auparavant ornait les châtaigniers avait été remplacée par des cristallisations de givre, végétation brillante et éphémère qu'emportait le moindre souffle du vent, que le plus faible rayon de soleil fondait en larmes transparentes. La Loire seule, rentrée depuis longtemps dans son lit, paraissait insensible à ces changemens de la nature, et promenait avec majesté, à travers les campagnes blanchissantes, ses eaux larges et couleur de plomb. Une brise piquante courait avec un bruit sec sur la plaine désolée, où ne se faisaient même plus entendre les chants perlés du rouge-gorge et du troglodyte, ces chantres intrépides des temps sombres et des frimas.

Cependant, le jour dont nous parlons, vers les quatre heures du soir, c'est-à-dire un peu avant la nuit, la porte de la maison des Bouvet, au bord de la rivière, restait toute grande ouverte; il se faisait à l'entour des allées et des venues continuelles qui annonçaient l'approche d'un grave événement, aussi bien qu'une extrême insouciance pour les rigueurs de la température. Cette habitation amphibie, naguère encore cachée entièrement sous les eaux, ne présentait plus trace de l'inondation. Accoutumée à ces accidents, elle n'en souffrait aucun dommage sérieux. Lorsque ses habitans revenaient à elle, après la retraite de la Loire, ils n'avaient qu'à remplacer par une nouvelle toiture de chaume celle qu'elle perdait périodiquement en semblable circonstance. Quant aux meubles que l'on y avait laissés, on les retrouvait à la même place, légèrement envasés, il est vrai; mais le mobilier de la famille Bouvet était peu luxueux, solide, et ne craignait pas grand'chose d'une submersion de quelques jours.

Donc la Cannette se trouvait à peu près dans l'état où nous l'avons vue autrefois, sauf sa toiture de paille fraîche que recouvrait la neige. Sur le seuil de la porte deux jeunes enfans, le nez rouge et les mains cachées dans leurs jaquettes, s'agitaient sans cesse, échangeant par intervalles des appels inarticulés avec leurs aînés, placés en sentinelles à quelque distance. Pierre, le plus âgé des garçons, avait son poste sur le pont du Butard, tandis que Jeannette, enveloppée dans une vieille mante, était grimpée sur un rocher d'où elle dominait la route. Jeannette, vedette avancée de la bande, regardait incessamment dans la même direction; elle semblait, du haut de son rocher, remplir l'office de la sœur Anne, dans le conte de la Barbe bleue, elle ne voyait rien venir. Chaque fois que le cri interrogateur, passant de bouche en bouche, parvenait jusqu'à elle, elle répondait seulement par un signe de main désespéré. Hélas! pourtant la pauvre Jeannette, belle fille du reste, eût mérité par sa constance de voir venir quelque chose! Toujours immobile à son poste élevé, elle était perclue de froid. La bise agitait ses longs cheveux flottans, son manteau couvert de givre; son joli visage devenait violet et couperosé sous les cruels baisers du vent du nord. Mais Jeannette ne s'en inquiétait pas, et continuait d'examiner la route déserte qui se dessinait comme une ligne grisâtre sur la plaine neigeuse.

Malgré la vigilance et l'activité de ses jeunes sentinelles, deux femmes apparaissaient fréquemment à la porte; mais, après un examen rapide, elles rentraient dans la maison et venaient s'agenouiller devant une madone de plâtre qui ornait un coin de la pièce. Ces deux femmes étaient Marguerite Bouvet et Victoire Morin, qui unissaient leurs cœurs dans une commune pensée et une commune espérance. Les yeux pleins de larmes, elles priaient avec une égale ferveur et adressaient au ciel les mêmes vœux.

Enfin, Marguerite, plus maîtresse d'elle-même, prit la jeune fille par la main et la força de venir s'asseoir devant le foyer, où pétillait un feu clair et vivifiant. Mais Victoire ne pouvait dominer son agitation :

— Laissez-moi, Marguerite, disait-elle avec un redoublement de pleurs et de sanglots, ce retard est un bien mauvais signe! Le jugement a dû être rendu ce matin à Nevers; s'il était favorable, mon père et mon mari, qui savent nos angoisses, pourraient déjà être ici... Vous, verrez qu'ils ne seront pas pressés de nous annoncer un nouveau malheur!... Pauvre Léonard! comparaître comme un malfaiteur devant des juges et attendre en tremblant leur sentence.!

— Bon courage, ma chère demoiselle! dit Marguerite, qui aurait eu besoin elle-même de consolations; il y a dix bonnes lieues d'ici à Nevers, et la neige a rendu les routes glissantes. Ensuite, la carriole de la mère Laficelle, qu'ils ont louée pour aller à la ville, n'est pas des plus légères, et la grosse jument boite un peu! Allons! il n'y a pas encore à s'inquiéter... D'ailleurs, songez donc combien de personnes s'intéressent à notre cher garçon! On le sauvera, soyez-en sûre. Il y a d'abord votre brave homme de père qui a fait des rapports en sa faveur, qui a écrit à ce général de Paris, son protecteur, et qui enfin a voulu lui-même aller témoigner devant le conseil de guerre; puis toutes les personnes que Léonard a sauvées, qui se trouveront là aussi... Onze, mon enfant! onze en y comprenant votre père et Labourot; et il y a dans le nombre de gros bourgeois... Tenez, ces officiers qui jugeront ne pourront condamner mon fiot! Ils le renverront tranquillement chez lui, je le parierais; et il ne nous quittera plus, et nous serons bien heureux! Sans cela... ils n'auraient pas d'âme!

— Ceux qui appliquent la loi peuvent en avoir, ma pauvre Marguerite, dit Victoire à qui il répugnait de combattre ces illusions maternelles, mais la loi n'en a pas... Vous ne connaissez pas la rigueur de leur code militaire! j'en ai entendu conter des exemples qui font frémir... Imitez-moi, ma chère Marguerite, soyez prête à tout... Aussi, Dieu m'en est témoin, ce que je redoute le plus n'est pas d'apprendre que ma réputation est perdue, le nom de mon père publiquement déshonoré.

— Perdue... déshonorée! répéta la bonne femme avec surprise, que dites-vous là, ma fille ?

— Ignorez-vous donc, Marguerite, reprit Victoire en rougissant, dans quelle circonstance compromettante pour moi Léonard a été blessé? Je sais maintenant combien ces rendez-vous nocturnes, que je croyais innocens, pourront paraître coupables. Votre excellent fils voulait encore, dans l'intérêt de ma réputation, garder le plus profond secret sur cette aventure; mais mon père a déclaré la chose impossible; il fallait révéler aux juges toutes les circonstances qui expliquaient la blessure de Léonard et son généreux silence. Mon père, en exprimant cette opinion, ne m'adressait aucun reproche, mais si vous aviez vu comme il était pâle et comme ses yeux étaient humides! Que se sera-t-il passé à l'audience? aura-t-il été absolument nécessaire d'avouer?... D'ailleurs, qui sait comment Labourot, qui depuis l'inondation a donné sa démission de gendarme, aura déposé dans cette affaire? Il était l'ennemi personnel de Léonard, et, moi qui l'avais durement repoussé, je ne dois rien attendre de sa bienveillance. Mais à quoi pensé-je? continua la jeune fille en s'essuyant les yeux; qu'importe mon sort quand c'est de Léonard qu'il s'agit. Si votre fils échappe aux terribles sévérités de la loi, Marguerite, je ne me plaindrai pas.

La mère Bouvet essayait de rassurer la demoiselle éplorée, lorsque des cris lointains, bientôt répétés par les enfans qui se tenaient près de la porte, les firent tressaillir l'une et l'autre.

— La carriole! la carriole! criaient les jeunes sentinelles; les voici!

— Mon homme! s'écria Marguerite.

— Mon père! dit Victoire.

Et elles s'élancèrent dehors, nu-tête et légèrement vêtues, malgré le froid et la neige. Les enfans les suivirent. Sur le pont, Pierre leur faisait des signes avec sa casquette. Quant à Jeannette, elle avait quitté son poste du rocher, et elle trouvait sans doute auprès des arrivans la récompense de sa stoïque patience.

Les deux femmes coururent tout d'une haleine jusqu'au pont que Pierre venait d'abandonner. De là elles eurent enfin la satisfaction d'apercevoir les voyageurs, qui avaient quitté la voiture en bas de la pente, et qui s'avançaient à pied vers la Cannette.

Ils étaient trois : le père Bouvet dans ses plus beaux habits, le brigadier Morin en grande tenue, et enfin un soldat de la ligne, dont la présence les surprit. Mais, après l'avoir examiné un moment, elles coururent avec plus de force en s'écriant :

— C'est lui, mon Dieu! c'est bien lui!

En effet, c'était Léonard.

Bientôt les deux groupes se confondirent; pendant quelques minutes ce ne fut que transports, mots entrecoupés, larmes et sanglots. Les enfans, par leurs sauts et leurs trépignemens, à la vue de leur grand frère, augmentaient encore la confusion de cette scène touchante.

— Acquitté, n'est-ce pas? demanda Victoire en tremblant à son père.

— Oui, mademoiselle, acquitté, répliqua le brigadier avec moins de joie qu'on ne devait en attendre de sa part.

— Ils me l'ont renvoyé absous! s'écria la mère folle de bonheur; ah! les honnêtes gens! les excellens messieurs! les braves officiers! Dieu! que je les aime, moi, ces beaux militaires-là! ils me rendent mon fiot!

— Ne crie pas si haut, femme, dit Bouvet en haussant les épaules; il y en a qui reprennent d'une main ce qu'ils donnent de l'autre.

— Si, si, ma mère, s'écria Léonard, remerciez-les... Bénissez mes juges, vous tous qui m'aimez, car ils ont été pleins d'indulgence pour mes fautes; ils m'ont épargné les fers, la prison, la condamnation infamante; et si vous aviez entendu le beau discours du colonel qui présidait, lorsqu'après avoir prononcé la sentence il m'a félicité sur cette affaire de l'inondation! On pleurait dans l'auditoire, et, quand je suis sorti, on me serrait la main, on m'embrassait à m'étouffer... jusqu'à monsieur Labourot, qui était cité comme témoin, et qui, à la suite de l'audience, comme on appelle cela, est venu à son tour me complimenter; mais pour celui-là, je ne pouvais lui pardonner

certaines choses qu'il a osé conter devant tant de monde, et je lui ai tourné le dos...

— Labourot! répéta Victoire en regardant son père; mais qu'a-t-il donc dit?

— La vérité, mademoiselle, répondit Morin en soupirant, et j'étais là pour la confirmer.

— Ainsi donc, reprit la jeune fille avec désespoir, il a été nécessaire... ce que je prévoyais est arrivé!

Et elle baissa tristement la tête. Léonard s'approcha d'elle :

— Mademoiselle, dit-il respectueusement, j'aurais désiré, au prix même d'une condamnation, éviter cette révélation qui vous afflige tant. Mais le brigadier a voulu lui-même... cet aveu lui a cruellement coûté; la voix lui a manqué plus d'une fois, et la sueur lui découlait du front... Ah! Victoire, comme nous devrons l'aimer pour compenser les chagrins que nous lui avons causés!

— Allons! interrompit Marguerite avec gaieté, à quoi bon ces figures allongées, maintenant que le danger est passé? Pour moi, jamais je n'ai été si contente et si heureuse! je garde mon flot, en définitive.

— Tu le gardes, tu le gardes! répliqua Bouvet d'un air de colère, ça t'est facile à dire à toi... mais avec leurs beaux discours, leurs complimens et leurs embrassades, notre Léonard est toujours soldat, et dans dix jours il faudra qu'il rejoigne son régiment.

— Que me dis-tu? s'écria la bonne femme, ils vont me le reprendre?

— Qu'est-ce donc, monsieur Léonard? demanda Victoire en pâlissant; est-il vrai que dans dix jours...

Léonard fit un signe d'affirmation; les larmes coulèrent de nouveau de tous les yeux.

— Sacre! reprit le brigadier avec une brusque impatience, vous ne deviez pourtant espérer rien de plus que l'acquittement pur et simple! On ne peut exempter votre fils de l'obéissance aux lois, que diable! Vous n'avez pas à vous plaindre, croyez-moi; on en connaît ça des pattes de ces conseils de guerre, qui ont la réputation de n'avoir jamais plaisanté... Allez, allez, félicitez-vous de voir votre garçon libre, de pouvoir l'embrasser encore une fois! Si incomplet que vous semble ce bonheur, il a néanmoins coûté bien cher à quelques-uns de vos amis.

Et il poussa encore un soupir.

Pendant cette conversation, la compagnie s'était dirigée vers la maison isolée, laissant la voiture, sous la conduite de Pierre, continuer sa route vers Fleury. Bien que la joie causée par l'acquittement de Léonard fût fort amoindrie par la certitude de son prochain départ, Marguerite n'en voulut pas moins célébrer cet acquittement par une sorte de petite fête, à laquelle Morin et sa fille furent priés de prendre part. Ils acceptèrent, et on entra dans la maison, où la mère, avec l'aide de Jeannette, s'empressa de préparer un rustique repas. En un clin d'œil une monstrueuse omelette au lard, les crêpes et le petit-salé figurèrent sur la table, flanqués de plusieurs pots de vin du cru. Mais, malgré les efforts de Marguerite et de Léonard, la physionomie de la plupart des assistans ne se dérida pas. Seuls les enfans, que l'ignorance de leur âge, s'agitaient à grand bruit autour de leur frère aîné, admirant naïvement ce costume militaire cause première de ses malheurs.

Le repas fut donc triste; chacun paraissait impatient de le voir finir. Victoire pensive ne mangeait pas. Léonard, qui était assis entre sa mère et elle, lui adressa plusieurs fois la parole d'un ton affectueux; elle répondit seulement quelques paroles timides et réservées. Le brigadier n'était pas moins taciturne. Cependant le père Bouvet, en sablant son petit vin sur, avait retrouvé sa loquacité, et exhalait sa colère contre les lois, les conseils de guerre, les juges militaires et tout ce qui était soldat, avec un ton, des expressions qui, par momens, faisaient froncer le sourcil du brave brigadier.

Le souper terminé et les enfans couchés, Morin et sa fille voulurent retourner à Fleury. Mais Léonard les pria de se rasseoir. Ils obéirent en silence, convaincus qu'il s'agissait de quelque communication sérieuse.

Quand le jeune soldat vit tout le monde réuni autour de la table, il reprit avec une sorte de solennité :

— Aux termes où nous en sommes, brigadier, j'ose considérer mon mariage avec mademoiselle Victoire comme décidé, et j'espère ne plus rencontrer d'obstacles ni de votre côté, ni du côté de votre charmante fille...

— Ah! Léonard, vous le savez bien! balbutia mademoiselle Morin en rougissant.

— Il y a mieux, reprit le brigadier d'un ton froid, ce mariage est maintenant une nécessité. Après l'éclat fâcheux de l'aventure dont il a été question aujourd'hui devant le conseil, cette réparation devient pour Léonard Bouvet un devoir d'honnête homme.

— Ne craignez rien, monsieur Morin, répliqua le jeune homme avec gaieté, vous n'aurez pas besoin de lâcher la brigade à mes trousses pour m'obliger à remplir ce devoir-là... Mais c'est précisément, ajouta-t-il d'un ton plus grave, cet éclat fâcheux dont vous parlez qui m'enhardit à risquer une proposition. — Il s'arrêta ; tout le monde attendait dans un religieux silence. — Mademoiselle Victoire consent à devenir ma femme, reprit-il avec une vive émotion en regardant la belle jeune fille toute confuse, et je lui en suis profondément reconnaissant ; car que suis-je? un pauvre soldat échappé comme par miracle à une condamnation déshonorante, et qui, pendant bien des années, sera perdu pour sa famille et ses amis! Elle, au contraire, si belle, si instruite, si sage...

— Passe, passe, mon garçon, interrompit le brigadier avec un sourire amer ; il ne faut blesser la modestie de personne... Où veux-tu donc en venir?

— A ceci, brigadier, que la révélation d'une démarche innocente (oh! bien innocente, je le jure devant Dieu!) pouvant éveiller la malignité publique, il serait cruel de condamner pendant si longtemps cette bonne et honnête demoiselle à subir une injuste déconsidération. Je dois sept années de service au gouvernement, et, à supposer que, grâce à mes protecteurs, ce terme soit diminué de moitié, ce sera toujours trois ou quatre années pendant lesquelles mademoiselle Victoire restera exposée aux caquets des gens du village... Or, je connais sa noble fierté ; une pareille situation serait pour elle un supplice intolérable. Afin de le lui épargner, j'ai conçu un projet... Il m'est permis de rester dix jours près de vous ; ne serait-il pas possible d'accomplir dans ce délai un mariage qui couperait court aux bavardages des malveillants?

A cette ouverture inattendue, la plupart des assistans restèrent interdits.

— Au fait, pourquoi pas? dit enfin Marguerite ; je ne vois pas d'inconvénient à cela, moi.

— Merci, Léonard, merci, murmura la jeune fille en se penchant avec tendresse vers son fiancé, vous avez compris mes souffrances secrètes, et c'est d'un noble cœur!

— Vraiment, Léonard, reprit Morin à son tour, je ne regretterai jamais de t'avoir pour gendre... Seulement, mon pauvre garçon, ce que tu demandes est tout à fait impossible. Le vieux Gaspard, le maire de Fleury, ne consentira pas à marier sans autorisation un soldat appelé sous les drapeaux ; d'ailleurs, fût-il assez sot pour le conclure, un pareil mariage serait nul devant la loi.

— Eh! n'y a-t-il donc que la loi au monde? s'écria Léonard avec véhémence ; la religion, en pareille matière, n'est-elle pas plus respectable et plus sacrée que la loi? Notre bon monsieur Boisset, le curé de Fleury, sera moins difficile que monsieur Gaspard. Nous lui expliquerons la chose, et nous ne le trouverons pas trop récalcitrant, j'en suis sûr ; il ne s'agit que d'une affaire de conscience, après tout... et plus tard, quand j'aurai fini mon temps, on pourra se raccommoder avec cette loi si méticuleuse et si sévère.

Cette proposition d'un mariage religieux n'était nullement déraisonnable, et Morin ne paraissait pas éloigné de l'accepter.

— Qu'en pense Victoire? demanda-t-il.

— Oh! que ce mariage s'accomplisse! s'écria-t-elle en le regardant d'un air de reproche ; peut-être mon père rendra-t-il à la femme de Léonard l'affection qu'il semble avoir retirée à sa pauvre fille!

Morin détourna les yeux, mais ils étaient humides de larmes.

— Et qu'en pense le père Bouvet? continua-t-il en s'adressant au chef de famille.

Le chef de famille avala un grand verre de vin, s'essuya la bouche avec sa manche, et répliqua de son ton bourru :

— J'aimerais mieux un mariage devant monsieur le maire, moi. Ces mariages devant le curé, ça ne vaut pas grand'chose, et on peut toujours s'en dédire... D'ailleurs, si notre Léonard touchait la légitime de votre petite, il s'achèterait un remplaçant, et il ne partirait pas ; comme ça tout le monde serait content.

— En effet, s'écria Victoire, nous n'avions pas encore pensé à cela... J'offre de bon cœur ce que je possède pour racheter Léonard.

— Et avec quoi vous mettrez-vous en ménage, imprudens que vous êtes? s'écria Marguerite, avec une délicatesse de sentiment dont son positif époux était complètement dépourvu ; commencerez-vous votre maison avec la misère, pour finir avec la misère? N'as-tu pas de honte, Bouvet? Pourquoi ne vendrais-tu pas ton champ pour acheter un remplaçant à ton gars, au lieu de manger le *saint-frusquin* de ces enfans?

— Femme, tu ne sais pas ce que tu dis. La maladie de Léonard, ses dépenses quand il se cachait, son procès, et puis cette maudite inondation, et puis le chômage, tout cela nous a fort arriérés... Il a fallu emprunter, et aujourd'hui nous devons presque autant que nous avons vaillant.

— Mon père, ma chère Victoire, interrompit Léonard, laissons cela, je vous prie. Je ne consentirai pas plus aujourd'hui à ruiner la femme généreuse qui m'accorde sa main, que je n'ai consenti autrefois à ruiner mes parens. Malheureusement, en ce qui concerne ma famille, je n'ai guère réussi, et c'est une des choses qui me feront le plus sincèrement regretter le passé. Ne parlons pas de nouveaux sacrifices, je vous le demande avec instance ; je ne puis ni ne veux les accepter... Ainsi donc, ajouta-t-il, aucune objection ne s'élève contre mon projet?

— Soit! dit Bouvet en haussant les épaules ; je m'en lave les mains.

— Je consens, dit le brigadier.

Léonard se retourna vers Victoire et l'embrassa avec transport.

Puis Marguerite remplit les verres à la ronde, et on but le vin des fiançailles.

Léonard s'empressa de mettre à profit le peu de temps qu'il devait passer dans sa famille, pour mener à bien son projet de mariage. Le curé du village fut circonvenu avec tant d'instances, on lui fit tant valoir la nécessité de cette union, au point de vue de la morale, qu'il consentit enfin à prêter son ministère, en dépit des irrégularités. Néanmoins, il ne fut pas possible de presser les choses au gré de l'impatience du fiancé, si bien que la cérémonie religieuse fut fixée au matin même du jour où Léonard devait se mettre en route pour aller rejoindre son régiment.

Dans cet intervalle, tout semblait s'être réuni pour rendre au jeune soldat l'existence délicieuse. L'affection de Victoire, les caresses de sa famille et du brigadier, le respect des gens du pays, pour lesquels, il faut bien le dire, son opiniâtre résistance à l'autorité égalait en mérite son dévouement héroïque dans les flots de la Loire, gonflaient d'orgueil et de joie ce pauvre jeune homme, qui, peu de mois auparavant, était obligé de se cacher au fond des bois, persécuté et misérable. Aussi était-il saisi de sombres accès de tristesse en songeant que dans quelques jours, dans quelques heures, cette félicité allait cesser tout à coup. Souvent, tandis qu'il souriait à sa jolie fiancée, ses yeux se remplissaient de larmes qui excitaient aussitôt celles de Victoire. Plus le moment tant souhaité approchait, plus ces accès de mélancolie augmentaient d'intensité; il sentait déjà le fiel et l'amertume au fond de la coupe de miel; l'idée de la séparation empoisonnait la joie du mariage.

Enfin le jour, à la fois heureux et fatal, arriva. Le matin, avant le lever du soleil, les deux familles réunies se rendirent à l'église de Fleury. Le brigadier conduisait sa fille, vêtue de blanc. Léonard venait ensuite, avec la plus belle tunique et le pantalon le plus rouge que le gouvernement eût laissé à sa disposition. Il donnait le bras à sa sœur Jeannette, qui, honteuse de sa robe neuve, semblait ne savoir où se cacher. Bouvet, sa femme et la bande des enfans fermaient la marche. Tout ce monde, y compris les mariés, avaient une teinte de tristesse qui ne convenait guerre à la circonstance. Les spectateurs (car en dépit du secret qu'on avait voulu garder, la plupart des habitans du village étaient accourus sur le passage de la noce), les spectateurs donc remarquèrent que Morin seul montrait un visage riant. Et pourtant on pouvait voir, à la suite du cortège, le petit Pierre Bouvet, frère de Léonard, portant déjà le sac d'infanterie dont le jeune soldat devait charger ses épaules aussitôt après le mariage!

La cérémonie ne fut pas longue. Le bon curé, qui savait le prix du temps, abrégea son discours aux deux fiancés, et s'empressa de leur donner la bénédiction nuptiale.

Une collation froide avait été préparée à l'hôtel de la gendarmerie; c'était une galanterie des hommes de la brigade, tant en l'honneur de leur chef qu'en l'honneur du brave garçon, envers lequel le corps avait contracté récemment de grandes obligations. On devait en même temps boire au bonheur des époux et à l'heureux voyage du nouveau soldat.

Le repas était servi, et les ordonnateurs de la fête accueillirent avec cordialité les invités. Certains membres de la famille Bouvet ne se firent pas trop tirer l'oreille pour prendre part à la bonne chère; Morin lui-même donna l'exemple de l'appétit et de la gaieté; mais les nouveaux mariés, comme on peut le croire, étaient peu disposés à l'imiter; ils s'efforçaient pourtant encore de contenir leurs larmes et de paraître calmes. Sur la fin du repas, Cabuchard, le doyen de la brigade, se leva et leur adressa, au nom de ses camarades, une allocution congratulatoire dont nous avons grand regret de ne pouvoir offrir le texte à nos lecteurs. Sa harangue terminée, il présenta à Victoire un gros bouquet, provenant disait-il *de son jardin*, et il finit par embrasser la mariée, qui était blanche et froide comme du marbre.

Il fallait partir; le soleil était déjà haut, et le soldat devait faire une étape de six lieues pour arriver le soir même à Nivers. Il dit quelques mots bas à Pierre, qui sortit et revint bientôt avec le fameux sac de voyage. A cette vue on comprit que l'heure était venue, et les adieux commencèrent.

Léonard embrassa avec assez de courage son père, sa mère, ses frères et ses sœurs; il serra la main à Morin et aux hommes de la brigade en adressant à chacun un mot affectueux; mais quand il fallut se séparer de Victoire, quand il la vit pâle, sans voix, presque inanimée, son stoïcisme et son respect humain fléchirent tout à coup.

— Ne faut pas vous moquer de moi, messieurs, disait-il, riant et pleurant à la fois, à ceux qui l'entouraient; vous êtes tous d'anciens militaires, vous avez oublié combien c'est dur de quitter ainsi le pays. Mais croyez-vous que vous auriez eu plus de courage que moi si vous aviez laissé derrière vous une jolie et aimable femme, après une demi-heure de mariage? C'est bien *embêtant*, allez! Ah! oui, oui, c'est *embêtant!*... Et si nous étions encore au temps où l'on donnait son âme au diable, je signerais volontiers un pacte avec Satan pour qu'il me laissât ici un mois de plus.

— Prends garde à ce que tu dis, mon fiot! s'écria Marguerite avec épouvante.

Les gendarmes, quoique fort peu sensibles par état, ne semblaient pas moins sympathiser avec les chagrins du pauvre Léonard.

— Le fait est, reprit Cabuchard en frisant sa moustache, que si j'avais l'avantage d'être conjoint à une petite paroissienne de cet acabit... Mais c'est la fille de mon supérieur, je la respecte et... suffit. Ensuite, monsieur Léonard, vous avez bien raison de dire que nous autres, troupiers de l'ancien régime, nous n'avions pas toujours de grands motifs de regretter le pays. Pour moi, le jour où je fis mon sac, à l'âge de seize ans, je reçus de mon père une pièce de deux sous et un coup de pied quelque part, avec prière de ne plus revenir... Il n'y avait pas de quoi me laisser des souvenirs bien tendres, vous l'avouerez!

Cette petite anecdote de la jeunesse de Cabuchard dérida un peu les visages; Léonard endossa vivement le sac fatal:

— Allons! adieu, Victoire, ma bien-aimée Victoire, ma femme! reprit-il d'une voix altérée; adieu, ma mère... adieu, mes amis... ne m'oubliez pas!

— Mon gendre, encore un verre de vin, dit le brigadier, qui était resté à table, et dont le sang-froid contrastait avec la tristesse de la famille Bouvet.

— Excusez-moi, excusez-moi, reprit le pauvre soldat à demi suffoqué en agitant la main, il faut que je parte... sans retard... Quand je regarde ma chère Victoire, le courage me manque, la tête me tourne, et, je le sens, j'ai des tentations de recommencer mes anciennes fredaines.

— *Sucre!* non pas, s'écria Morin en se levant brusquement et en quittant sa froideur affectée; puisqu'on en est ainsi, voyons donc s'il n'y aurait pas moyen... Ecoutez-moi tous.

Il tira de sa poche une grosse lettre, soigneusement cachetée, qui portait pour suscription : *A monsieur Morin, brigadier de gendarmerie à Fleury-les-Bois, pour être ouverte au moment du départ de monsieur Léonard Bouvet.*

— Vous le voyez, reprit Morin en présentant le cachet intact à ses voisins, j'ai exactement suivi la consigne. La lettre n'a pas été touchée, et voici Léonard debout, le sac au dos et le bâton à la main... C'est donc le véritable quart d'heure de prendre la dépêche, n'est-ce pas?

— Hum! je connais cette écriture, murmura Cabuchard, qui avait jeté un coup d'œil sur la lettre mystérieuse.

— Au nom du ciel! mon père, qu'est-ce donc? demanda Victoire dans une angoisse inexprimable.

— Nous allons le savoir, ma fille, répliqua le brigadier en souriant sournoisement.

Il rompit le cachet, au milieu de l'attention générale, et tira de l'enveloppe plusieurs papiers qu'il examina avec une lenteur calculée. Enfin il en prit un qu'il montra d'un air de triomphe:

— C'est le congé de Léonard, dit-il.

Les assistans bondirent de surprise à cette nouvelle. Les mariés se précipitèrent sur le papier que Morin leur tendait; plus de doute! c'était bien le congé du pauvre ancien réfractaire, en forme authentique, avec les signatures et les paraphes sans nombre qui caractérisent les pièces de ce genre.

Les pauvres jeunes gens tombèrent dans les bras l'un de l'autre, sans pouvoir parler. La famille Bouvet éclata en transports de joie. La gendarmerie elle-même donna des signes certains d'une grande émotion. Le Roucouleur toussa, Cabuchard se moucha d'une manière formidable et un troisième s'essuya les yeux.

— Qui a fait cela? demanda enfin Léonard, revenu un peu à lui; à qui dois-je ce bonheur, le plus grand bonheur que j'aie éprouvé de ma vie?

— C'est sans doute l'œuvre du bon général de L***! s'écria Victoire; oh! le digne homme! et comme je voudrais pouvoir le remercier à genoux.

— Laisse le général en repos pour le moment, dit Morin en se frottant les mains, il aura peut-être son tour... mais plus tard... Celui qui vous rend ce service, mes enfans, est un homme qui a eu des torts envers vous ; ces torts, il a voulu les réparer, par conscience d'abord, puis par respect pour l'honorable corps auquel il appartenait... Léonard est tombé au sort ; il faut à l'État un soldat ; si ce n'est pas Léonard, il faut que ce soit un autre à sa place... Eh bien ! cet autre s'est trouvé ; ce remplaçant, c'est Labourot, ancien gendarme de la brigade de Fleury.

— Labourot ! répétèrent les assistans.

— Labourot ! dit Léonard dont le visage se rembrunit ; je ne sais si je dois accepter de sa part...

— Tu accepteras, mon gendre, reprit Morin ; il a bien accepté la vie de toi, quand tu avais tant de raisons pour le haïr. Il faut que la gendarmerie paye sa dette. Tiens, lis ce qu'il t'écrit... lis haut ; cette lettre intéresse tous ceux qui sont ici présens...

Et il remit à Léonard une lettre ainsi conçue :

« Monsieur Léonard,

» Vous êtes un brave garçon, et moi je suis un gredin ; » mais dans l'armée française on n'est jamais gredin qu'à » moitié, et on profite de la première occasion pour ne » l'être plus du tout. Je vous ai envoyé une balle une cer- » taine nuit, et vous m'avez tiré de la Loire une certaine » autre nuit, au moment où je commençais à boire un vilain » coup, sans compter que je n'ai pas été d'une loyauté » parfaite à l'égard d'une personne... Mais laissons la » chose *entre-z-hommes*, comme on dit, et réglons nos » comptes. Sans doute vous ne vous souciez guère de par- » tir ; je pars pour vous. L'État y perd un bon petit fan- » tassin, bien râblé, leste de jarret, et qui, je le sais » maintenant, craindrait fort peu les Kabyles et les lions » de l'Atlas ; mais il y gagne un cavalier de cinq pieds » huit pouces, pas mal tourné du reste, et sachant manier » assez proprement le sabre et la carabine ; tout le monde » sera donc satisfait, si vous l'êtes vous-même. Monsieur » le brigadier Morin, mon ancien chef, que j'aime et que » j'honore, a été le confident de mes projets, et il les ap- » prouve. Je le remercie de m'avoir gardé le secret. C'é- » tait une idée à moi, afin de faire ma paix avec vous et » avec mademoiselle Victoire. Si vous êtes heureux, ne » me gardez pas rancune l'un et l'autre. Vous ne me re- » verrez peut-être jamais. La seule grâce que je vous de- » mande, c'est de donner à votre premier enfant les pré- » noms de Théodule-Arsace, que j'ai reçus moi-même de » mon parrain le jour de ma naissance... Ça me flattera » et ça me prouvera que vous aurez pardonné ses vilenies » à votre ami,

» THÉODULE-ARSACE LABOUROT. »

— Eh bien ? demanda le brigadier.

— J'accepte, répliqua Léonard les larmes aux yeux ; malgré ses fautes, il a un bon cœur.

Un mois après, Léonard renouvelait son mariage devant l'autorité civile avec solennité. Soit hasard, soit préméditation de ses protecteurs, le jour de son mariage il recevait la décoration de la Légion d'honneur pour avoir sauvé onze personnes dans l'inondation de la Loire. Morin lui-même attacha la croix sur la poitrine de son gendre, et lui donna l'accolade. Aussi cette fois les époux et leur famille étaient-ils au comble de la joie ; tous les visages souriaient, tous les cœurs étaient contens, et, le soir du mariage, le brave brigadier, légèrement ému par les fréquentes libations de la journée, disait en ricanant à Léonard :

— *Sucre !* mon ami, on peut dire que tu es né coiffé... Sans être soldat, tu es décoré de la croix d'honneur, et tu as épousé *la victoire !*

FIN DU RÉFRACTAIRE.

Elie Berthet.

LE CADET DE NORMANDIE

I

LE MAITRE DE POSTE.

Vers le milieu du dix-septième siècle, les voies de communication, même aux approches de la capitale, étaient fort mal entretenues et peu sûres. Aussi ne doit-on rien trouver d'extraordinaire dans cette tradition parvenue jusqu'à nous, qu'avant de partir de Lyon pour Paris tout bon bourgeois croyait devoir faire son testament. Rien ne ressemblait moins en effet à nos routes royales que les chemins décorés alors de ce nom. Livrés à l'insouciance des habitans des pays qu'ils traversaient, aux dégradations égoïstes des voyageurs, ils n'étaient souvent ni plus larges ni plus commodes que ces chemins de petite vicinalité abandonnés de nos jours à l'entretien parcimonieux des conseils municipaux. La plupart n'étaient point pavés; les ornières et la boue les rendaient presque impraticables dans la mauvaise saison; les rivières se passaient à gué d'ordinaire, malgré les inondations; on traversait les fleuves dans des bacs qui ne présentaient pas toujours là sécurité convenable; les auberges étaient rares et mauvaises; enfin les grappes de pendus qu'on rencontrait à chaque pas, sur le bord de la route, rappelaient énergiquement les attaques auxquelles on devait s'attendre. D'après ce rapide aperçu, il n'y avait réellement ni faiblesse ni poltronnerie à nos pères de mettre ordre à leurs affaires avant d'entreprendre une excursion de cent lieues à travers tant de hasards et de dangers.

A cette époque, la manière la plus ordinaire de voyager était de s'encaisser dans d'immenses coches, qui allaient d'une ville à l'autre avec une vitesse d'un quart de lieue à l'heure, et dont nos comfortables diligences ne pourraient nous donner une idée. Quant à ceux qui n'avaient ni le loisir ni la volonté de s'emprisonner dans ces pesantes machines, souvent pour quinze jours si la distance à parcourir était considérable, il leur restait la ressource de voyager dans une voiture de poste, au risque de verser à chaque pas dans les fondrières, ou d'aller à cheval en changeant de monture à chaque relais, comme font les estafettes modernes. Ce dernier mode de transport plaisait particulièrement aux gentilshomme; et, s'il était plus expéditif que les autres, il faut avouer qu'il n'était ni moins dangereux, ni surtout moins fatigant. La mauvaise qualité des chevaux qu'on employait à ce service, l'isolement dans lequel se trouvait le voyageur, exposé seul aux entreprises des malfaiteurs qui infestaient la voie publique, étaient sans doute des inconvéniens graves; mais comme, après tout, ces courses à cheval fournissaient le moyen le plus sûr d'arriver promptement à destination, les gens de qualité qui n'avaient à leur suite ni femmes ni enfans s'y résignaient volontiers; et en ceci ils suivaient la mode, aussi puissante au dix-septième siècle qu'au temps où nous vivons, pour ne pas dire plus.

C'était donc ce genre de transport qu'avaient choisi deux personnages dont la tournure et le costume désignaient des gentilshommes, et qui, un jour de juillet 1654, vers les deux heures de l'après-midi, se dirigeaient au galop de leurs chevaux vers la maison de poste d'un petit village situé seulement à quelques lieues de Paris. Cette maison, bâtie sur le bord de la route de Normandie, était une affreuse bicoque; elle semblait consister seulement en une vaste écurie, tant la partie du bâtiment réservée aux créatures humaines était étroite et mesquine. Une forte odeur de foin, et d'autres émanations caractéristiques, faisaient reconnaître sa présence à plus de cinquante pas à la ronde. Aussi, pour comprendre sa destination, n'était-il pas nécessaire de voir une vieille enseigne suspendue au-dessus de la porte principale, et sur laquelle, à côté de l'écusson aux armes de France, on lisait cette inscription à demi effacée : *Maistre tenant les relais courans pour le service du roi.*

Devant cette porte, assis sur un billot de bois, se trouvait un homme de quarante ans environ, vêtu à peu près comme les postillons actuels, en grandes bottes, en bonnet fourré, et portant sur la poitrine l'écusson particulier de la poste royale. Mais ce qui donnait à sa personne un air d'étrangeté ridicule, c'était une poignée de paille relevée en forme d'aigrette sur son chapeau. Ce bizarre ornement, qui, vu la profession de celui qui s'en parait, faisait naître l'idée d'une mauvaise plaisanterie, était alors le signe de ralliement des frondeurs : et l'individu qui se permettait d'afficher ainsi ouvertement ses opinions politiques n'était rien de moins que le maître de poste lui-même, car alors ces fonctionnaires précédaient le plus souvent en personne les voyageurs qu'ils étaient chargés de conduire au relais suivant.

Il ne sembla pas s'émouvoir beaucoup de l'approche de ces gentilshommes. Quand le claquement des fouets et le bruit des grelots attira son attention, il jeta un regard en dessous du côté de la route où se montraient les cavaliers, et un sourire narquois passa rapidement sur sa figure, mais il ne fit pas un mouvement pour se lever et préparer le relais; il continua de brandir d'un air indifférent une longue gaule, dont il châtiait de temps en temps quelques poules un peu trop familières qui rôdaient en caquetant autour de la maison.

En peu de minutes, la petite caravane atteignit la maison, et les bidets, avec cet instinct routinier qui caractérise encore aujourd'hui leurs pareils, s'arrêtèrent brusquement devant l'écurie. Les deux voyageurs et le postillon qui les accompagnait mirent pied à terre sans que le maître de poste semblât même s'être aperçu de leur arrivée.

— Des chevaux! monsieur Pichard, des chevaux donc! s'écria le postillon en recevant le prix de sa course, que lui remettait l'un des voyageurs; allons, vite en selle! ces braves gentilshommes, sont pressés et le pourboire est bon.

— Ils seraient poursuivis par une légion de diables que je ne pourrais leur donner le moyen de s'enfuir, dit maître Pichard toujours immobile.

Celui des deux gentilshommes qui semblait avoir le plus d'autorité s'avança d'un air menaçant, et lui dit de cette voix insolente que les nobles d'alors prenaient vis-à-vis d'un inférieur:

— Qu'est-ce à dire, coquin? ne dois tu pas tenir toujours des chevaux à la disposition de ceux qui voyagent comme nous pour le service du roi? Allons, ne lanternons pas... il faut que nous arrivions de bonne heure à Paris.

— Vous seriez le Mazarin en personne, reprit Pichard avec brusquerie, que je ne pourrais vous fournir un seul bidet, dût-il vous casser le cou au premier ravin... Je n'ai pas une bête à l'écurie, et où il n'y a rien le roi perd ses droits, comme on dit ici.

Cette grosse plaisanterie, faite d'un ton bourru, ne parut pas déplaire au gentilhomme, malgré son air orgueilleux. Il sourit même légèrement.

— Ah! je vois où le bât te blesse, maraud, reprit-il avec plus de calme; ce mot *service du roi* t'a donné le change, et tu nous prends pour des mazarins... Eh bien! seras-tu plus traitable si je consens à te dire que nous appartenons à monsieur le prince de Condé?

Cette fois le maître de poste se leva, et, désignant de la main le panache de paille qui surmontait son bonnet, il répondit d'un ton plus doux:

— Comme vous voyez, mon gentilhomme, je suis moi-même un bon frondeur, ennemi de la cour et du cardinal. Je suis connu pour ça! Mais des gens, qui se disaient également au service de monsieur le prince de Condé, ont passé ici à y a quelques heures, et ont râflé tout ce que j'avais de chevaux, même le méchant alezan boiteux qui sert à porter la lessive. Vous ne vous en plaindrez pas plus que moi, si vous êtes réellement, comme moi, de fidèles serviteurs de monsieur le prince, que Dieu garde!

Pichard fut interrompu par la plus effroyable bordée de jurons qui soit jamais sortie de la bouche d'un gentilhomme. L'étranger frappait du pied et semblait chercher autour de lui sur qui faire tomber sa colère.

— Une journée de perdue! s'écria-t-il; de grands événemens se préparent sans doute à Paris, et je ne serai pas là... Maudits soient ces retards! Cet infernal voyage causera ma ruine!

Il se retourna tout à coup vers le postillon, qui après avoir déchargé lestement les valises était remonté à cheval et se disposait à retourner chez lui.

— Holà! coquin, lui dit-il, tu auras deux pistoles; veux-tu doubler ton étape et nous conduire au prochain relais?

— Non, pas pour un empire, dit le postillon en faisant ses derniers préparatifs de départ.

— Eh! pourquoi cela?

— Parce qu'il y a là-bas, du côté de Paris, des démons incarnés que je ne me soucierais pas de rencontrer... Je ne suis ni mazarin ni frondeur, moi, continua-t-il en regardant Pichard du coin de l'œil: je suis maître de la poste royale, et, pour tous les princes de la terre, je ne voudrais pas rendre fourbue la plus chétive bête de mon écurie.

En même temps il fouetta ses chevaux et partit, sans écouter le gentilhomme, qui le rappelait en le chargeant de malédictions.

Ce voyageur irascible était un homme d'une quarantaine d'années; son extérieur annonçait un personnage de quelque importance. Sa figure maigre, empourprée en ce moment par la colère, exprimait l'orgueil et le dédain; cependant son regard vif et scrutateur, le caractère fin et intelligent de sa bouche qu'ombrageait une épaisse moustache brune, relevée en croc suivant la mode du temps, et enfin certaines rides dont la réflexion avait sillonné son visage, trahissaient plutôt les soucis de l'ambition que les folles préoccupations d'une vanité vulgaire. Du reste, son chapeau rond était orné d'un immense panache blanc, qui n'était la couleur d'aucun parti, et il ne portait pas d'écharpe, contrairement à l'usage des partisans de cette époque. Son manteau de velours vers, son habit et son haut-de-chausses de draps de même couleur, à aiguillettes bleues, ne présentaient rien de particulier; seulement les éperons dorés attachés au dos de ses bottes de peau blanche, et la petite épée qui se balançait à son côté, étaient là comme des signes incontestables de noblesse qu'il n'avait sans doute aucune raison de cacher pour le moment.

En regard de ce portrait, nous placerons naturellement celui du gentilhomme qui accompagnait le premier et qui lui témoignait en toute occasion une grande déférence. Ce voyageur avait environ vingt-quatre ans, il était robuste et bien fait. Un peu de hâle couvrait son visage régulier et ouvert, d'où l'on pouvait conjecturer qu'il avait passé sa vie à la campagne et qu'il était encore étranger aux mœurs des grandes villes. Ses manières réservées semblaient confirmer cette supposition, et son costume seul eût fourni la preuve indubitable que ce jeune homme allait voir Paris pour la première fois. Son habit de drap gris avait une coupe surannée quoique gracieuse; son manteau, de même étoffe et de forme antique, rappelait les manteaux du temps d'Henri III. Au lieu de ces volumineux panaches en usage à Paris du temps de la Fronde, une simple plume de coq ornait son chapeau, et sa moustache blonde avait des dimensions fort peu aristocratiques suivant les idées des merveilleux d'alors. Malgré tout cela, le jeune gentilhomme était réellement de fort bonne mine; et, sans afficher l'arrogance de l'autre voyageur, il conservait une dignité calme plus imposante peut-être.

En apprenant le contre-temps qui les obligeait d'interrompre leur voyage, il avait ressenti, aussi bien que son compagnon, un vif mécontentement. Cependant il ne se répandit pas comme lui en injures et en imprécations. Il profita du moment où le seigneur hautain, qui semblait lui servir de Mentor et de guide, reprenait haleine, pour lui dire avec une timidité respectueuse:

— Allons! monsieur le baron, ne vous impatientez pas, nous arriverons à Paris quelques heures plus tard... Que faire contre la nécessité?

— Ventrebleu! Fabien, dit le baron d'une voix dont quelque sentiment secret tempérait un peu la brusquerie, vous en parlez bien à votre aise! Je comprends cela de vous qui croyez aller à Paris uniquement pour vous mettre au service d'une dame; mais si vous étiez préoccupé comme moi de graves intérêts, vous sauriez ce que vaut un instant perdu.

— Mon frère, répliqua Fabien avec chaleur, les motifs qui m'ont décidé à vous suivre sont graves pour moi. Mais à quoi bon s'emporter contre le sort, quand la patience seule est de saison?

Le baron haussa les épaules; puis, s'adressant au maître de poste, qui avait repris son attitude nonchalante, il lui demanda d'un ton irrésolu :

— Au moins, maître, croyez-vous que vos relais tardent à revenir, et faut-il nous risquer à les attendre ?

— Si vous étiez des mazarins, dit Pichard en se déridant un peu, je vous répondrais non, et vous iriez où bon vous semblerait..... mais comme vous êtes de loyaux frondeurs et de fidèles serviteurs de monsieur le prince, entrez, reposez-vous dans mon logis, goûtez de mon vin; et, lorsque les chevaux seront arrivés, je vous jure qu'on ne vous fera attendre que le temps de leur donner la provende.

Sur un signe d'assentiment du gentilhomme, il s'empara des valises, et entra dans la maison de poste, en engageant les voyageurs à le suivre. Le baron s'y résignait déjà d'un air pensif, lorsque Fabien l'arrêta, et lui dit d'un ton où son respect pour son frère aîné s'alliait à une fermeté naturelle :

— Vous m'accusez de ressentir moins que vous le chagrin de ce contre-temps, et cependant vous n'avez pas songé au parti le plus sage qu'il nous reste à prendre.

— Et lequel, Fabien, je vous prie?

— Nous sommes robustes et bien armés tous les deux, Albert; continuons notre route à pied, et nous pourrons être à Paris ce soir même.

— A pied ! répéta le baron d'un ton de dédain, nous entrerions à Paris comme de pauvres mendians, nous des gentilshommes de l'illustre maison de Croissi?... Corbleu ! Fabien, il faut que le sang roturier de votre mère ait bien altéré dans vos veines le sang noble de notre père commun, pour que vous ayez osé m'adresser une semblable proposition?

Le jeune homme rougit à cette apostrophe, qui contenait une allusion offensante pour une personne de sa famille. Mais il céda presque aussitôt à l'ascendant que le baron exerçait sur lui, et baissa la tête en balbutiant :

— J'avais pensé, Albert, j'avais cru...

Le baron Albert de Croissi sembla prendre pitié de son embarras.

— Vous devez vous habituer, Fabien, reprit-il avec autorité, à parler et à penser désormais en gentilhomme; songez que ces manières simples, qui pouvaient être bonnes dans notre manoir de Normandie, où vous avez passé votre jeunesse, ne sont plus convenables dans le monde où vous allez entrer. Que penserait-on de nous, bon Dieu ! dans les salles du Louvre, si nous faisions à Paris une entrée triomphale un bâton à la main et une besace sur le dos?

En achevant ces paroles en forme de mercuriale, le baron franchit le seuil de la porte, et son frère le suivit. La pièce où ils pénétrèrent d'abord, et qui se trouvait de plain-pied avec l'écurie, était sombre ; ils eurent peine à se diriger sans se heurter aux meubles. Cependant, grâce aux instructions de Pichard, qui les avait précédés, ils purent gagner un banc boiteux sur lequel ils s'assirent. Quand leurs yeux se furent un peu habitués à l'obscurité, ils se mirent à examiner le lieu où le hasard les obligeait de séjourner pendant quelques instans.

Rien de particulier ne distinguait cette pièce si mal éclairée par deux étroites lucarnes grillées. Dans le fond, un grand escalier de bois, conduisant à l'étage supérieur, était encombré de colliers et de harnais de chevaux; le manteau de la cheminée était décoré d'un christ noirci par la fumée, et d'une arquebuse à rouet autour de laquelle grimaçaient des images de saints. Une vaste table partageait la pièce en deux, et semblait à demeure au milieu de la salle, ainsi que des bancs vermoulus. C'était à peu près là tout ce que l'on pouvait distinguer de ce bouge, dont certaines parties étaient, comme nous l'avons dit, plongées dans une obscurité complète.

On peut se faire facilement une idée du redoublement de mauvaise humeur qui s'empara du baron de Croissi en se trouvant dans un taudis sans air et sans lumière. Les jurons recommencèrent de plus belle, et ils cessèrent seulement lorsqu'il crut devoir s'humecter le gosier avec le vin annoncé par le maître de poste. Fabien restait à côté de lui silencieux et rêveur; le coude appuyé sur la table, il se laissait aller à des réflexions profondes que le lieu ne devait certainement pas égayer.

Cependant les gentilshommes ne tardèrent pas à s'apercevoir qu'ils n'étaient pas seuls dans cette salle, et que s'ils avaient des secrets à échanger, ils feraient bien de parler bas. Dans un coin sombre, à l'extrémité de la pièce, quelque chose s'agitait par intervalles ; en même temps ils entendaient un bruit semblable à celui d'un gobelet qu'on vide et qu'on repose sur une table. Mais, soit que le baron Albert crût n'avoir rien à craindre d'un indiscret, soit qu'il attribuât ce bruit et ce mouvement au maître de poste qui allait et venait autour d'eux, soit enfin que dans sa préoccupation il n'eût pas soupçonné la présence d'un intrus, il dit en se débarrassant de son manteau :

— Or çà ! Fabien, il serait temps de nous entendre sur beaucoup de points, avant d'arriver à Paris..... Je voudrais savoir, par exemple, pour qui vous êtes, et à qui vous comptez dévouer votre cœur et votre bras... Que diable ! mon frère, il faut vous décider ! Rester neutre est dangereux dans le pays où nous allons.

— Et cependant, monsieur le baron, répondit le jeune de Croissi avec sa timidité ordinaire, j'eusse désiré, vous le savez, ne prendre d'engagement avec aucun parti avant de connaître...

— Celui de mademoiselle de Montglat, votre mie ? dit le baron avec un sourire moqueur ; à votre aise, mon frère, quoique peut-être les personnes qui entourent votre belle compagne d'enfance lui aient inculqué des principes différens des miens... Mais si je vous laisse libre de vos actes, Fabien, je ne dois pas souffrir que de gaieté de cœur vous vous exposiez à des insultes, peut-être à des dangers. Que vous n'embrassiez sérieusement ni la cause du coadjuteur, ni celle de monsieur le prince, ni celle de la cour, je le comprends ; mais il faut nécessairement qu'en entrant à Paris vous arboriez les couleurs et les insignes de l'une d'elles, sans cela il n'y aurait pas de sûreté pour vous.

En même temps le baron ouvrit un coffret qui faisait partie de ses bagages ; puis il étala devant son jeune frère des écharpes de diverses couleurs qu'un bon courtisan portait alors toujours avec lui, de la même manière qu'un navire suspect se munit des pavillons de toutes les nations, afin de s'en servir suivant les circonstances.

— Tenez, Fabien, reprit-il en lui désignant gaiement les divers objets que contenait le coffret, si vous voulez passer pour un partisan du parlement et de l'ancienne Fronde, prenez-moi cette petite fronde de soie, et mettez-la sur votre chapeau ; tout le monde vous prendra pour un ami intime du bonhomme Broussel et du coadjuteur. Mais si vous voulez m'en croire et suivre mon exemple, ceignez-vous la taille de cette belle écharpe isabelle, c'est la couleur de monsieur le prince de Condé et de tous les vrais Français. Si au contraire vous préférez passer pour partisan de Monsieur, choisissez cette écharpe bleue ; vous serez sûr d'être bien accueilli au palais du Luxembourg... Je ne vous propose pas, continua-t-il en faisant passer rapidement sous les yeux de son frère des écharpes rouges et jaunes, de vous chamarrer des couleurs du duc de Lorraine ; je vous crois d'une vertu trop farouche pour porter la livrée d'un homme que l'on suppose ennemi de la France et du roi, quoiqu'il y ait peut-être beaucoup à dire sur ce sujet... Je ne vous parle pas non plus, ajouta-t-il, du signe ignominieux que vous venez de voir au chapeau de ce stupide manant de maître de poste ; ces gens-là croient se faire nos égaux en imitant nos façons. Je vous proposerai cependant...

Le jeune de Croissi l'interrompit dans cette énumération, et demanda d'un air de simplicité :

— Parmi tous ces emblèmes, monsieur le baron, en est-il un qui désigne plus particulièrement le parti du roi et de l'autorité légale?

— Le roi! répéta Albert en riant, toutes ces factions se disent dévouées au roi, même celles qui vont faire la guerre à la reine régente, et qui violentent chaque jour sa volonté.

— Eh bien donc! monsieur le baron, quel est le signe de ralliement, la couleur de ce parti qui défend le roi contre ses sujets révoltés?

— Mais ce n'est pas un parti, dit le baron avec une colère trop calme pour être réelle; si on donne un nom à ces gens qui défendent le roi contre ses meilleurs et ses plus sûrs amis, c'est le nom exécré de *mazarins*...

— Je serai donc un mazarin, dit Fabien avec fermeté, car les autres factions me semblent formées en vue des intérêts de tel ou tel prince, de tel ou tel ambitieux, plutôt qu'en vue des intérêts du roi et de l'Etat.

Le baron se pencha pour étudier ses traits, malgré l'obscurité, comme s'il eût voulu s'assurer que son frère parlait sérieusement. Un sentiment assez semblable à de la joie se montra sur son visage, mais il s'empressa de le cacher.

— Est-ce bien mon frère que je viens d'entendre? reprit-il avec une colère feinte. Serait-il possible que je me fusse trompé si fort à son endroit, et que je fusse allé le chercher au château de Croissi pour le voir devenir à Paris un infâme mazarin? — Un bruit sourd et saccadé, semblable à un ricanement, s'éleva dans le coin sombre où l'on soupçonnait la présence d'un étranger. Le baron se tourna brusquement de ce côté, mais aussitôt tout redevint muet. — Ecoutez-moi, Fabien, poursuivit Albert avec une solennité affectée: j'excuse cette folle prétention de votre part, parce que vous n'en connaissez pas la portée. Vous pensez comme un naïf campagnard, n'ayant aucune idée des affaires du pays; j'aurai toute votre éducation à faire sur ce point. En attendant, vous me permettrez, je l'espère, d'user discrètement de cette autorité que je me réserve de près ou de loin sur votre personne. J'ai deux fois votre âge, et notre père en mourant m'a laissé le soin de le remplacer auprès de vous. De plus, une partie de ma vie s'est passée dans les affaires politiques, pendant que vous viviez en solitaire dans mon manoir, vous occupant de chasser ou de roucouler auprès de mademoiselle de Montglat, qui alors habitait le voisinage de mes terres: j'ai donc sur vous la triple autorité de l'âge, de la paternité et de l'expérience... Eh bien! mon frère, j'exige que, pour ma sûreté, pour la vôtre, pour l'exécution d'un projet que vous saurez plus tard, vous vous revêtiez de cette écharpe aux couleurs de monsieur le prince de Condé, comme vous allez me voir faire à moi-même...

En même temps, il jeta sur son épaule une large écharpe isabelle, et en offrit une pareille à son frère, qui ne se pressa pas d'obéir. Albert fronça le sourcil.

— Monsieur le baron, reprit Fabien avec fermeté, je vous prie de me pardonner ma hardiesse... Sans doute le sang de ma mère n'est pas aussi noble que celui de la vôtre, mais nous sommes fils du même père, et l'on m'a appris qu'un Croissi devait seulement obéir à sa conscience et à sa raison. Je ne suis pas un grand casuiste, et je n'ai pas, je l'avoue, une idée bien exacte des factions qui se disputent la France. Aussi quand vous êtes venu me chercher il y a quelques jours en Normandie, vous ai-je déclaré que je ne voulais embrasser aucun des partis existans avant d'avoir jugé par moi-même des divers motifs qui les font agir... Si même vous ai-je décidé à ce voyage, continua-t-il en rougissant, c'est que ma présence pouvait être utile, disiez-vous, à une personne chère; voilà, vous le savez, la seule raison qui ait pu m'arracher aux douceurs de la retraite... Je suis votre cadet, et, comme vous le rappelez, vous avez sur moi la supériorité de l'âge et de l'expérience; vous auriez pu ajouter celle de la fortune, car le modeste patrimoine que m'a laissé ma mère eût été insuffisant pour mes besoins, si vous ne m'aviez abandonné la jouissance d'une partie des biens de la famille, qui sont à vous par droit d'aînesse. Malgré tout cela, monsieur le baron, je n'accepterai pas même de vous une opinion que je croirais erronée ou une obligation qui me paraîtrait injuste...

Le baron écoutait son frère avec étonnement.

— Fabien, dit-il d'un ton cordial, je ne vous reproche pas mes bienfaits et je ne prétends pas vous imposer mes volontés; mais je n'ai jamais ouï dire qu'une écharpe d'une couleur plutôt que d'une autre pût souiller la conscience et engager l'opinion d'un homme de sens. Quant aux opinions elles-mêmes, nous ne sommes peut-être pas aussi loin de nous entendre que vous le pensez.

En parlant ainsi, son regard, son geste, son accent avaient quelque chose de persuasif et d'insinuant; Fabien ne sut pas résister.

— Je vous obéirai, mon frère, dit-il en souriant et en jetant à son tour l'écharpe sur son épaule; cependant il me paraît sage, quand on n'a comme moi ni affection ni estime pour les partis, de n'en embrasser aucun...

— A moins de les embrasser tous, comme monsieur le baron! dit une voix moqueuse partie d'un angle de la salle.

Les deux frères tressaillirent et se retournèrent vivement.

— Qui a parlé? dit Albert, quel est l'insolent qui prend part à notre conversation sans y être invité?

— Une personne qui vous connaît bien, reprit la voix, une personne qui pourrait vous dire, baron de Croissi, dans quel but vous êtes allé chercher votre jeune frère en Normandie, et ce que vous comptez faire de lui à Paris...

— Le baron pâlit; malgré son impétuosité ordinaire, il restait cloué à la même place. — Tudieu! continua la voix d'un ton railleur, le jeune homme a du feu, baron Albert, et vous ne l'amènerez pas aisément où vous voulez. Vous vous attendiez à trouver en lui une sorte de rustre imbécile qu'il vous serait facile de mater, et vous avez trouvé...

Enfin Albert parut recouvrer sa présence d'esprit; il s'écria d'un ton irrité, en s'élançant vers l'endroit d'où la voix semblait venir:

— Jour de Dieu! je saurai quel est l'insolent qui se joue ainsi de moi!

II

L'ESPION.

Le baron de Croissi, dans sa précipitation, se heurta contre un meuble que l'obscurité l'avait empêché d'apercevoir. Il chancela, et il fût tombé s'il ne se fût appuyé contre la muraille. Un nouveau ricanement accueillit sa mésaventure. Fabien, d'abord étourdi par cet incident inattendu, accourut pour soutenir son frère; quelqu'un passa près de lui avec la rapidité de l'éclair et disparut.

— Où es-tu, misérable espion? s'écriait le baron; tu vas payer cher ton audacieuse intervention dans mes affaires. Il écarta bruyamment les meubles qui obstruaient le passage, et se précipita dans la direction du mystérieux écouteur, mais ses bras ne saisirent que le vide.

— Par ici, par ici, mon frère! dit Fabien en désignant une porte basse située à l'autre bout de la salle; je viens d'entendre quelqu'un sortir de ce côté.

— Suivez-moi donc, Fabien, au nom de Dieu! reprit le baron avec une émotion singulière; je donnerais la moitié de ma vie pour connaître l'individu qui vient de prononcer de telles paroles. Il y va d'intérêts de la plus haute gravité. Les deux frères coururent à la porte basse que le plus jeune avait désignée; mais ils la trouvèrent solidement fermée. — Allons! dit le baron brièvement, il faut l'enfoncer... Notre espion s'est caché là ; je veux le connaître à tout prix.

— Mais, mon frère, demanda le jeune Croissi avec embarras, ne serait-il pas plus sage...

Sans l'écouter, Albert saisit un madrier qui se trouvait sous sa main, et se mit à frapper la porte à grand bruit, comme d'un bélier. Fabien ne tarda pas à l'imiter ; leurs coups répétés produisirent un épouvantable vacarme qui ébranlait toute la maison. Les ais commençaient à se disjoindre, lorsque le maître de poste se jeta furieux sur les deux gentilshommes, et les força d'interrompre leur besogne. Cette fois, il était accompagné de deux ou trois grands coquins de valets d'écurie qui rendaient son intervention respectable.

— Par tous les diables ! messieurs, s'écria-t-il avec colère, quel vertigo vous a donc pris de démolir ainsi mon logis, de briser mes meubles et de faire un tintamarre à réveiller les trépassés ? Êtes-vous donc ivres, et prenez-vous la poste royale pour un lieu de débauche ? Ventrebleu ! si les gentilshommes de monsieur le prince ne sont pas plus courtois et plus tempérans que vous...

— Trêve de verbiage, interrompit le baron en essuyant son front couvert de sueur, et ouvre-nous bien vite cette porte, si tu ne veux que je la brise tout à fait.

— Et de quel droit venez-vous enfoncer les portes de la poste royale ? repartit Pichard d'un air plus élevé encore.

— Écoute, reprit le baron : si nous avons commis des dégâts, nous les payerons grassement. Mais un inconnu se tenait là dans l'ombre ; il a surpris ma conversation avec ce gentilhomme, et m'a dit certaines choses que je veux absolument éclaircir...

— Quelqu'un était ici ! s'écria le maître de poste avec un ton d'étonnement parfaitement simulé si toutefois il n'était pas naturel ; ces messieurs se trompent... il n'y avait personne chez moi quand ils sont entrés.

— Oses-tu soutenir un pareil mensonge, dit Albert, et nous prends-tu pour des visionnaires ? J'affirme que nous avons vu ce personnage, bien qu'il nous ait été impossible de distinguer son costume et ses traits ; il nous a parlé de nos propres affaires, de manière à me donner un ardent désir de le connaître mieux.

— En ce cas-là, répliqua Pichard d'un air distrait, comme s'il eût cherché à gagner du temps, ce ne peut être qu'un de mes valets... Ils s'amusent parfois à me boire un pot ou deux, que je retiens sur leurs gages.

— Non, non, reprit le baron avec impatience ; je parierais ma tête que celui qui a parlé n'a pas passé sa vie dans une écurie de village... Mais, puisque tu ne veux pas répondre, maraud, je saurai bien à quoi m'en tenir sur tout ceci, dussé-je démolir ta bicoque pierre à pierre !

Il allait attaquer de nouveau la porte, quand le galop d'un cheval qui s'éloignait se fit entendre à l'extérieur. En reconnaissant ce bruit, qu'il attendait peut-être depuis quelques instans, Pichard sembla se raviser. Il dit d'un ton moitié sérieux, moitié railleur :

— Attendez donc, monsieur, je crois me souvenir... Oui... ce doit être cela ! Le personnage dont vous parlez n'était-il pas vêtu en moine de Saint-François ? N'avait-il pas son capuce relevé, un bissac sur l'épaule, un bâton à la main ?

— En effet, dit Fabien, qui avait vu le personnage en question plus distinctement que son frère, il m'a semblé que cet individu portait une robe de moine...

— J'y suis ! s'écria le maître de poste du même ton qu'auparavant, c'est frère Thomas, sans doute.

— Et qu'est-ce que frère Thomas ? demanda le baron.

— Un pauvre moine quêteur qui vient de temps en temps me demander un verre de vin en faisant sa tournée... Je le croyais parti lorsque vous êtes entrés ici. La première fois que ce maudit frocard se présentera chez moi, je lui apprendrai à se mêler des affaires des gentilshommes voyageurs !

Le baron réfléchissait profondément.

— Un moine mendiant ! Ce sont tous des espions, murmura-t-il, et sans doute celui-ci... Encore une fois, continua-t-il d'un ton impérieux, je vous ordonne de m'ouvrir cette porte, ou sinon...

— D'abord, êtes-vous sûr qu'elle soit fermée ? dit le maître de poste d'un air goguenard ; il ne s'agit que de savoir s'y prendre... et, tenez...

Il posa la main sur un loquet, et la porte céda facilement. Elle donnait dans l'écurie de la poste, où cinq ou six chevaux mangeaient tranquillement au râtelier.

— Il s'est échappé ! s'écria le baron avec rage ; et moi qui n'avais pas réfléchi qu'il pouvait y avoir une autre issue de ce côté.

— Vous le voyez, reprit Pichard, il m'est rentré des chevaux pendant que vous faisiez ce beau tapage. Dans quelques instans les pauvres bêtes auront mangé leur avoine, et, quand elles soient fatiguées, vous pourrez partir, si bon vous semble.

Mais le baron n'écoutait pas ; il éprouvait toujours une poignante inquiétude.

— Mon frère, dit-il brusquement à Fabien, aidez-moi dans mes recherches... Peut-être découvrirons-nous quelque chose qui nous mettra sur la voie de cet impénétrable mystère.

Alors ils parcoururent l'écurie dans tous les sens, pour y chercher les traces du fugitif. Le maître de poste les regardait faire avec la plus parfaite indifférence, et semblait s'occuper uniquement du soin de panser les chevaux fatigués. Le baron scrutait avec une attention minutieuse les plus petits recoins ; plus d'une fois il sonda avec son épée les provisions de fourrage derrière lesquelles on aurait pu se cacher. Tout à coup il laissa échapper une exclamation d'étonnement, et souleva de la pointe de sa rapière une robe de moine qu'il venait de découvrir sous un amas de housses et de harnais :

— Qu'est ceci, maître hôtelier ? dit-il ; prétendrez-vous encore que c'est un vrai moine quêteur qui vous a laissé sa défroque ? Sur ma foi de gentilhomme ! vous êtes un grand coquin, et vous avez trempé dans cette affaire où l'on s'est joué de moi ; aussi je jure bien que je ne sortirai pas d'ici sans avoir approfondi cette intrigue.

Pendant qu'il parlait, Pichard tournait et retournait le froc d'un air de malice.

— Oui, c'est bien la robe de ce cafard de frère Thomas, reprit-il enfin ; sur mon salut dans l'autre vie ! voilà la première fois qu'un moine quêteur laisse quelque chose chez moi au lieu de prendre ; car, vous savez, ces bons fripons ont la main prompte et la conscience aussi large que leur bissac. Enfin, monsieur le voyageur, continuat-il en ricanant, que voulez-vous que je dise ? le drôle a eu peur de vous, sans doute. Vous pouvez emporter ce froc en témoignage de votre victoire ; qui sait si vous n'en avez pas remporté de moins belles ?

Ces paroles étaient prononcées avec une intention si évidente de raillerie, que les traits du baron prirent tout à coup une expression terrible ; ses yeux lancèrent des éclairs. Mais avant qu'il eût fait un mouvement pour châtier le mauvais plaisant, Fabien saisit Pichard au collet et le jeta violemment à terre.

— Misérable ! est-ce ainsi que tu parles au baron de Croissi ? s'écria-t-il avec indignation ; vil manant, je t'apprendrai le respect envers les gentilshommes !

Pichard, quoique fort et robuste, avait été renversé comme un enfant. Mais revenu de l'étourdissement causé par cette brusque attaque, il se débattit sous la main vigoureuse qui le tenait cloué contre terre.

— A moi, Jean-Louis ! à moi, Guillaume ! à moi, tous ! s'écria-t-il en appelant ses garçons qui étaient à l'autre extrémité de l'écurie ; cet endiablé va m'étrangler !

Les valets, en effet, s'avancèrent rapidement pour délivrer leur maître ; mais le jeune Croissi leva le poing sur la tête de son ennemi, pendant que de l'autre main il le tenait immobile.

— Si l'un de ces drôles me touche, je te brise le crâne ! cria-t-il d'une voix de tonnerre.

Nonobstant cette menace, les garçons d'écurie allaient obéir à Pichard, quand le baron, voyant d'un coup d'œil les conséquences d'une collision et le tort qu'elle pouvait faire à ses projets particuliers, saisit le bras de son frère pour l'obliger à lâcher le vaincu :

— Allons! allons, la paix... tous! dit-il avec autorité en brandissant son épée, dont les reflets métalliques arrêtèrent aussitôt les prudens alliés du maître de poste; et vous, Fabien, relevez-vous, cet insolent ne mérite pas l'honneur d'être châtié par la main d'un gentilhomme... Lâchez-le, vous dis-je; je vous l'ordonne.

Fabien consentit enfin à laisser aller Pichard, qui se remit sur ses pieds en jurant comme un possédé. Le baron serra la main de son frère avec une apparente cordialité.

— Merci, Fabien, merci, murmura-t-il, je n'oublierai jamais avec quelle chaleur vous prenez ma défense, et comment vous savez faire respecter le nom que nous portons tous les deux... Mais laissez-moi parler à ce coquin; nous n'en obtiendrions rien par la force.

— Comme vous voudrez, monsieur le baron, répondit Fabien avec déférence.

En même temps, il alla s'appuyer contre la porte d'un air tranquille, sans que les garçons d'écurie, qui criaient bien haut pour montrer du zèle, osassent s'attaquer directement à lui et s'avancer à sa portée. Pichard seul l'accablait d'injures que le jeune homme supportait avec un courage stoïque.

Enfin le baron parvint à calmer un peu le maître de poste; l'entraînant à l'écart, il lui dit, avec ce ton doux et insinuant qu'il savait prendre dans l'occasion :

— Écoutez-moi, mon ami, et causons sans nous fâcher... Je suis le baron de Croissi, et je suis connu de monsieur le prince de Condé; si, de votre côté, vous êtes véritablement un fidèle serviteur de Son Altesse, vous ne devez rien me cacher de ce qui touche la noble cause que nous défendons l'un et l'autre. Or, il importe beaucoup, pour la réussite d'une mission dont m'a chargé monsieur le prince, que je connaisse l'homme qui m'a joué tout à l'heure ce vilain tour, en quoi vous me sembliez l'avoir aidé de tout votre pouvoir... Si vous refusez de me dire la vérité ou si vous cherchez à me tromper, je vous retrouverai plus tard, et la perte de votre maîtrise sera le moindre châtiment que je pourrai retirer de vous...

Pichard continuait de se frotter les épaules en menaçant Fabien du regard.

— Que voulez-vous que je vous apprenne? répondit-il avec amertume, je ne sais rien.

— Tu auras cinq pistoles... Est-ce un vrai moine?

— Non, dit Pichard en détournant la tête, c'était un cavalier.

— Dix pistoles... Mais dis-moi son nom.

— Je ne le connais pas.

— Tu mens! Allons, quinze pistoles.

Mais le maître de poste était réellement de bonne foi pour le moment.

— Vous feriez tinter à mes oreilles tous les écus de France et de Navarre, dit-il avec fermeté, que je ne pourrais vous dire ce que je ne sais pas. Il est arrivé ici peu de momens avant vous, et je ne croyais pas qu'il fût autre chose qu'un moine mendiant. Il m'a dit qu'il devait attendre quelqu'un ici, et, selon toute apparence, c'était de vous qu'il voulait parler... Il a demandé du vin qu'il a payé d'avance, et je ne songeais plus à lui. Ne l'apercevant pas dans la salle, je le croyais parti depuis longtemps, lorsque tout à l'heure je l'ai vu entrer précipitamment dans l'écurie. Les chevaux arrivaient en ce moment. Il s'est approché de moi; il m'a dit qu'il était gentilhomme, que vous étiez ses ennemis, que, l'ayant reconnu malgré son déguisement, vous vouliez le tuer; enfin il m'a demandé un cheval afin de partir sur-le-champ. Je ne savais à quoi me résoudre, quand, écartant sa robe de moine, il m'a montré par-dessous un riche costume de cavalier; puis il a pris dans son escarcelle une poignée d'or qu'il m'a donnée...

— Je comprends, dit le baron en le regardant fixement, et tu as obéi?

— C'est au moment où l'on préparait son cheval que vous avez attaqué la porte avec grand bruit. Alors il m'a commandé de vous amuser jusqu'à ce qu'il fût en selle.

— Et je sais comment tu t'y es pris, dit le baron en souriant avec amertume; j'aurais dû me douter du piège. Ah çà! m'as-tu bien tout dit, ne me caches-tu rien? Si tu mentais...

Le maître de poste parut éprouver tout à coup un scrupule; tantôt il baissait les yeux avec irrésolution, tantôt il jetait des regards irrités du côté de Fabien, qui conservait la même attitude tranquille et nonchalante près de la porte. Le baron n'eut pas de peine à deviner que son interlocuteur avait réservé la partie la plus importante de ses révélations pour la fin.

— Il y a quelque chose encore, reprit-il; voyons... vingt pistoles! c'est tout ce dont je puis disposer maintenant.

— Dieu m'est témoin, répliqua l'hôtelier en désignant par un geste de haine le jeune de Croissi, que si ce vilain brutal ne m'avait ainsi battu et renversé devant mes garçons, qui vont faire des gorges chaudes de ma mésaventure, je me serais acquitté de la commission dont on m'avait chargé pour lui.

— On t'a chargé d'une commission pour mon frère? reprit Albert d'une voix tremblante d'émotion; parle vite, répète-moi ce qu'on t'a dit; tiens, tiens, ajouta-t-il en fouillant dans sa poche et en présentant une poignée d'or à Pichard, voici autant que t'a donné cet inconnu, mais dis-moi vite de quelle commission on t'avait chargé pour ce jeune homme?

— Ah! si ce grossier campagnard en avait usé plus poliment avec moi! dit le maître de poste en cherchant évidemment à rassurer sa conscience et en empochant toutefois le prix de ses indiscrétions; mais il sera puni de sa brutalité, et coup de diable l'emporte s'il le veut...!

— Je ne l'ai pas encouragé à l'attaquer, dit le baron modérant son impatience avec habileté; au contraire, je l'ai empêché de redoubler ses coups, et sans moi...

— C'est vrai! c'est vrai! reprit Pichard tout à fait décidé; aussi je ne vous cacherai rien. Donc, au moment où j'allais quitter le prétendu moine pour venir vous joindre, il m'a chargé de dire en secret à ce butor, à ce malotru, à ce mazarin fieffé...

— De lui dire...?

— De se défier de vous, que vous vouliez l'entraîner dans une affaire périlleuse où il perdrait peut-être la liberté et la vie, tandis que vous en auriez les bénéfices.

La figure maigre et raide du baron était décomposée.

— Est-ce tout? demanda-t-il avec un accent convulsif.

— C'est tout, et je vous assure que si ce jeune page n'avait pas le poignet si dur...

— Et l'inconnu ne t'a pas appris qui il était, afin que son nom pût donner quelque crédit à cet avertissement... à cette calomnie?

— Quant à son nom, c'est très sérieusement que je l'ignore. Mais il m'a chargé de répondre, si le campagnard demandait de quelle part lui venait cet avis, qu'il était d'un ami de mademoiselle... mademoiselle...

— De Montglat? dit le baron à voix basse.

— De Montglat... c'est cela; et maintenant ne me questionnez plus, car je jure par Dieu, la Vierge et les saints du paradis que je n'en sais pas davantage!

Albert demeura pensif pendant quelques minutes.

— Un ami de mademoiselle de Montglat! répéta-t-il en lui-même. Je m'y perds... Mais je rejoindrai cet homme qui a pensé compromettre mes projets. De qui le tient-il? Qui nous a trahis? Allons, il faut de la prudence, ou tout manquera! — Puis, sortant de ses réflexions, il dit au maître de poste : — C'est fort bien, mon hôte; je suis satisfait des explications que vous m'avez données... Maintenant les chevaux doivent avoir pris leur provende, et nous désirons partir sur-le-champ. Vite, vos deux meilleurs bidets : on nous attend à Paris.

Pichard s'empressa d'indiquer à ses garçons les chevaux qu'il destinait aux voyageurs, et lui-même se disposait à les aider dans leurs préparatifs de départ, quand Fabien l'arrêta par un geste, et dit à son frère :

— Cet homme vous a donc fait des excuses, monsieur le baron, sur sa gaieté intempestive ? vous lui avez donc pardonné son insolente familiarité ?

— Oui, oui, mon cher Fabien, répondit Croissi, qui cherchait à couper court aux explications; comme vous dites, il m'a fait des excuses, enfin c'est une affaire finie.

— En ce cas, reprit le jeune homme avec dignité, je dois à mon tour le prier d'oublier mon emportement de tout à l'heure... J'ai eu tort de le traiter si mal pour une méchante plaisanterie qui méritait tout au plus une réprimande; mon affection et mon respect pour vous m'ont entraîné trop loin.

Le maître de poste regardait le jeune homme d'un air étonné; le baron se mordit les lèvres.

— Eh quoi! mon frère, dit-il avec un accent de reproche, parler ainsi à un... maître de poste, vous un gentilhomme !

— Albert, reprit Fabien, je ne sais comment à la cour on comprend les devoirs de gentilhomme; quant à moi, je ne crois jamais déroger en reconnaissant un tort, même envers un roturier, si modeste que soit sa condition... Maintenant donc que je suis tout à fait calme, j'avoue que je n'aurais pas dû frapper ce pauvre homme pour une bagatelle, et je me plais à lui présenter ma main en témoignage du regret que j'en ai.

En même temps il tendit sa main à Pichard avec simplicité. Le maître de poste hésita d'abord, puis il s'écria d'une voix émue :

— Vous êtes un brave jeune homme, et moi je suis un gueux, un scélérat, je suis indigne de...

— Assez, assez, interrompit le baron avec empressement ; ventrebleu! voilà une belle scène ! c'est touchant comme une tragédie du défunt cardinal !

Le jeune Croissi retira sa main et rougit de paraître ridicule à son frère. Quant à Pichard, il s'inclina sous le regard menaçant du baron, qui semblait lui reprocher ses remords.

En quelques minutes les chevaux furent sellés, chargés des valises des voyageurs et amenés devant la maison. Pendant les allées et les venues que nécessitèrent ces préparatifs, Pichard, touché d'un véritable repentir, tenta plusieurs fois de se rapprocher de Fabien et de lui adresser quelques mots à voix basse, mais chaque fois il rencontra le baron entre Fabien et lui.

Les deux gentilshommes montèrent à cheval, sans que le maître de poste eût trouvé l'occasion qu'il cherchait. Plus le moment du départ était proche, plus il regrettait l'aveu qu'il avait fait à Albert de Croissi. Enfin il crut avoir trouvé le moyen de dire à Fabien ce qu'il avait sur le cœur ; un troisième cheval avait été préparé pour le postillon qui devait accompagner les voyageurs jusqu'au relais suivant; il se mit en selle afin de servir lui-même de guide. Mais le baron l'avait aperçu.

— Descendez, dit-il avec autorité; un de vos valets nous accompagnera.

— Mais...

— Descendez ! répéta Croissi d'une voix tonnante.

Pichard n'osa pas résister, et céda la place à l'un des postillons.

— Allons! adieu, mon beau confident, dit le baron d'un ton railleur, au moment de partir, que Dieu vous envoie souvent des frères Thomas qui vous laissent le produit de leur quête!

— Adieu, mon brave, et sans rancune ! dit Fabien de Croissi en s'inclinant avec grâce.

Les fouets retentirent, et les trois chevaux partirent au galop.

Le maître de poste resta sur le seuil de sa porte et les suivit longtemps du regard. Quand ils eurent disparu à l'angle de la route, une grosse larme roula sur sa joue, et il s'écria dans un transport de rage et de douleur :

— Que l'enfer m'engloutisse ! je suis peut-être cause qu'il arrivera malheur à ce noble et courageux jeune homme.

III

LE MANOIR DE CROISSI.

Avant de continuer le récit de cette histoire, il est nécessaire que nous donnions quelques détails sur les deux personnages que nous avons introduits peut-être un peu brusquement sur la scène.

La famille de Croissi, à laquelle ils appartenaient, était une de ces vieilles maisons normandes dont l'origine remontait au temps de la conquête de la Neustrie. Leur père, le baron Gervais-Philibert de Croissi, avait été l'un des seigneurs qui restèrent fidèles à Henri IV dans les époques les plus critiques, et, quoique fervent catholique, n'avait pas hésité à se vouer corps et âme au service du roi légitime. Après la pacification de la France et l'entrée triomphale d'Henri dans sa capitale, le loyal seigneur, trop fier pour assiéger les antichambres du Louvre et se mêler à la foule acharnée des solliciteurs, s'était retiré dans son donjon à demi ruiné des environs de Chartres. Là il vécut obscur et oublié, en guerre avec ses sangliers, en paix avec ses voisins, murmurant quelquefois contre la cour et les courtisans, mais parlant toujours avec respect de son roi, à qui il se flattait modestement d'avoir rendu le trône de ses pères.

Au commencement du dix-septième siècle, le baron Gervais-Philibert, alors dans la force de l'âge, s'ennuya de la solitude de son vieux manoir ; il épousa une noble demoiselle, dont la dot ne fut pas inutile pour payer les dettes contractées pendant la guerre et pour réparer son château qui en avait grand besoin. De ce mariage naquit Albert de Croissi, et cet événement combla d'orgueil et de joie le bon gentilhomme, qui avait craint plus d'une fois que son nom ne s'éteignît avec lui. Mais la naissance d'un fils, si l'on en croyait la tradition du voisinage, fut la seule satisfaction que le baron trouva dans cette union ; le bruit courait que le brave soldat d'Henri IV n'avait pas su dompter le caractère impérieux de sa femme, et qu'il avait beaucoup à souffrir de ses hauteurs. Quoi qu'il en fût, la baronne mourut peu après la naissance d'Albert, et nul ne put dire si sa mort fut ou non un sujet de chagrin pour son bonhomme de mari.

Vingt années environ se passèrent encore, pendant lesquelles il continua de mener la vie de gentilhomme campagnard dans son manoir silencieux, laissant l'éducation de son fils aux soins d'un vieil abbé, fort savant, quoiqu'on l'eût soupçonné de protestantisme. Nous voudrions pouvoir dire que l'héritier de Croissi avait profité des leçons de son précepteur ; par malheur il n'en fut rien.

Albert n'avait pas, plus que son père, le goût de l'étude ; mais aussi il n'avait pas cette franchise, cette loyauté, qui caractérisaient l'ancien soldat du Béarnais ; il tenait de sa mère un caractère indomptable, irascible, qui s'alliait d'une manière étrange à des instincts de ruse et d'égoïsme.

A dix-huit ans cependant un changement notable s'opéra dans la personne d'Albert. Il sembla sentir le besoin de dissimuler les penchans funestes qui inspiraient à tous ceux qui l'approchaient un véritable sentiment de répulsion. Il devint tout à coup grave, posé, raisonnable ; il cacha sous une apparence de soumission aux volontés paternelles l'orgueil et l'ambition qui le dévoraient. Le baron était dans le ravissement; il regardait son fils comme le modèle accompli des jeunes gentilshommes du pays. Cependant le jour vint où cette admiration dut s'éteindre. A peine Albert eut-il atteint sa majorité, qu'il exigea le compte rigoureux des biens qui lui revenaient du côté maternel, et quitta Croissi pour aller vivre à Paris, auprès de quelques parens de sa mère dont le crédit lui promettait un avancement rapide à la cour.

Le baron se trouva donc seul encore une fois dans son triste château; il put réfléchir tout à l'aise à l'ingratitude de ce fils qui avait ainsi trahi ses espérances. Il avait alors environ soixante ans; c'est l'âge où l'isolement se fait le plus cruellement sentir. Albert lui donnait rarement de ses nouvelles et ne revenait pas à Croissi. Cette indifférence excita le ressentiment du vieillard, qui eut le tort de se marier pour la seconde fois. Il épousa une jeune femme charmante, vertueuse, bonne, mais pauvre et d'une noblesse douteuse, car elle était fille d'un ancien procureur qui avait acheté au parlement de Rouen une de ces charges que l'on appelait alors *savonnettes à vilain*.

L'orgueilleux Albert jeta les hauts cris et refusa de participer à ce qu'il appelait la mésalliance de son père. Mais le vieux Croissi était de ces hommes faibles qui, incapables de résister en face, sont opiniâtres et inflexibles à distance. Le mariage eut lieu, bien qu'Albert n'y assistât pas et que la noblesse du voisinage en fît des gorges chaudes. Deux ans après, naquit Fabien de Croissi, ce qui ne contribua pas à diminuer les caquets, dans le pays chartrain, sur le chapitre du bon gentilhomme.

Le baron se trouva donc entouré d'une nouvelle famille. Les soins empressés de sa jeune femme, la présence de cet enfant gracieux qui venait embellir ses derniers jours, eussent dû lui faire oublier le fils ingrat qui le reniait. Cependant, par une de ces bizarreries si communes dans le cœur humain, ce qui eut dû effacer de sa mémoire le souvenir d'Albert fut ce qui l'y grava plus profondément. Malgré ses efforts, il ne pouvait considérer sa femme que comme une étrangère élevée jusqu'à lui dans un moment de caprice, et dont les vertus roturières contrastaient avec les défauts aristocratiques de la première baronne de Croissi. Quant à cet enfant, il n'était pour lui qu'une espèce d'intrus incapable de soutenir l'éclat de la famille, et ses idées se portaient naturellement vers le véritable rejeton de la vieille souche, celui qui seul pouvait continuer le tronc de l'arbre généalogique. Aussi devint-il sombre, mélancolique, et ses chagrins, peut-être ses regrets, le conduisirent au tombeau.

A son lit de mort il réclama la présence de son fils aîné avec tant d'instances, on fit valoir auprès d'Albert des considérations si puissantes, que forcé fut au courtisan de quitter un instant Paris, où il suivait le cours de ses projets ambitieux, pour venir recevoir la bénédiction paternelle. Son arrivée au manoir adoucit les derniers instans du baron, qui avait besoin de cette réconciliation si longtemps attendue pour mourir en paix. D'ailleurs Albert ne s'était pas montré aussi dur qu'on l'avait craint envers cette belle-mère et ce jeune frère qu'il ne connaissait pas; le mourant les lui recommanda tous les deux chaleureusement, et il expira, confiant dans la promesse que lui fit Albert de veiller sur eux.

La baronne de Croissi et Fabien, alors âgé de quatorze ans, se trouvèrent donc à merci d'un homme impérieux, qui considérait leur existence comme une atteinte portée à l'honneur de sa maison. Aussi, à la mort du vieillard, voulurent-ils échapper à la tyrannie qu'allait immanquablement faire peser sur eux le nouveau seigneur de Croissi; mais ils s'étaient trompés sur les intentions du mystérieux Albert. A leur grand étonnement, il annonça gracieusement qu'il désirait que rien ne fût changé dans le manoir, que sa belle-mère et son frère continuassent à tenir le même état qu'auparavant. Quant à lui, il allait retourner à Paris, en leur laissant l'administration de ses biens, dont toutefois on lui rendrait chaque année un compte fidèle. « Il était convaincu, ajouta-t-il galamment, que son fief ne pouvait que prospérer entre les mains d'une dame que son père avait jugée digne d'être sa compagne. »

Cette générosité, à laquelle la baronne et son fils étaient loin de s'attendre, excita vivement leur reconnaissance. L'un et l'autre avaient été habitués à ne parler d'Albert qu'avec un profond respect; cette conduite noble était bien de nature à redoubler la vénération qu'on leur avait inspirée pour lui. D'ailleurs la baronne était pauvre; en quittant le château, le seul parti qui lui restât à prendre était d'entrer au couvent. D'autre part, Fabien, comme cadet, n'avait aucune espèce de droit sur l'héritage de son père. La loi qui dépouillait entièrement les cadets au profit des aînés était plus sévère en Normandie qu'en aucune autre province, d'où l'on appelait *cadets de Normandie* les pauvres hères qui n'avaient ni sou ni maille. Force donc fut à la mère et au fils d'accepter la proposition du baron Albert de Croissi, lors même que la volonté du nouveau chef de famille ne leur en eût pas fait une obligation sacrée.

Pour dire la vérité, cette conduite d'Albert avait d'autres motifs qu'une subite bienveillance pour la veuve et le fils du défunt seigneur. En arrivant dans ses domaines, autrefois fort délabrés, il les avait retrouvés dans un état de prospérité tout à fait satisfaisant. Son père ne lui avait pas caché que c'était à la gestion sage et prudente de sa seconde femme qu'on devait cet état florissant et l'accroissement notable de revenus qui en résultait. Or Albert, qui ne pouvait habiter lui-même ses domaines, n'était pas fâché de les savoir administrés par une personne habile, probe, dont les peines seraient gratuites. Ainsi donc, sa générosité s'expliquait naturellement. D'ailleurs, il n'eût pas osé affronter l'opinion de la noblesse en chassant inhumainement sa belle-mère et son frère du toit paternel. Une pareille cruauté l'eût rendu odieux, et Albert était de ces hypocrites qui comptent arriver aux honneurs par la bonne renommée, la tenue et un détachement apparent des avantages matériels. Il affectait, disait-on, une vertu farouche contrastant avec les mœurs relâchées qui régnaient alors à Paris. Il se montrait sobre, rangé, économe, pour faire croire qu'il n'avait pas besoin de monter sa fortune. Il ne craignait pas de laisser voir son orgueil aristocratique, afin qu'on ne pût lui supposer le désir de donner un plus vif éclat au nom dont il était si fier. Cette espèce d'ambitieux, qui allait devenir commune sous Louis XIV, était née sous le ministère du cardinal de Richelieu.

Madame de Croissi et Fabien restèrent donc en Normandie, et le baron revint à la cour. Le tranquille château de Croissi, un moment agité par la mort du vieux seigneur et par la présence d'Albert, reprit son aspect accoutumé; la baronne continua d'administrer avec la même sagesse qu'auparavant les domaines de son beau-fils, et Fabien, malgré sa jeunesse, l'aidait de son mieux dans cette tâche.

Le second fils du baron fut élevé dans une sorte de culte pour son frère aîné; dès qu'il fut à l'âge de raison, il prit l'habitude de le regarder comme une véritable providence, arbitre futur de sa destinée. La distance donnait à ce frère courtisan les proportions les plus imposantes; aussi, quoique Fabien fût par caractère fier et audacieux, son orgueil ne s'éleva-t-il jamais contre l'espèce de dépendance où il se trouvait vis-à-vis d'Albert. Lorsque sa mère mourut, ce qui arriva deux ans environ après la mort du vieux baron, il ne se refusa pas de se charger seul de l'administration des domaines de Croissi, sans s'apercevoir qu'il se trouvait ainsi l'intendant et le premier domestique de son frère aîné.

Livré à lui-même, privé d'une tendre mère qu'il avait tant aimée, Fabien avait mené une existence triste et monotone dans le château paternel. Heureusement pour lui, il n'avait aucune ambition. Il éprouvait nul besoin de suivre l'exemple de ces gentilshommes campagnards qui allaient courir les aventures loin de leur pays, exposant leur vie dans des querelles de Paris, lorsqu'ils ne pouyaient exposer autre chose. Il s'ignorait lui-même ; il ne songeait pas qu'il lui fût possible de s'élever au-dessus de la position modeste où le hasard l'avait jeté.

Un événement vint encore augmenter son amour de la solitude et lui donner pour le monde une véritable aversion.

A quelque distance de Croissi s'élevait un vieux château, fort maltraité pendant les guerres de religion, et qui était resté longtemps inhabité. Il appartenait à une famille noble qui avait quitté la Normandie, et dont tous les membres avaient suivi des fortunes diverses, si bien que son nom s'était presque effacé de la mémoire des gens du pays. Or, en 1648, quelques années avant l'époque où commence cette histoire, ce nom avait été prononcé tout à coup de nouveau ; on avait réparé une aile du vieux manoir, et, sitôt qu'elle avait été habitable, une vieille dame presque octogénaire et une jeune fille d'environ quinze ans, sa pupille, étaient venues se confiner dans cette masure. La vieille dame avait connu de beaux jours à la cour d'Henri IV ; mais elle devait être bien déchue de son ancienne splendeur pour se retirer dans ce triste château. Sa jeune compagne était la petite-fille, l'unique rejeton de l'ancienne souche des comtes de Montglat, dont toutes deux elles portaient le nom.

Fabien ne fit pas d'abord grande attention à ses nouvelles voisines ; il laissa passer plusieurs mois avant de rendre visite aux deux dames, qui du reste vivaient fort retirées. Un jour, cependant, que le hasard ou un caprice de son cheval l'avait dirigé du côté de Montglat, il résolut de pousser jusqu'au manoir, et, par un sentiment de courtoisie naturel à certains gentilshommes de cette époque, d'aller offrir ses services aux deux nobles solitaires. Qui sait ce qui frappa le plus vivement le jeune Croissi, de l'amabilité, de l'esprit, des connaissances profondes de l'aïeule, ou de la grâce, de la beauté, de la douceur de la jeune demoiselle ? Toujours est-il que Fabien, trouvant un charme infini dans la société de ses voisines, revint souvent chez elles. Tout d'abord la vieille dame l'avait mis dans la confidence de leurs projets ; elles étaient pauvres, la terre de Montglat formait toute leur fortune, elles désiraient l'améliorer, et, pour cela, elles croyaient ne pouvoir prendre les conseils de personne plus capable que Fabien de les éclairer sur les améliorations possibles. De son côté, le jeune agriculteur ne pouvait refuser ses avis à deux personnes aussi intéressantes, l'une par son extrême jeunesse, l'autre par son extrême vieillesse, toutes les deux par leurs malheurs. Il renouvela donc ses visites, il prit en main la direction des propriétés ; bientôt il ne quitta presque plus l'habitation des dames de Montglat.

On devine sans peine ce qu'il advint de cette intimité ; Fabien aima mademoiselle Elisabeth de Montglat et fut aimé d'elle. Ce fut un amour doux, modeste, innocent, qui grandit sous les yeux de l'excellente aïeule, sans lui donner de l'ombrage. Fabien trouva dans la fréquentation de ces deux femmes du monde élégant cette délicatesse d'idées, cette urbanité de mœurs qu'il lui avait manqué jusque-là. Il crut longtemps que ses assiduités à Montglat avaient pour cause unique le plaisir toujours nouveau qu'il trouvait dans la conversation des châtelaines. Aucun aveu n'avait été échangé, aucun projet n'avait été mis en avant, et cependant ces trois âmes s'entendaient à merveille. Fabien était pauvre, il est vrai, mais les modestes propriétés qui devaient revenir à mademoiselle de Montglat après la mort de son aïeule ne pouvaient établir entre eux une grande disproportion de fortune. Il n'y avait donc à leur union aucun obstacle sérieux, et dans leur jeune imagination ils entrevoyaient le plus riant avenir, lorsqu'un coup de foudre vint briser tout à coup ces espérances.

Madame de Montglat avait conservé des relations suivies avec quelques dames influentes de la cour ; inquiète pour l'avenir d'Elisabeth, elle avait sollicité plusieurs fois ses anciennes amies de s'intéresser à la jeune orpheline. Pendant longtemps on ne répondit pas à ses instances, et la bonne vieille remarquait avec chagrin l'affaissement graduel de sa santé, lorsqu'elle reçut enfin une réponse de la duchesse de Chevreuse, qu'elle avait intéressée plus particulièrement à sa petite-fille. Cette lettre annonçait que la duchesse avait obtenu pour Elisabeth de Montglat une place de dame d'honneur auprès de la reine.

Que faire en pareille circonstance ? Fallait-il, dans le vague espoir de marier plus tard sa pupille à un cadet qui n'avait rien et qui dépendait absolument d'un frère avare, renoncer aux brillans avantages offerts à Elisabeth ? Celle-ci partit donc pour Paris avec son aïeule, et nous laissons à penser quelles promesses, quels sermens furent échangés entre les jeunes gens avant la séparation, car cette catastrophe avait enfin forcé le timide Fabien à se déclarer.

Dans les premiers temps de l'arrivée des deux dames à la cour, il reçut souvent de leurs nouvelles ; un mot glissé furtivement dans les lettres de son aïeule par Elisabeth entretenait les illusions du jeune campagnard ; mais bientôt les lettres devinrent rares, et lorsque la dame de Montglat mourut, elles cessèrent tout à fait. Peut-être la jeune fille, par un sentiment de convenances, ne voulut-elle pas continuer ce commerce que l'approbation d'une mère ne sanctionnait plus ; peut-être dans le monde brillant où elle vivait, trouvait-elle des distractions qui avaient chassé de son cœur le pauvre Fabien. Ce fut à cette pensée qu'il s'arrêta lui-même lorsque ses dernières missives, toutes remplies de ses plaintes et de ses reproches, restèrent sans réponse. D'abord il se lamenta, il maudit l'ingrate qui oubliait si vite des promesses solennelles ; puis sa douleur prit des allures plus calmes et devint un sentiment profond, concentré, qui se trahissait seulement par une continuelle mélancolie.

Deux ans encore se passèrent ainsi. Fabien, froissé dans ses plus chères affections, était tombé dans une sorte d'atonie qui le rendait plus que jamais insensible à l'ambition. Il ne désirait plus que de vivre et de mourir inconnu, puisque la femme pour laquelle il aurait pu désirer la grandeur et l'opulence ne songeait plus à lui. Telles étaient donc ses dispositions d'esprit, quand Albert arriva tout à coup au château.

Cette apparition inattendue, au moment où l'État était bouleversé par des intrigues auxquelles le baron prenait une part active, le surprit singulièrement ; son étonnement s'accrut encore lorsqu'il remarqua le changement opéré dans les manières de l'orgueilleux Albert de Croissi. Jusque-là son frère aîné lui avait paru froid et sec, même dans ses bienfaits ; maintenant il le trouvait affable, simple, presque affectueux. Autrefois Albert ne s'était montré que son seigneur, maintenant il se montrait son égal et son ami. Le soir même de son arrivée, ils eurent ensemble une longue conversation.

— Mon frère, dit le baron en donnant à Fabien ce titre pour la première fois, nous vivons à une époque où il n'est pas permis à un brave gentilhomme tel que vous êtes de rester dans ses terres à tuer des lièvres et à planter des choux. Il vous faut un genre de vie plus digne de votre nom ; j'ai promis à feu monsieur de Croissi, notre très honoré père, de prendre soin de votre fortune ; le moment est venu où je puis enfin dégager ma promesse. Je viens vous chercher pour vous produire à Paris, et, si vous voulez suivre mes conseils, vous ne tarderez pas à trouver fortune et crédit à la cour.

Fabien ne reçut pas ces ouvertures comme le baron l'avait espéré.

— Je vous remercie, monsieur, dit le jeune homme avec tristesse, mais je ne suis pas fait pour ce monde brillant dont vous me parlez, et je désire ne pas le connaître ; je crains bien qu'il ne soit tel que, après l'avoir vu de près, je ne pourrais l'aimer !

Le baron de Croissi était trop *positif*, comme on dit aujourd'hui, pour comprendre ce refus, et il l'attribua peut-être dans sa pensée à une grossière ignorance. Mais vainement développa-t-il toutes les ressources de son esprit captieux pour vaincre l'opiniâtreté de son frère, vainement passa-t-il de l'ordre à la prière; Fabien résistait avec une fermeté respectueuse.

Enfin le baron parut frappé d'un souvenir, et, cherchant dans ses tablettes, il en tira une lettre en souriant.

— Je vois, Fabien, reprit-il, que je n'ai pas auprès de vous le crédit sur lequel je comptais; il me reste à m'assurer si certaine personne de votre connaissance sera plus éloquente que moi... Lisez ceci. — En même temps, il présenta la lettre à Fabien, qui, en reconnaissant l'écriture de mademoiselle de Montglat, ne put retenir un cri perçant. — Lisez, répéta le baron.

Fabien ouvrit d'une main tremblante le papier, qui contenait ces mots:

« Croyez votre frère, et venez à Paris.

« ÉLISABETH. »

— Elle m'aime encore! elle pense encore à moi! dit le pauvre jeune homme en tombant sur un siége, à demi suffoqué par le bonheur; j'obéirai, monsieur, je dois obéir à mademoiselle de Montglat!

Dès le lendemain, ils commencèrent ce voyage dont nous avons raconté un épisode chez le maître de poste Pichard.

IV

OUVERTURES.

En quittant la maison de poste, les chevaux, fatigués par leurs courses précédentes, montraient encore un reste d'ardeur; mais à peine eurent-ils fait une lieue que la force et le courage commencèrent à leur manquer. Le galop qu'ils avaient pris d'abord se changea peu à peu en une espèce de trot lourd et inégal, puis ce trot dégénéra en pas relevé, qui se ralentit de minute en minute. On peut facilement s'imaginer combien de pareilles allures devaient irriter l'impatience des deux gentilshommes; aussi n'épargnaient-ils pas à leurs montures les incitations du fouet et de l'éperon. Tout fut inutile; les pauvres bêtes, à chaque avertissement de cette nature qu'elles recevaient sur la croupe ou dans les flancs, secouaient les oreilles et n'en avançaient pas plus vite. Le postillon lui-même, après avoir traité les malheureux quadrupèdes de *brigands de mazarins*, et employé les châtimens les plus énergiques, finit par convenir qu'il n'y avait de leur part aucune mauvaise volonté. Mieux valait donc se résigner à s'avancer au pas que de risquer par trop d'exigence de faire à pied le reste du chemin.

La journée avait été très chaude; à cette heure même, bien que le soleil descendit rapidement vers l'horizon, il dardait encore des rayons ardens; la poussière blanche et déliée qui s'élevait sous les pieds des chevaux était suffocante. Aussi, voyant l'impossibilité d'accélérer leur marche, les voyageurs cessèrent-ils bientôt de s'épuiser en efforts superflus. Le baron vint se placer côte à côte de Fabien, qui, par respect, se tenait en arrière. Il dit bientôt d'un air distrait, en frappant de son fouet une branche d'orme qui barrait la route:

— Allons, mon frère, puisque ces misérables haridelles nous obligent à aller du train qu'un vieux conseiller qui se rend au parlement sur sa mule héréditaire, ne pourrions-nous mettre à profit le temps qui nous reste, et causer un peu de nos affaires?

— Sans aucun doute, monsieur le baron, répondit Fabien avec abattement, et, pour commencer, je vous avouerai que, plus nous avançons vers Paris, plus je sens mon cœur se serrer, sans que je sache pourquoi. Nos bonnes gens de Croissi diraient que c'est un pressentiment, et que sans doute un malheur nous attend au terme du voyage... En vérité, monsieur, continua-t-il en souriant, je rougis de vous avouer une pareille faiblesse, mais je ne saurais la surmonter.

Albert le regarda fixement.

— Et que pourriez-vous avoir à craindre avec moi, mon frère? demanda-t-il d'un ton sec: ne suis-je pas là pour vous aider de mon expérience, pour vous garantir de tout péril? D'ailleurs, reprit-il d'un air moqueur sans que cependant Fabien pût s'en offenser, vous reverrez à Paris une personne dont l'image devrait donner à vos idées une tournure plus riante? Allez, allez, Fabien; quoique j'aie vécu loin de vous, je vous connais pas moins votre joli roman avec l'aimable bergère de Montglat. Vous ignorez peut-être, mon frère, que je ne vous avais pas entièrement abandonné à vous-même dans le manoir; il y avait autour de vous des gens qui me rendaient compte secrètement de vos actions, et dans leurs rapports ils n'ont eu garde d'oublier cette belle passion.

— Je ne sais, monsieur, répondit Fabien en rougissant, qui a pu vous apprendre...

— Ne cherchez pas à nier, interrompit le baron amicalement; la rapidité avec laquelle vous vous êtes décidé à partir, après avoir lu ce chiffon de papier, ne me laisserait aucun doute si je ne pouvais déjà m'appuyer sur un aveu de mademoiselle de Montglat elle-même.

— Quoi! s'écria Fabien transporté, elle se souvient de ces heureux jours si vite écoulés? Mais à votre tour, mon frère, parlez-moi d'elle, je vous en supplie... Vous la connaissez donc? vous la voyez donc souvent?... Oh! de grâce! dites-moi ce que vous savez de cette chère Élisabeth. Pourquoi m'a-t-elle donné si longtemps des raisons de croire qu'elle avait oublié jusqu'à mon nom?

— Je ne puis rien ajouter aux détails que vous connaissez. Je vois rarement mademoiselle de Montglat; son service la retient constamment auprès de la reine; c'est seulement dans une circonstance récente que j'ai eu occasion de me rapprocher d'elle... Mon nom m'a bien vite attiré sa confiance, et je n'ai pas eu beaucoup de peine à la faire entrer dans mes vues au sujet d'une importante mission qui doit vous être confiée.

— Une importante mission, à moi? demanda le jeune gentilhomme avec étonnement; vous m'avez déjà dit, en effet, monsieur le baron, que vous comptiez m'employer à Paris dans une affaire de haute gravité; mais, pourriez-vous m'apprendre en quoi je pourrais vous servir, moi modeste et ignorant campagnard?

— Il n'est pas temps encore, Fabien, de vous révéler le secret de cette entreprise... Mais si, malgré les dangers qu'elle présente, vous y jouez dignement votre rôle, une prompte et brillante fortune vous attend.

En même temps le baron épiait les traits de son frère, comme pour s'assurer de l'impression que ces vagues insinuations produisaient sur lui. Fabien rêva pendant quelques minutes.

— Excusez-moi, monsieur le baron, reprit-il timidement, mais j'ai souvent entendu dire à feu notre père qu'à la cour il était impossible de faire une prompte et brillante fortune par des moyens honorables.

Le baron se redressa fièrement.

— Qu'est-ce à dire, monsieur mon frère? reprit-il d'un ton irrité; croyez-vous donc qu'une entreprise où je suis entré puisse être jamais déshonorante? Oubliez-vous si vite les égards et la soumission que vous me devez? Ventrebleu! les paroles absurdes de cet espion invisible agissent-elles au point de vous rendre déjà suspectes mes intentions et mes bontés pour vous! S'il en est ainsi, monsieur de Croissi, il est encore temps de rebrousser chemin, de retourner vous ensevelir dans l'oisiveté et l'obscurité du manoir de mon père... Je n'irai plus vous y troubler, monsieur, et je rendrai compte à mademoiselle Élisabeth de la foi qu'elle peut avoir en son gentilhomme.

A ces mots, le baron retint brusquement la bride de son cheval, comme s'il eût attendu, dans sa dignité blessée, que son frère se séparât de lui. Mais Fabien, loin de prendre ce parti, répliqua chaleureusement :

— De grâce, excusez-moi, monsieur, si j'ai pu vous offenser par une parole inconsidérée. Je ne sais pas donner à mes pensées cette tournure délicate en usage à la cour, et je parle peut-être avec trop de rudesse... N'interprétez donc pas si mal une réflexion dont je n'ai pu vouloir vous faire une application injurieuse. Me défier de vous, mon frère! et pourquoi donc? N'avez-vous pas toujours été pour moi un ami, un protecteur, un second père?... Laissons donc ce pénible entretien, monsieur le baron, continua-t-il ; afin de vous prouver combien vos soupçons sont peu fondés, je suis prêt à vous obéir en tout ce qui dépendra de moi pour mener à bien l'entreprise dont vous parlez. Du moment qu'Élisabeth, mademoiselle de Montglat, veux-je dire, et vous, mon frère, vous avez cru devoir m'y donner part, elle ne peut être que glorieuse et honorable... Quant à vous quitter, je ne vous quitterai maintenant que lorsque vous me repousserez.

La physionomie du baron avait repris graduellement une expression plus calme.

— Ce ne sera donc jamais, mon cher Fabien, dit-il avec véhémence, car désormais nous devons vivre unis de cœur et de volonté... Mais j'y consens, ne parlons plus de cette sotte querelle, aussi douloureuse pour moi que pour vous-même.

Ils se remirent en marche, et ils s'avancèrent quelques instans côte à côte. Fabien, malgré la réconciliation qui avait suivi cette petite altercation, était plus triste encore qu'auparavant, et Albert plus agité.

— Mon frère, reprit le jeune Croissi après un assez long intervalle de silence, je ne reviendrai pas sur ma promesse de soumission, permettez-moi cependant une question... une seule? Cette entreprise dans laquelle ma place est déjà désignée doit-elle avoir pour but l'intérêt d'un parti politique, tel par exemple que celui de monsieur le prince, dont vous portez les couleurs, et dont, m'a-t-on dit, vous êtes un des gentilshommes?

— Auriez-vous vraiment, Fabien, une si forte répugnance à servir le premier homme de guerre de notre époque, un héros dont l'histoire doit plus tard célébrer les hauts faits?

— Personne n'admire plus que moi les qualités militaires du grand Condé, monsieur le baron ; mais si les bruits qui se sont propagés dans nos paisibles campagnes ne sont pas faux, l'éclat de tant de belles actions sera terni, je le crains, par cet amour effréné des factions que le prince montre aujourd'hui.

Le baron ne put retenir un geste de satisfaction.

— Est-ce là votre opinion sur monsieur de Condé, Fabien? reprit-il en souriant ; eh bien! mon frère, prenez courage ; ce ne sera pas au profit d'un factieux, fut-il premier prince du sang, que l'on réclamera votre dévouement ; et, pour vous rassurer, je vous dirai que moi-même, quoique je garde encore les apparences, j'ai quitté son parti.

— Quoi! monsieur le baron, serait-il possible?

— Brisons là, interrompit Albert d'un ton laconique. Vous saurez la vérité quand nous serons à Paris. Mais, en attendant, il faut que vous me promettiez encore une chose, Fabien ; quoi que vous me voyez faire ou dire, ne vous étonnez ni de mes actions ni de mes paroles... Ce qui vous paraîtra mystérieux d'abord s'expliquera suffisamment plus tard, et mes motifs auront certainement votre approbation. Donnez-moi donc votre parole de gentilhomme que vous vous abstiendrez de toute réflexion fâcheuse, que vous céderez aveuglément à mes avis, jusqu'au moment où je croirai devoir vous rendre compte moi-même de ma conduite envers vous.

Fabien hésita, mais sa déférence pour son frère était si grande, sa défiance avait été si peu éveillée qu'il consentit à l'abnégation complète qu'on exigeait de lui.

— J'engage ma foi de gentilhomme que je ne vous fatiguerai pas de questions inutiles, dit-il avec simplicité.

— C'est bien, mon frère, reprit le baron, cette docilité nous honore tous les deux ; songez-y pourtant, votre confiance pourra bientôt être soumise à de rudes épreuves... Mais, si vous y résistez, je suis autorisé à vous promettre la récompense qui vous sera la plus précieuse et la plus désirable... la main de mademoiselle de Montglat.

Le jeune Croissi tressaillit à cette parole, et, dans les transports de sa joie, il fut sur le point de s'élancer à bas de son cheval.

— Serait-il possible? s'écria-t-il, oh! mon frère, pour obtenir une pareille récompense, j'affronterais mille dangers, et je risquerais le salut de mon âme. Mais croyez-vous qu'Élisabeth consentira...?

— J'en suis sûr, répondit le baron avec vivacité ; elle vous en donnera bientôt l'assurance elle-même... Soyez dévoué, fidèle dans ce qu'on attend de vous, et avant un mois la reine régente signera votre contrat de mariage avec sa fille d'honneur.

— Mon frère, mon frère, s'écria Fabien hors de lui, je vous obéirai, je le jure!

Albert lui jeta un sourire de triomphe.

— Voilà où je voulais vous amener, reprit-il ; nous sommes donc sûrs de nous entendre, Fabien, et vos espérances ne seront pas trompées.

En ce moment, les voyageurs aperçurent Paris à l'extrémité de l'horizon. Bien que cette capitale n'occupât pas alors la vaste étendue d'aujourd'hui, Fabien ne put retenir un cri de surprise à la vue de cet amas confus de tours, de clochers et de palais, qui se dressaient d'une manière fantastique dans un brouillard diaphane. Le baron jouit de sa surprise naïve ; puis il dit d'une voix pénétrante, en étendant le bras vers Paris :

— Regardez cette immense ville, mon frère ; dans quelques jours peut-être elle sera tout entière occupée de vous, et par votre moyen elle rentrera sous la domination légitime qu'elle méconnaît maintenant... Vous êtes appelé à de grandes choses.

Fabien se tourna vers lui d'un air de surprise ; mais le baron, comme s'il eût craint d'en avoir trop dit, piqua son cheval, qui s'était un peu reposé pendant cette conversation. Le jeune Croissi l'imita, puis tous les deux disparurent dans le nuage de poussière que soulevaient les pieds de leurs montures.

V

LE PONT NEUF.

A l'époque où remontent les événemens que nous venons de raconter, on était en pleine *fronderie ;* Paris se trouvait déchiré par les factions qui rendirent si malheureuses les dernières années de la minorité de Louis XIV. C'était le moment où, après l'expulsion du cardinal Mazarin, la reine régente, Anne d'Autriche, avait à lutter à la fois contre les impérieuses exigences du prince de Condé et de ses frères, sortis récemment de la prison du Havre, contre les velléités despotiques du parlement, et enfin contre les prétentions du coadjuteur Paul de Gondi et du duc de Beaufort, *le roi des halles,* tribuns hardis qui tenaient le peuple de Paris en laisse et le faisaient gronder ou l'apaisaient à leur gré, suivant les besoins de leur politique intéressée. On n'en était pas encore à la guerre civile, qui devait éclater un peu plus tard, mais on y préludait. Chaque jour Paris devenait le théâtre de quelque émeute ou de quelque scène de désordre. Les citoyens paisibles voyaient avec douleur le prince de Condé et le coadjuteur se rendre tous les matins au parlement, chacun avec un cortège de cinq ou six cents gentilshommes armés jusqu'aux dents. L'autorité royale n'était respectée nulle part; quiconque prétendait agir publiquement en vertu d'un mandat légal était traité de *mazarin*, injurié, frappé, quelquefois massacré. Il n'y avait plus de sûreté pour personne, à moins d'embrasser un parti, de se donner à l'un des chefs de la vieille ou de la nouvelle Fronde, et d'en adopter les couleurs. On tremblait continuellement qu'une altercation entre deux laquais ivres, dans la salle du palais, n'amenât une collision terrible entre les partisans de Condé et ceux du coadjuteur, et que Paris ne fût mis à feu et à sang par un simple malentendu des factieux subalternes. On se disait avec terreur, qu'en pareille circonstance les chefs eux-mêmes se reconnaissaient impuissans à empêcher les désastres qui résulteraient de la première effusion de sang.

Cependant Anne d'Autriche, au milieu des dangers, n'avait pas cru devoir échapper par la fuite aux partis qui la bravaient sans cesse et la menaçaient jusque dans le Palais-Royal. Soumise aux conseils de Mazarin, qui, de Breuil, où il s'était retiré, dirigeait encore les affaires de l'État, au grand scandale des frondeurs vieux et nouveaux, elle attendait le moment où les factions seraient abattues l'une par l'autre, pour profiter de leur faiblesse et les écraser toutes à la fois. Cette politique passive ne manquait pas d'habileté, mais Anne d'Autriche, la fière Espagnole, était comme avant, d'être reine; les insolences de monsieur le prince, qui exigeait dans l'État une autorité telle que, suivant l'expression de Mazarin, « il ne lui aurait plus manqué que d'être sacré à Reims, » l'avaient irritée au dernier point. Aussi, dans sa colère, n'avait-elle pu attendre patiemment l'effet infaillible de cette conduite prudente, et elle avait conclu secrètement une sorte de ligue défensive contre Condé avec le coadjuteur, qu'elle s'était attaché par la promesse du chapeau de cardinal.

Cet allié puissant, qui s'appuyait du reste sur l'autorité de Monsieur (Gaston d'Orléans, frère de Louis XIII), était donc à la fois le champion du peuple contre le Mazarin et le champion de la cour contre le premier prince du sang. L'on sent ce qu'il lui fallait d'adresse pour jouer longtemps ce rôle dans une ville livrée aux passions les plus effrénées. Heureusement Gondi se trouva de taille à supporter sans plier un pareil fardeau; il avait bien mesuré ses forces avant de se poser en chef de parti, bien qu'il ait dit lui-même, à tort ou à raison « qu'il faut plus » de grandes qualités pour faire un bon chef de parti que » pour faire un bon empereur de l'univers. »

Voilà donc quel était l'état de Paris au moment où les deux Croissi arrivèrent à la porte Neuve, qui s'élevait à l'ouest de la ville. Le soleil avait disparu et on était sur le point de lever le pont-levis, lorsque les voyageurs, précédés du postillon qui annonçait leur approche par de grands claquemens de fouet, franchirent le fossé et pénétrèrent sous la voûte de la porte. Au bruit qu'ils firent, des soldats de la milice bourgeoise se montrèrent sur le seuil du corps de garde; une sentinelle présenta sa hallebarde au postillon, qui s'arrêta.

— Halte-là, mon beau coureur! dit le milicien d'un air goguenard; avant d'aller plus loin, il faut que ces gentilshommes causent un peu avec notre capitaine, et lui disent qui ils sont et d'où ils viennent... Allons donc ! on n'entre pas dans Paris comme ça.

Le baron poussa son cheval avec colère vers le bourgeois :

— Place, manant! cria-t-il d'un ton impérieux; j'appartiens au prince de Condé et je voyage pour son service.

— Cela est fort bien, dit le milicien intimidé, mais j'ai reçu la consigne...

— Au diable, toi et ta consigne ! interrompit l'orgueilleux Croissi, et laisse-nous passer. Ai-je le temps d'écouter les balivernes qu'un courtaud de boutique voudra me débiter?

— Mais, monsieur, nous avons reçu l'ordre du prévôt...

— Tiens, voici pour toi.

En même temps, le baron impatienté lui appliqua un vigoureux coup de fouet; c'est ainsi que les gentilshommes en usaient alors volontiers avec la garde citoyenne.

Aux cris de la sentinelle, ses camarades, qui occupaient le poste voisin, accoururent en désordre, en brandissant leurs hallebardes. Mais toute inoffensive que fût cette milice municipale, le baron ne jugea pas à propos d'attendre les suites de son algarade. Il fit signe à son frère et au postillon, et ils s'éloignèrent. Ils prirent la première rue détournée qu'ils rencontrèrent, et ils furent bientôt hors des atteintes des bourgeois, qui poursuivirent leur camarade en proférant d'impuissantes menaces.

Après quelques minutes d'une course rapide dans des rues étroites et tortueuses, telles qu'étaient alors la plupart des rues de Paris, le baron jugea convenable de ralentir un peu le pas. Bientôt il se remit à regarder à droite et à gauche, d'un air préoccupé ; les choses ne lui paraissaient pas être dans l'ordre accoutumé. En effet, les fenêtres et les portes des boutiques se fermaient précipitamment, comme au moment d'une émeute; de rares passans se glissaient le long des maisons en silence, et on apercevait çà et là, sur les places et dans les carrefours, des groupes nombreux où l'on causait d'un air animé.

Fabien, pour qui tous ces signes particuliers dans l'aspect de la ville n'avaient aucun sens, attribua la préoccupation du baron à sa récente aventure avec les gardiens de la porte Neuve. Il profita du moment où l'on traversait un terrain vague et non pavé, pour demander à son frère avec intérêt :

— Serait-il possible, monsieur le baron, que ces bourgeois tirassent une vengeance quelconque de votre accès de vivacité ?

Le baron le regarda d'un air étonné.

— Bah ! dit-il, je ne pense plus à ces malotrus ; ils se plaindront à leur quartenier, qui se plaindra au prévôt, qu'on n'écoutera pas... Allez, ces drôles de bourgeois sont habitués à nos façons, et leur cuir est à l'épreuve de nos fouets !... Non, autre chose m'inquiète, Fabien ; ne voyez-vous pas ces gens courir d'un air d'effroi ? On dirait qu'il se passe quelque chose d'extraordinaire dans le voisinage.

— Que nous importe, mon frère ?

Ce nom de frère, prononcé d'un ton élevé, parut cette fois sonner désagréablement aux oreilles du baron.

— Écoutez, Fabien, reprit-il d'un ton moitié amical, moitié impérieux, j'ai oublié de vous faire une recommandation essentielle : c'est qu'il ne sera pas nécessaire de rappeler à tous propos le degré de parenté qui existe entre nous... J'ai des raisons particulières, que vous connaîtrez plus tard, de ne pas apprendre à tous venans le lien du sang qui nous unit... Ne vous offensez pas de mes paroles, continua-t-il d'un ton plus doux en voyant le visage de Fabien s'empourprer légèrement, et souvenez-vous de vos engagements.

Il fallut tout le respect que le jeune de Croissi portait à son frère pour l'empêcher d'exprimer son mécontentement en recevant cette injonction humiliante. Son âme était cruellement froissée, et sans doute ses réflexions eussent pris une direction fâcheuse pour le baron, si de nouveaux événemens n'eussent réclamé son attention.

A travers mille détours, ils arrivèrent au pont Neuf, qui justifiait alors beaucoup mieux son nom qu'aujourd'hui. Fabien, depuis son entrée à Paris, n'avait vue que des rues sales, laides, souvent désertes. Il eut peine à retenir un cri d'étonnement en présence du spectacle qui frappa tout à coup ses regards. Le pont Neuf avait à cette époque la physionomie particulière que les auteurs contemporains se sont plu à retracer bien des fois. A son extrémité méridionale s'élevait une masure isolée que surmontait une haute tour ; c'était le *château Gaillard*, dont l'usage antérieur était inconnu, mais qui servait alors de théâtre aux marionnettes de Brioché. La statue équestre d'Henri IV, était à la place où nous la voyons aujourd'hui ; seulement le cheval avait deux fois les proportions du cheval actuel, et sa couleur vert clair rappelait le long espace de temps qu'il avait passé au fond de l'Océan. En face, à l'entrée de la place Dauphine, s'élevaient quelques tréteaux misérables sur lesquels un hâteleur et son maître débitaient des onguens et des lazzis aux badauds du voisinage : c'était le fameux théâtre de Tabarin ; autour de ces tréteaux se pressaient, à certaines heures, la cour et la ville. A l'autre extrémité du pont, sous la seconde arche, on voyait briller, aux derniers rayons du crépuscule, les figures dorées de la *Samaritaine*, dont le carillon jouait par intervalles des airs merveilleux que l'on n'écoutait pas.

En temps ordinaire, le jeune Croissi, pour qui ce spectacle était si nouveau, eût examiné avec intérêt ces curiosités. Bien plus qu'aujourd'hui, le pont Neuf était le rendez-vous de ces charlatans effrontés, de ces chanteurs en plein vent, de ces bouquinistes, de ces industriels étranges dont parlent les écrivains du dix-septième siècle; mais quand les voyageurs s'avancèrent pour le franchir, l'effet dramatique de la scène détourna tout à fait leur attention du décor.

Une foule considérable encombrait le pont. Les boutiques portatives, les étalages des fripiers, des vendeurs d'orviétan étaient renversés et foulés aux pieds. On criait, on se poussait, on riait, on pleurait, et, dans cette bagarre, les tire-laines trouvaient mainte occasion d'exercer la dextérité de leurs mains. Les passe-volans aux costumes bariolés, les bourgeois vêtus de noir, les basochiens en habits rouges, les femmes aux chaperons de drap ou de velours, les fiers-à-bras de tous les partis décorés d'écharpes isabelles, rouges ou bleues, se mêlaient, se confondaient en tumulte ; les acclamations les plus bizarres se choquaient en l'air, poussées par mille bouches railleuses ou irritées.

Cette rumeur avait pour cause un carrosse gris à quatre chevaux, arrêté vers le milieu du pont et tellement pressé par la foule qu'il ne pouvait ni avancer ni reculer. Quelques hommes du peuple avaient saisi les rênes des chevaux, et le grand cocher à longues moustaches et à brillante livrée qui occupait le siège n'osait employer la force pour se débarrasser de cette canaille. Deux ou trois jeunes pages chargés d'escorter la voiture s'enfuyaient dans diverses directions, poursuivis par des huées. Trois dames, couvertes de masques de velours noir comme en portaient alors les dames de qualité, et un gros gentilhomme qui se démenait avec véhémence, se trouvaient au fond du carrosse. Cependant, malgré ces actes de violence, la foule n'en venait pas encore aux derniers excès envers ses prisonniers. On les regardait insolemment par les portières, on les accablait d'injures, mais personne ne paraissait songer à porter la main sur eux.

Les clameurs étant nombreuses et confuses, les voyageurs ne purent distinguer aucune parole qui leur donnât l'explication de ce qu'ils voyaient. Fabien ouvrait de grands yeux étonnés ; mais le baron, habitué depuis le commencement des troubles aux scènes de ce genre, ne trouva rien de bien important dans cet événement, et il prit la résolution de gagner par un autre chemin le faubourg Saint-Germain, où était son hôtel. Comme il se préparait à changer de direction, un nouveau coup d'œil jeté sur le carrosse gris l'arrêta tout à coup. Il venait de s'apercevoir que le grand cocher aux volumineuses moustaches portait la livrée de la reine. Cette observation produisit une vive impression sur lui. Il descendit de son cheval, et, s'approchant d'un jeune homme en soutanelle noire râpée, qui semblait être un écolier en théologie, et qui, malgré la gravité de son habit, débitait force quolibets, il lui demanda d'un ton dégagé :

— Holà ! maître écolier, pourriez-vous me dire la cause de cette émotion populaire ? Que diable avez-vous à crier contre ce carrosse ?

L'écolier, en s'entendant interpeller ainsi, se retourna lestement, fort disposé sans doute à exercer sa verve railleuse sur l'imprudent curieux qui s'adressait à lui ; mais la vue d'un cavalier de bonne mine, bien accompagné et portant une écharpe aux couleurs du prince de Condé, calma d'abord toute velléité de moquerie.

— *Grammatici certant*, monsieur, répliqua-t-il, c'est-à-dire en français : je n'en sais rien... Mais ne trouvez-vous pas comme moi, monsieur, qu'il est fort divertissant de voir ainsi le peuple s'ameuter ? Depuis quinze jours on n'avait rien vu de si joli. — Et se tournant vers la foule, il continua de crier d'une voix retentissante : — Vive la Fronde ! A mort le Mazarin ! *Euge ! Macte animo*, braves bourgeois ! *Schelme* qui gardera ses poumons pour une meilleure occasion ! — Le baron regarda d'un air méprisant son bruyant interlocuteur, et il allait s'adresser à quelque autre personne mieux informée et plus grave, quand le sorbonnien reprit à son tour : — Or çà ! monsieur, vous êtes gentilhomme, et sans doute vous avez vu (vous pouvez donc nous dire si ce grand escogriffe que vous voyez perché là-haut, comme Apollon au sommet du Parnasse (et il désignait le cocher du carrosse), porte réellement la livrée de la reine Anne, *vulgo dicta* d'Autriche, *pessima quædam virago* ?

— La reine ? répéta le baron, qui saisit ce mot au milieu de ce galimatias pédantesque ; serait-ce vraiment la régente ?

— *Fama refert*, on le dit.

— Mais ce serait de sa part une imprudence impardonnable ! reprit le baron dans plus la grande agitation, et oubliant qui l'écoutait ; non, elle n'oserait sortir ainsi sans gardes et s'exposer à la colère d'une populace imbécile !

L'écolier fit une légère grimace.

— On croit, reprit-il plus sérieusement, qu'elle vient du couvent des Carmélites, où elle a passé la journée à prier pour le retour de son cher Mazarin... Je tiens l'histoire d'une vieille femme qui, tout à l'heure, m'a offert un philtre amoureux pour me faire aimer d'une duchesse... Mais, continua-t-il avec humeur, puisque vous ne voulez pas répondre à mes questions, *sileo* ; bonsoir, bonne nuit, beau gentilhomme ! vous n'avez pas même en poche de quoi m'offrir un pot de vin pour faciliter la sortie de mes renseignemens !

En achevant ces mots, l'écolier lui tourna le dos et recommença les clameurs de manière à prouver que le réconfortant en question était au moins inutile.

Albert de Croissi n'avait pas remarqué ces paroles insultantes. Il éprouvait une perplexité singulière, et balançait entre deux partis dont il calculait les dangers et les avantages. Pendant qu'il restait seul, immobile et muet au milieu de cette foule bruyante, son frère, qui prenait soin de se tenir près de lui, dit à voix basse :

— Je ne sais quelle peut-être la cause de cette échauffourée, monsieur le baron, ni pour qui elle se fait ; mais il y a dans ce coche des dames qui me semblent en péril, et peut-être serait-il de notre devoir de leur venir en aide.

— Et que gagnerions-nous à nous mêler de cette affaire? répliqua le baron d'un air d'hésitation ; d'ailleurs nous ne pouvons rien seuls contre tant de furieux ;

— Ce sont des coquins moins à craindre encore que les miliciens de la porte, répondit d'un air dédaigneux le jeune Croissi, fort infatué de l'opinion que les gentilshommes d'alors avaient de leur supériorité sur les roturiers ; d'ailleurs, continua-t-il, j'aperçois dans la foule plusieurs cavaliers portant comme nous les couleurs de monsieur le prince ; nous pouvons les appeler et...

— Non pas, interrompit Albert très alarmé ; je ne veux pas, Fabien, que nous nous mêlions de tout ceci, je ne veux pas surtout que des amis de monsieur le prince nous voient ensemble... Vous ne savez pas de quelle importance il est pour nous de ne pas être remarqués en ce moment. Revenons sur nos pas, et cachons soigneusement notre visage. Maudit soit le carrosse et tout ce qu'il contient !... Suivez-moi, Fabien ; nous sommes peut-être restés trop longtemps ici.

Il enfonça son chapeau sur ses yeux et tourna bride. Le jeune Croissi imita ses mouvemens, mais il était déjà trop tard pour revenir en arrière. Pendant cette halte de quelques minutes, une grande quantité de chariots et de carrosses s'étaient accumulés à l'extrémité du pont et formaient une barrière infranchissable à l'entrée de la rue de la Monnaie. Force fut donc aux voyageurs de reprendre leur premier projet et de se diriger de nouveau vers la rue Dauphine, à travers l'émeute.

— Enveloppez-vous dans votre manteau, couvrez votre visage ! répétait Albert.

Fabien ne cédait qu'avec répugnance à ces injonctions, dont il ne comprenait pas la nécessité ; cependant il ramena, par habitude d'obéissance, un pan de son écharpe sur sa figure. Albert semblait prendre les mêmes précautions pour ne pas être reconnu ; il baissait la tête et évitait les groupes où se montraient les écharpes isabelles.

Ils avancèrent ainsi pendant quelques instans, à demi portés, eux et leurs chevaux, par la foule qui se pressait aux abords de la place Dauphine. On criait, on jurait contre leurs montures, fort gênantes en effet dans une presse pareille. Ils se trouvèrent enfin à peu de distance du carrosse objet de cette rumeur, et en face des portières. Fabien ne put s'empêcher de jeter en passant un regard de curiosité et de compassion sur les personnes qui en occupaient l'intérieur. Leur position était critique ; les gens qui les entouraient devenaient de plus en plus menaçans ; on ne se contentait plus d'injurier, on montrait le poing ; plusieurs pierres avaient déjà même retenti contre le coffre de la voiture. Les pauvres femmes, ainsi assiégées, pleuraient à chaudes larmes et semblaient conjurer à mains jointes leurs persécuteurs d'avoir pitié d'elles. Le cavalier qui les accompagnait, et qui prenait sa bonne part dans l'animadversion publique, était pâle de colère et voulait se jeter sur le peuple l'épée à la main. Or, l'irritation était telle que, le premier coup porté, la moindre tentative de résistance pouvait faire mettre en pièces et le coche et ceux qu'il contenait.

Fabien sentit sa volonté se révolter contre l'impassibilité qui lui était ordonnée; cependant, obéissant aux ordres de son frère aîné, il allait passer, quand un cri aigu partit de la voiture. En même temps une des dames que menaçait le peuple se penchant à la portière, arracha son masque et laissa voir les traits d'une jeune fille d'une pâleur mortelle, mais belle et touchante dans son effroi. Elle tendit les mains vers le jeune de Croissi, et s'écria d'une voix suppliante :

— Fabien... monsieur de Croissi... au nom de Dieu ! venez à notre aide !

Cette dame éplorée était mademoiselle de Montglat, la compagne d'enfance de Fabien.

Sans doute il n'entendit pas cette prière, au milieu des hurlemens de la foule, mais cette voix, ce geste, ces traits si connus de sa chère Elisabeth électrisèrent le jeune homme. Il ne songea pas au danger, il oublia les recommandations d'Albert, et, plongeant ses éperons dans les flancs de son cheval, il se rua sur la populace en disant d'une voix forte :

— A moi, monsieur le baron !

— Arrêtez, Fabien, arrêtez ! dit Albert épouvanté, ne vous mêlez pas de cette affaire !

Mais Fabien n'écoutait pas, et ces recommandations se perdirent dans l'effroyable tumulte que causait son attaque subite. Le jeune Croissi, les yeux étincelans, les narines gonflées de colère, poussait son cheval en avant foulant et renversant tout ce qui se trouvait sur son chemin, s'escrimant de son fouet avec une rapidité qui tenait du prodige. On peut facilement comprendre l'effet de cette charge inattendue sur les émeutiers qui encombraient le pont ; des cris de rage et de vengeance s'élevaient, mais on fuyait l'atteinte de ce fouet redoutable qui imprimait des marques sanglantes sur les visages. La foule, si compacte un moment auparavant, s'ouvrit tout à coup, laissant un large passage jusqu'au carrosse. Fabien profita du premier moment de surprise, fondit à coups de fouet sur les misérables qui s'étaient emparés des rênes, et fit signe au cocher, qui s'empressa de piquer ses chevaux. La voiture partit ventre à terre, sans que les gens du peuple songeassent à autre chose qu'à éviter d'être écrasés sous les roues de la pesante machine. Quelques secondes avaient suffi pour opérer cette délivrance.

Fabien voulut d'abord suivre ceux qu'il venait de sauver. Au moment où le carrosse s'était mis en mouvement, il avait vu Elisabeth se pencher à la portière et lui faire un signe de la main. Etait-ce un remercîment ? était-ce une invitation de l'accompagner ? il l'ignorait, mais il comprenait qu'après une pareille action il avait tout à craindre de cette populace irritée. Il voulut donc fuir, il n'en eut pas la possibilité. Vainement enfonça-t-il de nouveau ses éperons dans les flancs de sa monture pour la forcer à prendre le galop ; le pauvre cheval de poste, épuisé par les prouesses qu'on venait d'exiger de lui, hennit tristement au lieu de partir, tourna sur lui-même, et s'abattit avec son cavalier.

Fabien n'était pas blessé, mais il ne se sentit pas moins perdu ; la foule, que sa contenance hardie avait étonnée, s'élança sur lui dès qu'il fut renversé. Mille mains robustes et brutales l'étreignirent ; pendant quelques minutes il fut ballotté de l'un à l'autre avec une violence terrible.

— C'est un mazarin, criait un gros boucher qui portait sur sa figure une large coupure sanglante faite par le fouet de Fabien. Ah ! il veut mener le bon peuple de Paris à coups d'étrivières, le pendard ! Allons, les autres, un coup de main... à la rivière le mazarin ! jetons-le par-dessus le pont.

— Oui, oui ! à la Seine ! répétèrent plusieurs voix.

— A mort le mazarin ! cria la foule.

Fabien, encore froissé de sa chute, étourdi par ces tiraillemens, fut lestement enlevé de terre et emporté vers le parapet du pont. Il ne tentait aucune résistance, elle était inutile : cependant il essaya de regarder autour de lui pour chercher son frère. Son frère avait disparu.

VI

LE SAUVEUR.

La situation de Fabien paraissait désespérée : en proie à la rage de la multitude, il ne lui restait plus qu'à élever sa pensée vers Dieu et à mourir chrétiennement. Il lui vint cependant un secours inattendu.

— Un moment, mes amis, un moment ! dit un vieux bourgeois qui avait été touché sans doute de la jeunesse et du courage de Croissi, prenez garde aux méprises !... Ce cavalier paraît être un gentilhomme de la suite de monsieur le prince ; ne voyez-vous pas qu'il porte l'écharpe isabelle ? Songez que monsieur le prince sera mécontent si l'on maltraite ses gens.

Cette observation diminua l'acharnement des révoltés ; les plus ardens mollirent un peu et montrèrent de l'hésitation. Fabien, de son côté, crut devoir tenter un effort pour échapper au sort qui le menaçait.

— Misérables ! s'écria-t-il en cherchant à dominer le bruit de la foule, vous pourrez payer cher la violence que vous me faites... Je suis gentilhomme, j'ai des amis puissans, et...

Des imprécations lui coupèrent la parole.

— Ventrebleu ! reprit le boucher d'un air railleur, ne voilà-t-il pas un beau gentilhomme avec son rabat d'étoupe, et son habit de gros drap comme celui de feu mon père ! Avez-vous jamais vu dans la suite de Son Altesse des nobles de si piètre apparence ? Je vous dis que c'est un Italien, un émissaire du cardinal... Ne le reconnaissez-vous pas à son accent ? (Notez que le pauvre Fabien avait un accent normand très prononcé.) Et pour ce qui est de l'écharpe isabelle, qui diable empêcherait le Mazarin lui-même de la prendre s'il en avait envie ?

— Oui, oui, à la Seine ! répétèrent quelques voix.

— Mais enfin quel est le crime de ce pauvre diable ? demanda le vieux bourgeois avec compassion.

— Ne voyez-vous pas ma figure ? dit le boucher d'un ton irrité.

— Il m'a renversé sous les pieds de son cheval ! s'écriait un autre.

— Il a pensé me faire écraser sous les roues du carrosse ! ajoutait un troisième.

— Et d'ailleurs, reprit le boucher, n'est-il pas venu au secours de cette reine damnée à qui nous donnions tout à l'heure une petite leçon de politique ? Il faut bien que nous fassions nous-mêmes nos remontrances à cette satanée Espagnole, puisqu'elle ne veut pas entendre celles de notre parlement... J'avais encore une vingtaine de bonnes choses à lui dire quand ce bravache est venu se mettre à la traverse. Allons, pas tant de verbiage... A l'eau le mazarin, et vive le roi !

— Vive le roi ! répéta la foule ; sus au mazarin !

On entraîna de nouveau le malheureux Fabien vers le parapet ; le vieux bourgeois n'osait plus intercéder en sa faveur.

— Attendez, *favete linguis*, s'écria d'une voix railleuse l'écolier en théologie, qui s'était glissé jusque-là ; ne laissez pas partir ce gentilhomme sans qu'il ait promis de boire à la santé de son cher cardinal !

Cette cruelle plaisanterie excita de longs éclats de rire.

— Bien dit ! s'écria-t-on de toutes parts ; à la santé du cardinal !

Fabien ne jeta qu'un regard de froid mépris sur l'impitoyable étourdi : mais celui-ci devait avoir un motif secret pour amuser le peuple pendant quelques instans, car il se retournait fréquemment vers un groupe de cavaliers arrêtés à l'angle de la place Dauphine, et il leur adressait des signes supplians. Quand les émeutiers reprirent leur affreux projet, il les retint encore avec une gaieté forcée :

— Un moment donc, *homines imprudentissimi*, s'écria-t-il du même ton, vous allez faire de jolie besogne !... Comment diable voulez-vous que ce cadet-là puisse boire à la santé du cardinal, s'il n'a personne pour trinquer avec lui ? Il faudrait...

Mais cette fois il fut interrompu par le farouche boucher, qui soupçonnait peut-être ses bonnes intentions.

— Allons, paix, corbeau ! dit-il de sa voix rauque, ou bien je vais t'envoyer boire de compagnie ; et vous, continua-t-il en s'adressant aux autres, finissons-en bien vite !

Un hourra universel fut poussé par la foule ; Fabien, enlevé pour la troisième fois, aperçut bientôt au-dessous de lui les flots jaunes et profonds qui allaient l'engloutir ; mais il pensait à Dieu, à son Élisabeth qu'il venait de sauver, et regardait l'abîme sans trembler. On le balançait au-dessus du précipice, déjà quelques mains robustes ne le retenaient plus...

— Arrêtez, malheureux, arrêtez ! s'écria tout à coup une voix sonore ; schelme qui fera le moindre mal à ce gentilhomme ! je déclare ennemi du roi et de la Fronde quiconque arrachera un seul cheveu de sa tête !

— C'est le coadjuteur ! s'écria l'écolier d'une voix éclatante en s'élançant pour retenir Fabien ; place à monsieur le coadjuteur !

Ce nom produisait un effet magique ; le jeune Croissi fut brusquement remis sur pied ; chacun des assistans cherchait à se donner une contenance tranquille, comme s'il n'eût pris aucune part à cette scène de désordre. Puis la foule s'ouvrit respectueusement et livra passage au personnage important qui calmait ainsi les tempêtes populaires.

C'était un homme de trente-six ans au plus, de moyenne taille, d'une figure noble quoique irrégulière. Il y avait en lui quelque chose du seigneur hardi, spirituel et dissolu de cette époque, et du clerc pacifique, onctueux, insinuant. Son attitude était grave, tandis que ses yeux mobiles, pleins de feu, pétillaient de causticité. Son costume n'avait rien d'ecclésiastique, et il semblait mal à l'aise en équipage de cavalier. Ses jambes, un peu tordues, n'étaient pas faites pour affronter l'usage de l'habit court. Une large perruque, un chapeau dont le cordon était une frondo de cuir, cachaient entièrement sa tonsure. Son habit de drap de soie violet, son haut-de-chausses de même étoffe sans broderies, ses bottes blanches à longs éperons, étaient couverts de poussière, et il tenait un fouet à la main, comme s'il revenait de voyage. Tout témoignait qu'il ne s'était pas attendu à paraitre en public ; et il avait fallu sans doute une raison majeure pour le décider à trahir son incognito.

Ce personnage, comme nous l'avons dit, était Paul de Gondi, coadjuteur de l'archevêque de Paris, et si célèbre depuis sous le nom de cardinal de Retz.

Le peuple de son côté ne s'attendait pas à voir son tribun en pareil costume ; cependant on l'eût promptement reconnu sous cet accoutrement étranger, et mille voix s'écrièrent avec enthousiasme :

— Vive la Fronde ! vive le coadjuteur !

Le chef de parti sourit et s'avança lentement entre les deux murailles humaines que formaient les curieux à droite et à gauche. Bientôt il joignit Fabien qui restait adossé contre le parapet du pont, pâle et sans voix, quoique sa contenance n'eût rien de timide et d'humilié ; il était seulement abasourdi par l'immensité du péril qu'il avait couru.

Le coadjuteur promena son œil d'aigle sur l'assistance, et en fronçant le sourcil :

— Tout beau mes amis, j'arrive à temps pour vous empêcher de commettre une méchante action... Savez-vous que c'est offenser Dieu et le roi que de malmener ainsi ce pauvre gentilhomme ?

— Monseigneur, dit le féroce boucher, l'un des plus ardens persécuteurs de Fabien, ce cadet-là nous a sanglés de grands coups de fouet parce que les Parisiens faisaient entendre leurs plaintes à cette orgueilleuse Espagnole, la reine Anne, et...

— D'abord, la reine n'était pas dans ce carrosse, dit le coadjuteur assez haut pour être entendu d'un grand nombre de personnes ; c'étaient de pauvres dames d'honneur qui venaient de faire leurs dévotions aux Carmélites de la rue Vaugirard, et c'eût été la reine, Lehoux, que, tes amis et toi, vous eussiez dû la respecter comme votre souveraine maîtresse.

Un imperceptible murmure courut dans la foule.

— Votre Éminence n'a pas toujours dit cela, grommela le boucher d'un air mécontent.

Le coadjuteur rougit légèrement, mais il reprit aussitôt avec fermeté :

— C'est assez... dispersez-vous, mes drôles, et laissez-moi cet honnête garçon que vous avez presque assommé. Sans doute vous me croyez assez de vos amis pour le confier à ma garde ? S'il est coupable de quelque chose, soyez sûrs que l'on en fera justice... Allons, adieu, adieu, mes enfans ; je reviens d'un petit voyage entrepris pour le bien de l'État, et je suis épuisé de fatigue.

— Vive le coadjuteur, répéta la foule, qui se sépara sur-le-champ.

Néanmoins, quelques curieux plus obstinés se tenaient encore à distance pour voir comment cette scène allait finir ; Paul de Gondi les écarta d'un air de pétulance qui cadrait mal avec les formes graves qu'il affectait par momens, et il finit par menacer du manche de son fouet deux ou trois des plus importuns. Une petite troupe de gentilshommes à cheval qui l'accompagnait, et qui jusque-là s'était tenue à quelques pas de lui, vint achever ce qu'avait commencé son influence. Peu d'instans après, la masse compacte de peuple ameuté faisait place aux passans paisibles qui, en tout temps, affluent en cet endroit.

Cette tempête ainsi tranquillement apaisée, comme tant d'autres tempêtes plus terribles en apparence, le coadjuteur se tourna vers Fabien. Revenu de l'émotion bien naturelle que cet événement lui avait causé, le pauvre jeune homme exprima chaleureusement ses remerciemens à son libérateur. Le coadjuteur l'interrompit en lui mettant un doigt sur la bouche.

— Imprudent! murmura-t-il, pouviez-vous attendre autre chose de l'action la plus folle, la plus téméraire qui se puisse imaginer?... Je le vois, ceux qui ont compté sur votre courage ne se sont pas trompés... je désire cependant qu'ils ne vous trouvent pas entièrement tel qu'ils le voudraient.

Fabien, dans son trouble, ne songea pas à soupçonner le sens mystérieux de ces paroles.

— Monsieur, reprit-il, vous venez de me rendre un service immense; je ne craindrais pas une mort honorable sur un champ de bataille, et je n'hésiterais pas à la braver pour le service d'un ami, mais je vous avouerai que le contact de cette infâme canaille m'a glacé les sens, et...

— Paix, jeune homme, paix, dit le coadjuteur en regardant autour de lui avec défiance; cette canaille est respectable pour un gentilhomme quand elle est la plus forte, et si elle voulait s'apercevoir qu'elle l'est quelquefois... Mais, croyez-moi, mon cadet, ne restons pas ici plus longtemps ; je n'aime pas à me prodiguer en public. Il a fallu que votre danger me parût bien pressant pour que j'aie consenti à me montrer en cet équipage... si contraire à mes goûts et à ma sainte profession, continua-t-il en souriant d'un air sournois. Je vais rentrer au cloître Notre-Dame... Mais vous, mon jeune ami, où dois-je vous faire accompagner, car je ne suppose pas que vous veuilliez affronter les mauvaises rencontres en retournant chez vous?

— Je suis étranger, monsieur, répliqua le jeune Croissi embarrassé; je viens aujourd'hui à Paris pour la première fois...

— Oui-dà! reprit le coadjuteur en attachant toujours sur lui un regard inquisiteur, et vous n'avez ni logis, ni recommandations, ni compagnons de voyage? Voilà qui singulier!

— Je n'étais pas seul au moment où ces enragés se sont jetés sur moi...

— Mais celui qui vous accompagnait vous a lâchement abandonné, n'est-ce pas?

— Je n'ose le penser, monsieur, répliqua Fabien, à qui ce soupçon ne semblait que trop fondé.

— Et cette conduite, reprit son interlocuteur lentement et en pesant ses mots, est d'autant plus lâche que c'est celle d'un frère, n'est-ce pas, monsieur Fabien de Croissi?

Le jeune gentilhomme tressaillit et ne put retenir un mouvement de surprise en se voyant si bien connu d'un personnage éminent qu'il rencontrait pour la première fois. Paul de Gondi sourit de son embarras, et reprit avec volubilité:

— Ecoutez, mon cadet, ne vous tourmentez pas l'esprit à deviner des énigmes que vous ne pouvez comprendre encore, je suppose. Votre frère a certainement de bonnes raisons pour ne pas se montrer en ce moment, comme il en avait pour ne pas prendre sa part du danger que vous avez bravé si témérairement... Du reste, ne vous inquiétez pas à son sujet; il n'est pas loin d'ici, et sitôt que j'aurai tourné les talons, il reviendra près de vous. Je vous conseille, dans votre propre intérêt, de ne pas lui parler de notre conversation; mais si vous croyez me devoir un peu de reconnaissance, n'oubliez pas l'avis secret qui vous a été donné par le maître de poste.

— Un avis secret! dit Fabien avec étonnement.

Le coadjuteur posa de nouveau le doigt sur sa bouche avec mystère.

— Allons, adieu, mon enfant, reprit-il à voix haute et avec bonté, n'oubliez pas de remercier Dieu de votre délivrance, et tâchez de mériter ses grâces... Nous nous reverrons peut-être bientôt.

En achevant ces mots, il se retourna pour joindre le groupe de cavaliers qui l'attendaient à l'entrée de la place Dauphine. Il s'aperçut alors que plusieurs curieux s'étaient ralliés à quelque distance, pendant cette conversation.

— Eh bien! coquins, dit-il avec l'accent de la colère en s'avançant vers eux le bras levé, qui vous retient ici? Qu'attendez-vous?

— Votre bénédiction, monseigneur, répondit en s'inclinant d'un air malin et cafard l'écolier que nous connaissons déjà.

Le coadjuteur toucha légèrement de son fouet l'épaule du mauvais plaisant, et lui dit avec familiarité:

— Comment t'appelles-tu? Je t'ai déjà vu quelque part, je crois.

— Je me nomme Eustache Vireton, monseigneur, répondit l'écolier avec assurance; à la Sorbonne, ma pauvreté ne m'a pas permis de continuer mes cours de théologie, on m'avait surnommé *Loquax*, pour des raisons que je ne me soucie pas de dire... J'ai déjà rendu quelques petits services au parti de Votre Éminence.

— Eh bien! maître Loquax, reprit le coadjuteur d'un air jovial en lui désignant Fabien, veille un peu à ce que ce jeune garçon rejoigne promptement ses amis... Tu comprends? Viens me voir demain au cloître; j'aime les gaillards de ton humeur, surtout quand ils ont le cœur aussi hardi que la langue...

En prononçant ce compliment équivoque, Paul de Gondi salua les assistans, sauta sur son cheval et partit avec son cortège de gentilshommes, de pages et de laquais, au milieu des vivats.

Tout fier de l'ordre qui lui avait été donné et dont il sentait parfaitement la portée, l'écolier Eustache Vireton, ou Loquax, comme on voudra, s'avança vers Fabien pour lui offrir ses services; mais ils furent inutiles, car à peine le coadjuteur eut-il disparu du côté de la place Dauphine, que le baron de Croissi, suivi du postillon qui conduisait par la bride le cheval de Fabien, tourna l'angle du quai des Orfèvres. Arrivé près de son frère, il mit pied à terre en silence, aida Fabien, encore meurtri de sa lutte récente, à remonter en selle; puis ils s'éloignèrent sans prononcer une parole et sans écouter l'écolier, qui voulait, bon gré, mal gré, servir de guide au protégé du chef des frondeurs.

Eustache Vireton, fort opiniâtre de sa nature, les suivit de loin, ce qui n'était pas difficile, vu la fatigue des chevaux dont l'un, celui de Fabien, semblait à chaque pas près de s'abattre une seconde fois.

Les deux frères, au lieu de se diriger vers le faubourg Saint-Germain, descendirent le quai des Orfèvres et s'engagèrent dans les rues sombres du quartier Saint-Jacques. Ils se taisaient toujours, le baron, par un sentiment d'inquiétude et de colère, Fabien, peut-être par honte de s'être mis imprudemment dans une position cruelle et ridicule à la fois, contre l'avis de son aîné. Le postillon les suivait en maugréant, car ces incidens romanesques pouvaient faire perdre à son maître de poste trois de ses meilleurs bidets, et l'avaient exposé lui-même à quelques horions dans la bagarre du pont Neuf.

Cependant, lorsqu'on atteignit une rue détournée et déserte de ce vieux quartier, le baron se rapprocha de Fabien:

— Monsieur, dit-il d'un ton sec et sévère, grâce à votre imprudence, vous ne pouvez habiter d'ici à quelque temps l'hôtel de Croissi..... Si vous étiez reconnu pour l'auteur du tumulte qui vient d'avoir lieu, la justice pourrait vous demander des comptes sévères, ou tout au moins vous deviendriez la fable de la ville ; il faut vous cacher pour votre sûreté..... Vous avez enfreint mes ordres avec une inconcevable folie, vous en porterez la peine.

— J'ai du moins supporté seul les conséquences de cette folie, dit le jeune Croissi avec un peu d'amertume ; fal-

lait-il donc, monsieur, laisser insulter, peut-être égorger, sous mes yeux, une noble demoiselle que j'ai fait état d'aimer plus que ma vie?
— Soit, reprit le baron d'un ton plus doux; vous ne pouvez encore comprendre vos torts, ainsi que les motifs qui m'ont empêché de vous secourir en cette circonstance; mais vous me connaissez assez, Fabien, pour être sûr que la lâcheté n'entre pour rien dans ma conduite... Enfant imprudent que vous êtes! votre témérité a mis en péril l'important projet pour lequel j'avais besoin de vos services, et qui devait assurer votre fortune et la mienne.

En même temps il poussa un profond soupir. Cette douceur et cette indulgence touchèrent Fabien.

— Monsieur le baron, dit-il timidement, n'y a-t-il aucun moyen de réparer mes torts?

— Nous essayerons encore, reprit Albert tout pensif, et, pour commencer, voici ce que j'ai décidé : vous allez loger dans une auberge, où vous passerez pour un fils de famille qui vient à Paris rétablir sa santé... Je me charge d'arranger une fable ; vous, seulement, ne me démentez pas..., Vous ne sortirez pas de votre chambre pendant quelques jours, et, si vous êtes docile, si vous prenez les précautions que j'exige de vous, tout n'est peut-être pas perdu.

— Je me soumets, monsieur, dit Fabien, et mon obéissance vous prouvera combien je suis fâché d'avoir encouru votre disgrâce.

— C'est bien, dit le baron avec un sourire de satisfaction ; je vois avec plaisir, mon frère, que vous êtes aussi prompt à reconnaître vos fautes qu'à les commettre ; mais, continua-t-il d'un air d'indifférence, je voudrais vous adresser encore une question : le coadjuteur, ce gentilhomme qui vous a sauvé et vous a fait subir une espèce d'interrogatoire, sait-il votre nom?

— Je ne le lui ai pas dit, répondit en rougissant le jeune Croissi, qui se souvenait des recommandations pressantes de son libérateur ; il n'a rien appris de ma bouche, ni sur vous ni sur moi.

— Alors tout va mieux que je ne l'espérais, murmura le baron avec joie ; continuez d'avoir confiance en votre frère, Fabien, et vous ne vous en repentirez pas.

En ce moment ils étaient arrivés devant une maison vieille et enfumée de la rue de la Huchette. On n'avait pas encore à cette époque l'habitude de déguiser sous des noms pompeux des choses communes ; cette maison, qu'on appellerait aujourd'hui *hôtel garni*, ne prenait alors que le titre modeste d'auberge. Une grande enseigne, placée au-dessus de la porte, était ornée de trois oiseaux blancs d'une peinture miraculeuse ; et pour que le passant ne se trompât pas sur l'espèce des volatiles exposés à ses regards, on avait écrit au-dessous : *aux Trois Pigeons, bon logis;* rien n'était plus primitif.

L'arrivée de la petite cavalcade produisit une grande sensation dans ce quartier plébéien ; mais les voyageurs s'empressèrent de mettre pied à terre, et ils congédièrent le postillon avec une large rémunération pour le consoler de ses mésaventures ; puis les deux frères pénétrèrent dans l'auberge.

Au bout d'un quart d'heure, le baron sortit seul, laissant Fabien aux soins de l'hôtelier, avec lequel il s'était longuement entretenu dans la salle basse de l'auberge.

VII

UNE VISITE.

Le lendemain matin, à l'heure où la plupart des habitans de Paris se livraient encore au sommeil, Fabien de Croissi, fidèle à ses habitudes de la campagne, était assis dans une chambre de l'auberge, et écrivait à mademoiselle de Monglat. La nuit avait été agitée; il se reprochait amèrement de n'avoir pas prié son frère de s'informer du sort de la dame d'honneur ; aussi, dès que le jour parut, ne pouvant surmonter ses inquiétudes, s'était-il mis à écrire à son amie d'enfance, sans savoir comment il lui ferait parvenir sa lettre.

La chambre qu'il occupait était petite et mesquine, éclairée par une seule fenêtre qui donnait sur la cour de l'hôtellerie. Un vieux lit à baldaquin, une armoire et quelques chaises dépaillées la meublaient sans l'orner, conjointement avec la table boiteuse sur laquelle il s'appuyait, et le morceau de glace qui servait de miroir au-dessus de la cheminée. Mais Fabien ne paraissait guère s'inquiéter de l'aspect misérable de ce logis où l'avaient relégué les défiances de son frère. Le bruit de la rue, fatigant et nouveau pour ses oreilles provinciales, était lui-même impuissant à distraire son attention.

Il allait fermer sa lettre, quand tout à coup un vacarme assourdissant s'éleva dans la partie inférieure de la maison. On eût dit d'une violente querelle entre deux hommes irrités dont ni l'un ni l'autre ne voulait céder. Comme le bruit continuait en augmentant, Fabien, par une sorte de curiosité machinale, écouta les paroles qui s'échangeaient avec fureur au bas de l'escalier.

— Oui, je monterai malgré vous, vieil ignorantasse, disait une voix aigre et criarde que Croissi se souvenait d'avoir entendue déjà, sans pouvoir dire précisément en quelle circonstance ; ce jeune gentilhomme est mon ami, il m'a été recommandé par des personnes qui valent mieux que vous et moi, et d'ailleurs, hier, à son arrivée, j'ai pu lui rendre un service dont il se souviendra longtemps.

— A d'autres, répondait une voix enrouée ; espérez-vous me faire croire que cet étranger, qui ne connaît personne à Paris, est l'ami d'un pauvre petit savantasse tel que vous? Il ne veut voir personne, et il a expressément défendu de le déranger..... Ainsi donc, décampez bien vite, ou je vais appeler mes valets, et nous vous frotterons d'importance.

— Je te frotterai moi-même, ô *hominum impudentissime!* s'écria l'inconnu d'un ton menaçant; *vade retro, sa'anas,* ou tu vas apprendre comment je cogne les insolens.

Ce jargon amphigourique, moitié français, moitié latin, rappela bientôt au souvenir de Fabien l'écolier facétieux qu'il avait rencontré la veille dans un fâcheux moment. Surpris de l'insistance que mettait Eustache Vireton à pénétrer jusqu'à lui, il voulut sortir afin de connaître la cause de cette visite matinale ; alors seulement il s'aperçut qu'il était enfermé.

La pensée que son frère avait donné l'ordre de le retenir prisonnier fit affluer au visage de Fabien tout le sang de ses veines. Malgré son caractère calme et réfléchi, nous savons déjà que, dans l'occasion, il ne manquait ni de vivacité ni d'énergie. A son tour, il mêla sa voix aux voix discordantes qui retentissaient toujours au bas de l'escalier, et il ordonna rudement à l'hôte de venir ouvrir.

Cette diversion imposa silence aux disputeurs. Quand il eut pu comprendre de quelle nature étaient les réclamations de Croissi, le théologien reprit sur un ton plus haut et plus insolent :

— Eh bien! méchant gargôtier de la cour des Miracles, n'entends-tu pas que ce gentilhomme désire me voir? Prétendrais-tu le priver de sa liberté? *Proh! deos immortales!* si je le croyais...

— Ouvrez! ouvrez donc! s'écriait Fabien en frappant la porte avec violence.

Ainsi pressé, l'aubergiste finit par monter l'escalier en grommelant. Le premier mouvement de Fabien, dès qu'il fut libre, fut de courir à lui pour l'accabler de véhémens reproches ; mais au lieu de se trouver en face de l'hôte, il tomba dans les bras de l'écolier, qui dit avec de grandes démonstrations de politesse :

— *Quomodo vales, illustrissime domine ?* Monsieur, je suis bien votre serviteur... Tu vois, continua-t-il en s'adressant à l'aubergiste, de quelle manière on me reçoit. Que ceci soit une leçon pour les rustres de ton espèce, quand il s'agit de gens de science et de qualité comme ce seigneur et comme moi.

Fabien, stupéfait de cette familiarité, se dégagea des bras de l'écolier et le regarda froidement. Eustache Vireton, sans s'embarrasser de cet examen, prenait des airs de cour, et se drapait fièrement dans ses guenilles noires, tout en assourdissant son soi-disant ami de ses offres de service. Croissi l'interrompit au milieu de ce fatras inintelligible.

— Je ne sais trop, monsieur, fit-il sèchement, ce qui me vaut l'honneur de votre visite ; mais avant tout je veux dire à cet homme (et il se tourna vers le maître d'hôtel) que je n'entends pas être retenu contre mon gré ; j'exige donc qu'il me remette la clef de cette chambre.

— Mais, monsieur, dit l'aubergiste avec hésitation, il est d'usage...

— Rends cette clef, drôle ! s'écria l'écolier.

— Laissez-moi le soin de mes propres affaires, répliqua Fabien d'un ton mécontent en s'adressant à son officieux assesseur ; et vous, monsieur l'hôte, si vous ne me remettez cette clef, je quitterai votre maison à l'instant.

— Monsieur, dit l'aubergiste avec un air perplexe, le parent qui vous accompagnait hier m'a donné l'ordre...

— Mon parent a droit à mes égards et à mon respect, reprit Fabien, mais non pas à ma complète obéissance. Voyez ce que vous avez à faire ; ou bien je sortirai de cette maison, ou bien...

— En ce cas, et puisque vous y tenez tant, dit l'aubergiste en lui présentant la clef, la voici ; vous vous arrangerez avec l'autre, je m'en lave les mains.

Et il sortit en grondant.

Resté seul avec le jeune de Croissi, Eustache prit un siége et se plaça gravement en face de Fabien, qu'il accablait de compliments. Le provincial ne revenait pas de l'aplomb imperturbable de sa nouvelle connaissance ; mais il avait pris le parti d'en rire en attendant que l'écolier voulût bien expliquer le motif de sa visite. Comme Eustache ne se pressait pas d'en venir au fait et s'embrouillait de plus en plus dans d'interminables politesses, avec force citations latines :

— De grâce, monsieur, reprit Fabien froidement, faites trêve à ces honnêtetés dont je suis indigne, et dites-moi bien vite en quoi je puis vous être agréable. Notre connaissance est de si courte date et a commencé dans des circonstances si pénibles, que je pourrais ne pas tenir beaucoup à la cultiver... D'ailleurs je ne sais vraiment pas si votre conduite, dans mon aventure récente, est de nature à vous mériter mes remercîments.

Cette allusion aux plaisanteries que l'écolier s'était permises pendant que Fabien se voyait en proie à la fureur populaire, ne déconcerta nullement Eustache Vireton.

— O ingratitude humaine ! s'écria-t-il d'un ton tragicomique, *ô tempora ! ô mores !* serait-il possible qu'un homme de sens se laissât prendre aux apparences, comme le profane vulgaire ? Vous n'avez donc pas remarqué, continua-t-il avec un accent différent, le but de ces plaisanteries ? je voulais arrêter un moment vos persécuteurs et donner au coadjuteur, que je voyais de loin confondu dans la foule, le temps de venir à votre secours.

— S'il en est ainsi, monsieur, dit Fabien, recevez mes remercîments pour la part que vous avez prise à ma délivrance. Mais, encore une fois, ce n'est pas, je pense, au désir de faire valoir le service dont vous parlez, que je dois l'honneur de votre visite ?

— Allons donc ! ne parlons pas de cette bagatelle ! Non, non, monsieur, je ne veux pas de remercîments ; mon intention en venant ici était seulement de m'assurer que vous ne vous trouviez pas mal des suites de l'aventure d'hier et de vous offrir mon amitié en échange de la vôtre.

Fabien, dans sa naïveté campagnarde, n'entendait rien encore à cette phraséologie de politesse alors de mode à Paris ; il reçut assez mal les avances du malencontreux visiteur.

— Je me porte fort bien, dit-il brusquement ; et quant à mon amitié, elle serait si peu profitable à qui que ce soit qu'il n'y aurait pas grand avantage à la rechercher.

Il se leva pour congédier l'importun ; Eustache ne parut pas s'en apercevoir, et reprit avec un grand flegme :

— Vous êtes trop modeste, monsieur ; mais si vous ne voulez pas m'offrir vos bons offices, les miens pourront vous être utile, *boni quoniam convenibus ambo ;* ainsi donc disposez de moi, de mon crédit à la cour et ailleurs...

— Mais, monsieur, s'écria Fabien impatienté, je vous répète que je n'ai besoin des bons offices de personne.

— Chansons ! répliqua le fâcheux *novi locum,* mon beau cavalier. Écoutez-moi : vous ne pouvez sortir dans Paris de peur que l'on ne vous reconnaisse pour l'auteur du tumulte d'hier ; voilà pourquoi votre ami, votre compagnon, votre parent, ou enfin quelle que soit sa qualité, le gentilhomme qui vous a conduit dans cette auberge, voulait vous tenir sous clef ; or, quand on est amoureux comme vous, quand on ne peut soi-même vaquer à ses affaires, on a besoin d'un ami discret et fidèle...

— Amoureux ! dit Fabien avec embarras. Comment savez-vous... ?

— Allons, ne le niez pas... N'ai-je pas vu la jolie personne qui s'est mise à la portière du carrosse et qui vous a fait signe de lui porter secours ?

Eustache s'exprimait avec un mélange de malice et de naturel qui laissait douter s'il avait quelque motif secret d'imposer ainsi sa présence au jeune Croissi, ou s'il n'était réellement qu'un fâcheux original. Fabien ne savait que penser et hésitait à répondre, quand le théologien, se mettant à l'aise et chiffonnant son rabat, reprit avec assurance :

— Oui, monsieur, vous êtes amoureux, je le sais, et d'une grande dame encore... vous ne pouvez donc vous passer d'un confident et ce sera moi, s'il vous plaît. Ah ! il vous faut des grandes dames ! Si j'en juge par votre équipage et votre logement, mon cher Pylade, cette passion nous donnera beaucoup de peine à mener à bien ; mais enfin, *diis non obstantibus,* nous réussirons je vous le promets.

La colère de Fabien était tombée ; il dit à son nouveau protecteur.

— Vous, monsieur, qui faites de si bizarres suppositions à mon endroit, savez-vous que je pourrais en faire d'étranges au vôtre ?

— Vous n'approcheriez pas de la vérité, répliqua l'écolier avec volubilité ; aussi je vais vous donner l'exemple de la franchise : je m'appelle Eustache Vireton, surnommé *Loquax,* écolier en théologie à la Sorbonne, et je vis de mes rentes, quand je ne peux vivre autrement.

— Cela veut dire que vous vivez quelquefois fort mal ?

— Que voulez-vous ? reprit le sorbonien avec sangfroid, nous sommes parfois, nous autres écoliers, aussi gueux qu'un cadet de Normandie qui reste au croc de son aîné, s'il ne juge pas à propos de se faire soldat, moine ou voleur.

Fabien fut sur le point de s'offenser de ce sarcasme ; mais, réfléchissant que l'écolier en ignorait probablement la portée, il reprit avec simplicité :

— Enfin, maître Eustache Vireton, dois-je conclure de tout ceci que vous accepteriez volontiers quelques écus ?

— Pourquoi non, monsieur ? dit l'écolier avec moins d'effronterie, pourvu que vous me donniez occasion de de les gagner, ajouta-t-il aussitôt. Je suis comme ces lords venus à Paris avec la pauvre reine d'Angleterre ; ils meurent de faim, mais ils ne veulent rien prendre sans donner.

Fabien cherchait quelque argent pour ce mendiant de nouvelle espèce : la lettre restée sur la table frappa ses yeux et lui fit naître une idée subite.

— Eh bien ! Vireton, demanda-t-il avec hésitation, sauriez-vous remplir une mission qui demande un peu de zèle et peut-être de l'adresse ?

— J'aurai l'un et l'autre pour vous servir, répondit Eustache avec empressement.

— Monsieur, reprit Croissi, je ne peux concevoir quel intérêt vous auriez à trahir ma confiance ; cependant je ne sais quoi de vous m'étonne et m'empêche de me livrer sans réserve.

— Je vous parais peut-être singulier, dit l'écolier avec un accent mélancolique et en baissant la voix ; vous êtes étranger à Paris, monsieur, et vous ignorez encore quelles formes infinies peut prendre ici la pauvreté ?... Eh bien ! oui, s'il faut l'avouer, j'ai pensé que votre aventure d'hier me fournirait l'occasion de tirer quelques écus de vous et d'une autre personne qui ne se pique pas d'être très économe... Cependant vous pourrez entendre dire dans le quartier de la Sorbonne que le pauvre Eustache Vireton a dormi plus d'une fois sous les piliers des halles, faute de gîte, ou mangé la soupe des mendians à la porte des couvens, faute d'autre nourriture, mais personne n'osera m'accuser d'avoir commis une mauvaise action.

Ce langage différait tant de celui que l'écolier avait tenu jusque-là ; il y avait si loin de ces airs de courtisan et de fat qu'il avait pris d'abord avec cette humilité triste et résignée, que Fabien fut ému jusqu'aux larmes.

— Je vous crois, maître Vireton, reprit-il avec confiance ; si donc vous voulez gagner une récompense convenable, voici ce que j'attends de vous : ce papier est pour une dame attachée à la personne de la reine ; il s'agirait de pénétrer au Palais-Royal, de remettre la lettre à son adresse et de me rapporter la réponse... Croyez-vous pouvoir réussir dans cette mission ?

— J'en suis sûr, dit Eustache Vireton, qui passait d'un sentiment à l'autre, comme le caméléon change de couleur, et reprenait déjà son ton fanfaron ; ne vous ai-je pas dit que j'avais des amis à la cour et que vous pouviez disposer de mon crédit ?

— Vous, des amis à la cour ?

— Un de mes parens, mon propre cousin germain, occupe un poste important dans la maison de la reine, et j'entre au palais lorsqu'il me plaît.

— Mais alors, reprit Fabien d'un air de doute, comment ce parent vous laisse-t-il dans une position fâcheuse ?

— *Quid dicam? quo convertar?* Ce cher cousin Boniface a lui-même bien des peines ! depuis deux ans il attend de l'avancement qu'on ne lui accorde pas... Le départ du cardinal lui a fait le plus grand tort ; sans cet événement, il serait peut-être déjà marmiton en chef dans les cuisines de la reine, car, il faut l'avouer, il est un peu mazarin.

— Quoi ! s'écria Fabien alarmé, votre parent serait...

— Troisième sous-aide marmiton, répliqua l'écolier d'un air d'orgueil, et par son secours votre lettre sera remise sur-le-champ à son adresse... Vous verrez, monsieur, comment nous servons nos amis !

Fabien balança ; l'emploi de cet intermédiaire infime entre lui et la belle demoiselle de Montglat excitait sa répugnance ; mais il n'avait pas le choix des moyens. Force lui fut donc d'accepter celui que proposait l'écolier. Il remit la lettre à Vireton, qui lut l'adresse en grommelant :

— La demoiselle de Montglat, dame d'honneur de la reine ! la dame d'hier, sans doute... Diable ! cachons bien ce poulet ! si on le voyait entre mes mains, on me traiterait de mazarin et on me pourchasserait d'importance... Eh bien ! mon gentilhomme, ajouta-t-il en prenant son bonnet carré et se disposant à sortir, je vous demande deux heures pour vous apporter la réponse de la dame ; je pénétrerai jusqu'à votre mie, dussé-je entrer au palais par un tuyau de cheminée.

— Pas d'imprudence ! s'écria Fabien ; je sais, mon cher, comment vous vous introduisez dans les maisons où vous n'êtes pas attendu ; mais, par le Christ ! il ne serait pas sage de compromettre le nom de la personne à qui la lettre est destinée. Je jure bien que s'il vous arrive de commettre sciemment la moindre balourdise...

— Allons ! allons ! calmez-vous, mon gentilhomme, dit Eustache d'un ton plus froid ; *experto crede*, rapportez-vous-en à mon expérience. J'ai habitude d'entrer au palais et d'en sortir ; tous les officiers de bouche me connaissent... D'ailleurs, ajouta-t-il avec malice, ma tête n'est peut-être pas aussi fêlée qu'elle en a l'air ; vous verrez que tout ira bien.

Fabien lui donna quelques pièces de monnaie, lui répéta ses recommandations, et l'écolier descendit les escaliers quatre à quatre, avec un bruit à faire croire que la maison allait crouler.

Il avait fallu à Fabien toute sa candeur provinciale, toute sa probité juvénile, tout l'aveuglement d'un amour ardent, pour le décider à remettre ses secrets en de pareilles mains. A peine donc Eustache Vireton avait-il eu le temps de franchir le seuil de la maison, que le jeune Croissi se repentit de sa confiance et voulut courir après lui ; mais il se souvint qu'il avait promis à son frère de ne pas se montrer en public. D'ailleurs, il lui semblait impossible de faire un pas dans Paris sans guide. Obligé d'attendre avec résignation le retour de l'écolier, il se mit à se promener tristement dans sa chambre.

Deux heures s'écoulèrent ainsi. L'aubergiste lui monta son déjeuner. Fabien voulut faire des questions sur Eustache Vireton, mais le maître d'hôtel ne le connaissait pas, et se contenta de dire d'un air de rancune que l'écolier était un mauvais chenapan. Cette assertion ne rassurait nullement Fabien ; le temps qu'il supposait suffisant pour remplir la mission dont il avait chargé maître Vireton lui semblait écoulé de beaucoup. Il se demandait déjà si son messager ne s'était pas enivré en route, s'il n'avait pas abusé du message d'une manière quelconque, ou s'il n'avait pas fait au palais quelque sottise qui avait attiré sur lui une correction sévère. Ces suppositions et d'autres encore le tourmentaient cruellement, quand des pas rapides retentirent dans l'escalier. Fabien courut à la porte et reconnut son frère.

Le baron portait un costume d'une simplicité extrême ; son habit était tout uni, et il n'avait ni écharpe ni panache. En revanche, une grande joie se montrait sur son visage maigre et sanguin. Il ne remarqua pas la préoccupation de Fabien, et dit à l'aubergiste, qui s'inclinait jusqu'à terre :

— A-t-on exécuté mes ordres ? N'a-t-on vu personne ?

— Non, monsieur, dit l'aubergiste avec embarras, mais.....

— C'est bon, laissez-nous, interrompit brusquement le baron sans l'écouter.

L'hôte, qui craignait une verte réprimande pour avoir contrevenu à certaines recommandations secrètes du baron, s'empressa d'obéir et sortit.

Dès qu'il fut seul avec son frère, Albert se jeta sur une chaise et dit avec vivacité, sans même songer à s'informer de la santé de Fabien après tant de fatigues :

— Tout marche à souhait ; votre aventure d'hier cause grand bruit dans Paris, mais personne ne sait le nom du héros ; mes amis et moi nous pensons que nous pouvons agir de suite. — Fabien attendit en silence que son aîné voulût bien s'expliquer. — Vous ne me comprenez pas encore, reprit le baron avec solennité, mais le moment est venu, Fabien, où je ne dois plus avoir de secrets pour vous... Vous allez tout savoir.

En même temps il alla fermer la porte avec les plus grandes précautions, puis il se rassit, et parla si bas que de l'autre extrémité de la chambre on n'eût pu saisir une seule de ses paroles.

VIII

LA REINE.

Le même jour, à peu près au moment où Fabien de Croissi recevait la visite d'Eustache Vireton, les courtisans se pressaient dans la grande galerie du Palais-Royal, en attendant le lever de la reine régente, Anne d'Autriche. La cour, à cette époque de troubles, ne présentait pas l'aspect brillant qu'elle prit plus tard sous le fastueux Louis XIV. Les grands seigneurs avaient suivi, pour la plupart, les différens partis qui dressaient leurs drapeaux dans la capitale. Les uns attendaient à cette heure au Luxembourg le lever de Monsieur, duc d'Orléans ; les autres accompagnaient au parlement le prince de Condé ou le coadjuteur ; d'autres enfin s'étaient confinés dans leurs terres où dans leurs gouvernemens pour rester neutres. On ne voyait plus autour du trône que des intrigans vulgaires, créatures du cardinal Mazarin, quelques vieux serviteurs de la monarchie qui suivaient le parti de la reine par habitude autant que par dévouement, et surtout bon nombre de ces parvenus qui, pour conserver le pouvoir, n'hésitent jamais à mettre l'Etat en péril.

Parmi ces derniers on remarquait les sous-ministres Servien, Lionne, Le Tellier, le vieux Châteauneuf, garde des sceaux, à côté des maréchaux Du Plessis, de Grammont, d'Hocquincourt. Plusieurs jésuites en robes noires, au regard sournois, au sourire faux, aux manières hypocrites, allaient et venaient de groupe en groupe, colportant les nouvelles du jour et prêtant l'oreille aux observations qu'elles faisaient naître parmi les courtisans ; c'étaient les Fouquet, les Brachet, les Bertet, les Silhon. Ils servaient d'intermédiaires à la reine et au cardinal, et ils passaient une partie de leur vie sur la route de Breuil à Paris. On voyait aussi là certains personnages ridicules, tels que Longo Ondédéi, depuis évêque de Fréjus, âme damnée de Mazarin. Affublé de plumes et d'oripeaux, il se promenait dans la salle avec les airs les plus impertinens du monde. Quant aux illustrations parlementaires et militaires dont s'occupaient la renommée, elles n'avaient garde de se présenter chez la reine. Le grand Condé avait un parti sur le pavé de Paris, Turenne restait enfermé dans son hôtel, et le président Molé fulminait des remontrances contre le rappel du Mazarin, tout en protestant de son respect pour la régente et le roi.

Quelques femmes égayaient cependant l'aspect un peu morne de cette cour où les factions avaient fait tant de ravages. Parmi celles qui venaient encore rendre leurs devoirs à la souveraine, on remarquait mesdames de Carignan, de Niel, de Beauvais, simples commères de cour sans importance ; la duchesse de Chevreuse, grande femme altière et méchante, dont l'extérieur annonçait une coquette surannée, et sa fille, jolie personne vive, pétulante, qui passait alors pour être en grand crédit auprès du coadjuteur. Non loin de la grande porte dorée des appartemens royaux, se tenaient les filles d'honneur, attendant que leur service les appelât dans la chambre de leur maîtresse. Des officiers aux gardes, en brillans uniformes, de jeunes abbés exhalant le musc et l'ambre, coquetaient à l'entour, et les pages riaient, en les regardant, de certaines anecdotes qui couraient sur quelques-unes d'elles.

Il y avait ce matin-là, pour amuser l'oisiveté des courtisans, autre chose que les sonnets de Benserade ou de Voiture, les nouvelles arrivées récemment de Breuil, et les réflexions ordinaires sur ce qui se passait au parlement ; on parlait de l'émeute causée la veille par un carrosse de la reine sur le pont Neuf, et l'événement était raconté de mille manières contradictoires. Il semblait pourtant facile de remonter à la vérité ; au milieu d'un groupe de causeurs se trouvait le vieux seigneur que nous avons vu la veille, dans le carrosse, prêt à se jeter sur le peuple l'épée nue, et qui n'était autre que le maréchal d'Hocquincourt. Mais soit que la colère l'eût aveuglé, soit que les cris et les gestes menaçans des révoltés l'eussent assez ému pour l'empêcher de bien observer, la version du bon maréchal était confuse et incroyable. Aussi la plupart de ses auditeurs la contestaient-ils chaleureusement, et ils substituaient leurs propres narrations à celle du témoin oculaire. Les uns accusaient le duc d'Orléans, les autres monsieur le prince, d'autres enfin le coadjuteur lui-même, d'avoir ameuté la populace ; chacun appuyait son opinion de raisons qui ne faisaient qu'obscurcir l'événement.

Une des filles d'honneur assises à l'extrémité de la galerie pouvait peut-être mieux que le maréchal donner des détails exacts sur l'émeute du pont Neuf : c'était mademoiselle de Montglat. Elle était vêtue avec tout l'éclat qu'exigeait la nature de ses fonctions auprès de la reine ; mais ses traits pâles et fatigués contrastaient avec cette riche toilette. Ses yeux paraissaient rouges de larmes versées pendant la nuit, dont elle n'avait pu entièrement effacer la trace. Vainement les curieux étaient venus l'interroger sur l'aventure qui défrayait la conversation générale ; elle n'avait répondu que par monosyllabes, d'un ton de légère impatience. On eût dit qu'une répugnance secrète l'empêchait de livrer aux interprétations malignes des courtisans le récit d'un fait qui la touchait de si près.

La duchesse de Chevreuse, sa protectrice, croyant sans doute être plus heureuse, s'avança vers elle d'un pas lent et majestueux ; elle lui dit quelques mots bas d'un air de confiance. La jeune fille, en la voyant près d'elle, ne put retenir un geste d'effroi, et répondit d'une voix étouffée :

— Ne m'interrogez pas, madame ; je n'ai déjà que trop répondu à vos questions. C'est vous qui m'avez perdue.

La fière grande dame haussa les épaules, et enveloppa la fille d'honneur d'un regard dédaigneux.

— Ingrate ! murmura-t-elle ; mais faites la discrète tant que vous voudrez..... il est bien temps ! Je saurai la vérité.

Puis elle tourna le dos à Elisabeth, et regagna sa place. On s'était donc lassé de tourmenter la pauvre enfant ; on se contentait de la désigner du doigt en chuchotant, quand la porte des appartemens royaux s'ouvrit ; un joli petit page, de douze à treize ans, à l'air narquois et éveillé, entra dans la grande salle. Les assistans se précipitèrent de son côté, pensant bien qu'il était porteur de quelque message dont ils voulaient les premiers pénétrer le secret ; mais le page les écarta sans façon, s'avança vers Elisabeth, et lui fit un profond salut, en affectant les formes cérémonieuses des courtisans consommés.

Élisabeth sortit de sa rêverie, et s'efforça de sourire au petit espiègle qui la regardait avec des yeux langoureux :

— Eh bien ! qu'y a-t-il, monsieur de Bussi ! avez-vous des ordres à me transmettre ?

— Ah ! cruelle, inhumaine Montglat, dit le précoce enfant en poussant un gros soupir, jamais un mot de pitié pour mon douloureux martyre..... Il est vrai, continua-t-il d'un ton cavalier, que je vous ai promis un sonnet sur vos beaux yeux, et que ce drôle de monsieur Voiture, à qui je l'ai commandé, ne l'a pas encore composé ; je le ferai bâtonner par mes laquais, foi de gentilhomme !

Elisabeth restait toute confuse, car les galanteries de son adorateur en miniature excitaient les moqueries des courtisans.

— N'aviez-vous donc pas autre chose à me dire ? demanda-t-elle avec embarras ; je croyais...

— Il est vrai, répéta le page, qui sembla se souvenir enfin de sa mission, vos beaux yeux m'ont ébloui, belle

Montglat, je suis chargé de vous annoncer que la reine veut vous voir sur-le-champ.

— Étourdi! fit Élisabeth en se levant avec vivacité.

Et elle se dirigea vers la porte des grands appartemens.

La fille d'honneur, précédée par l'agile petit page, qui transmettait aux huissiers et aux chambellans l'ordre de laisser passer, éprouvait une agitation singulière qui devenait plus visible à mesure qu'on approchait de la reine. Au moment où Bussi allait l'introduire dans la chambre royale, elle était si pâle, que l'enfant effrayé crut devoir la questionner sur la cause de son émotion ; elle le remercia par un sourire mélancolique, et lui dit de remplir son devoir. Le page fit une petite moue, poussa le bouton de la porte, et Élisabeth se trouva devant Anne d'Autriche.

La reine était seule dans une vaste chambre aux lambris dorés et couverts de sculptures, suivant le goût de l'époque. Un de ces grands lits à ciel dont le lit de Louis XIV, que l'on conserve à Versailles, donne une idée exacte, était protégé par une balustrade qui séparait la chambre en deux parties. Un demi-jour se glissait avec peine entre les lourds rideaux de brocart qui couvraient les fenêtres. A cette clarté douteuse, Élisabeth aperçut la régente assise derrière la balustrade, dans un grand fauteuil armorié de fleurs de lis, au milieu des dépêches qu'on venait de lui remettre. Elle était déjà toute habillée pour recevoir la cour. Anne d'Autriche avait alors environ cinquante ans, et, quoique bien conservée, elle se trouvait à cet âge où les femmes n'aiment pas à se montrer en négligé du matin, même à leurs meilleures amies. Sa taille paraissait plutôt élevée que moyenne ; ses traits étaient nobles et majestueux, ses cheveux d'un noir de jais ; ses yeux bleu vert avaient un éclat particulier. Quelques rides légères imprimaient à sa physionomie une gravité qui ne la déparait pas. Une sorte de mantille noire encadrait sa figure, suivant une mode du temps, et achevait de lui donner un caractère tout espagnol. Sa taille, un peu cachée sous les plis mouvans de sa robe de velours bleu, ne présentait pas cet embonpoint excessif que la maturité apporte souvent avec elle. Enfin sa main, qui s'échappait des flots de dentelles de ses manchettes, était encore dans ce temps-là, au dire des courtisans, la plus belle main de France et de Navarre.

Le page avait disparu après avoir introduit Élisabeth, et la jeune fille s'était arrêtée respectueusement à quelque distance, attendant qu'un regard de sa maîtresse tombât sur elle. Mais, soit que la lecture absorbât son attention, soit que le bruit des pas de la dame d'honneur sur le tapis eût été trop léger pour être entendu, la reine ne s'aperçut pas de la présence d'une personne étrangère. Mademoiselle de Monglat, immobile et silencieuse, osait à peine respirer, de peur de s'attirer une de ces rebuffades dont Anne d'Autriche n'était pas avare dans ses momens de vivacité.

La reine continua donc la lecture de ses dépêches, dont le contenu ne semblait pas être très agréable, à en juger par ses sourcils froncés et ses mains convulsivement serrées. Elle froissa plusieurs fois les papiers, et donna d'autres signes de colère. Ces symptômes fâcheux n'étaient pas de nature à rassurer la timide jeune fille ; mais son inquiétude devint de la terreur quand la reine, cédant à l'irritation qu'elle éprouvait, lança les papiers loin d'elle en disant d'une voix sourde :

— L'insolent! oser me braver ainsi! Allons, puisqu'il le faut, il périra ou je périrai!

En laissant échapper ces paroles mystérieuses, Anne d'Autriche releva la tête, et aperçut enfin Élisabeth debout devant elle.

— Qui est là? demanda-t-elle avec fierté, qui se permet d'épier mes actions?

— Madame, dit Élisabeth d'une voix émue, je venais, d'après les ordres de Votre Majesté...

Mais déjà la reine l'avait reconnue ; elle l'interrompit d'un ton caressant :

— Ah! c'est toi, mignonne? en effet, je t'ai mandée pour causer un moment avec toi... Allons! approche, j'ai des questions à te faire.

La comtesse s'avança jusqu'à la balustrade, et s'inclina profondément en attendant que la reine lui adressât la parole ; mais elle n'était pas encore assez proche, Anne lui fit signe d'entrer dans l'enceinte où elle se tenait elle-même.

— Allons, assieds-toi, lui dit-elle familièrement en désignant à ses pieds un de ces tabourets que certaines grandes dames de la cour avaient seules le droit d'occuper en sa présence, assieds-toi, petite, et causons comme de bonnes amies.

Élisabeth, habituée par ses fonctions journalières aux rigueurs de l'étiquette, hésitait à obéir ; la reine reprit avec impatience :

— Assieds-toi donc, petite sotte ; nous sommes seules, et j'ai beaucoup de choses à te demander. — Mademoiselle de Montglat obéit en silence. Anne d'Autriche l'examina pendant un instant, d'un air distrait ; elle dit enfin de ce ton de familiarité affectueuse qu'elle avait déjà pris avec sa fille d'honneur : — Écoute, Montglat, j'ai confiance en toi parce que je te sais discrète, sage et fidèle... Mes autres filles ne songent qu'à observer mes actions pour aller les redire à leurs galans, qui en font part aux frondeurs et à mes ennemis. Si toute autre avait entendu les paroles qui viennent de m'échapper, j'en aurais une grande inquiétude, et je pourrais céder à la tentation de m'assurer de ton silence... Mais tu n'as pas d'amoureux, et c'est ce qui me rassure. — Élisabeth baissa la tête ; la reine reprit avec un sourire : — Quand je dis que tu n'as pas de galant, friponne, je me trompe ; il y a ce petit cadet de province qui doit nous rendre certains services dont, aujourd'hui plus que jamais, nous sentons le prix... Allons, *mia cara*, il ne faut pas te troubler ainsi ; si ce jeune homme est tel qu'on nous l'a dépeint, et s'il réussit dans l'entreprise qui lui est confiée, ni toi ni lui vous ne m'accuserez d'ingratitude... Mais, continua-t-elle d'un ton différent, laissons cela pour un instant ; raconte-moi, mon enfant, dans tous les détails, ton aventure d'hier. Monsieur d'Hocquincourt, exaspéré de voir des manans insulter des personnes de qualité, outrager l'autorité royale, ne se souvient distinctement de rien aujourd'hui ; les pauvres compagnes avaient perdu la tête ; toi seule tu peux donc me dire la vérité. Voyons, parle avec franchise ; ceux qui vous ont arrêtées sur le pont Neuf ne portaient-ils pas l'écharpe isabelle et n'étaient-ils pas des partisans du prince de Condé?

— Madame, répondit Élisabeth avec modestie mais d'un ton ferme, je croirais manquer au respect que je dois à Votre Majesté si je laissais planer vos soupçons sur des personnes qui ne l'ont pas mérité. Des gens revêtus de l'écharpe isabelle se trouvaient en effet dans la foule qui entourait le carrosse, mais ces gens ne se sont portés envers nous à aucun excès, n'ont pris aucune part aux mauvais traitemens dont on nous accablait.

— Tu te trompes! dit la reine avec agitation ; tu es seule de ton avis... Tous les rapports qui me sont arrivés sur cette affaire me présentent monsieur le prince comme l'auteur de cette honteuse tentative... Oui, répéta-t-elle en frappant du pied, il avait préparé cette émeute croyant que j'étais moi-même au nombre des dames qui allaient aux Carmélites célébrer la fête de saint Alexis... C'est de lui que me viennent tous les outrages dont la noblesse, le parlement et le peuple m'accablent à l'envi : c'est lui qui perdra l'État, si je le laisse faire, et qui me reléguera dans un village, comme ce pauvre monsieur le cardinal.

Elle se tut un moment, et, dès qu'elle parut plus calme, la fille d'honneur reprit d'un air assuré :

— Que Votre Majesté me pardonne de ne pas me ranger à son avis... Il ne m'appartient pas de juger monsieur le prince, mais, dans cette circonstance, je n'ai rien vu qui pût le faire supposer coupable d'un attentat si noir... Et pour preuve, madame, le cavalier qui nous a délivrées portait l'écharpe isabelle.

— Eh ! ne vois-tu pas que c'était une comédie ? s'écria la reine avec vivacité ; tout cela était concerté d'avance entre les meneurs de cette échauffourée. Ils ne pouvaient pas vous laisser égorger par la populace ; l'un de ces messieurs s'est fait votre champion pour détourner les soupçons et se donner dans Paris des airs de galant chevalier.

— Que Votre Majesté veuille bien excuser ma hardiesse, dit Élisabeth, mais à ma connaissance cette supposition n'est pas encore la vraie... Je suis certaine, continua-t-elle en rougissant, que le gentilhomme devant qui je me suis démasquée, dont j'ai réclamé les secours et qui s'est jeté si courageusement à travers la foule pour nous délivrer, ne pouvait avoir reçu le mot d'ordre de monsieur le prince, ou de quelqu'un de ses partisans.

— Vous le connaissez donc, mademoiselle?

— Je le connais, madame, et cette circonstance explique l'incroyable témérité dont ce pauvre jeune homme est peut-être victime... On dit qu'il a été massacré par le peuple après notre délivrance, et qu'on l'a été jeter dans la Seine.

Élisabeth, laissant échapper ses sanglots longtemps contenus, se couvrit les yeux de son mouchoir.

— Massacré ! dit la reine. Consolez-vous, folle ; il n'y a pas eu de sang répandu dans cette affaire... J'ai des rapports certains... Ce drôle a été sauvé par le coadjuteur, seulement on ne sait ce qu'il est devenu.

— Serait-il possible? s'écria mademoiselle de Montglat en joignant les mains avec une indicible expression d'espérance et de joie.

— Mais alors quel est donc cet aventurier? Il paraît à point nommé pour vous tirer d'embarras, et s'évanouit aussitôt comme une vision ; c'est étrange.

— Madame, dit Élisabeth, ou je me trompe fort, ou Votre Majesté ne sera pas longtemps sans entendre parler de lui.

— Moi ? A quoi penses-tu donc, petite ?

— Votre Majesté oublie-t-elle ce jeune homme hardi et dévoué dont vous a parlé monsieur de Croissi et qu'il est allé chercher en province ?

— Quoi ! ce cavalier qui vous a dégagées hier des mains de la populace serait le même que ce cadet...

— Qui doit mourir pour le service de Votre Majesté ! dit Élisabeth d'une voix étouffée, en sanglotant.

La mère de Louis XIV la regarda d'un air irrité.

— D'où vient cette douleur, mademoiselle ? demanda-t-elle sèchement ; mais en effet, continua-t-elle avec ironie, tu n'approuves pas ce projet qui peut sauver l'État, parce qu'il expose à quelques dangers ce petit gentillâtre dont tu t'es éprise ! Ce n'est pas ma faute si l'on t'a mise dans la confidence, mais Croissi prétendait qu'il avait besoin de ton secours. Montglat, Montglat, prends garde ! tu portes un secret bien lourd, et si tu me trahissais...

— Madame, dit Élisabeth avec une douloureuse résignation, j'ai suivi vos instructions à l'égard de monsieur de Croissi, mais monsieur de Croissi m'a lâchement abusée sur la nature de cette entreprise. C'est moi qui ai poussé Fabien à se fier à cet homme, à son mortel ennemi ; c'est moi qui l'ai fait venir à Paris, où bientôt peut-être il expiera par une mort honteuse une tentative désespérée... Et cependant, madame, si vous saviez combien je l'aime ! si vous saviez combien ces sacrifices m'ont coûté de larmes !

En même temps mademoiselle de Montglat ne put contenir de nouveaux tranports de douleur. La reine en parut touchée.

— Allons ! console-toi, dit-elle ; si le coup ne réussit pas, si ce jeune homme est compromis, je ne l'abandonnerai pas à la vengeance de nos ennemis... Je te le promets, d'une manière ou d'une autre je reconnaîtrai son zèle et le tien.

— Madame, répliqua la jeune fille avec effort, ne vaudrait-il pas mieux choisir pour cette mission un homme plus capable de la remplir ? Fabien... ce jeune gentilhomme, a passé sa jeunesse à la campagne ; il est simple dans ses mœurs, franc dans ses idées.

— C'est-à-dire un peu lourd, dit la reine avec un accent légèrement dédaigneux, mais c'est précisément ce qu'il nous faut, ma chère... Croissi, qui est un peu son parent, je crois, me l'a dépeint ainsi. Nous n'avons pas besoin d'un aigle, mais d'un garçon résolu, dévoué, qui se laisse conduire sans s'inquiéter où il va.

— Et moi j'espère que Fabien de Croissi n'est pas tel que vous l'a dépeint son indigne frère ! s'écria mademoiselle de Montglat avec véhémence.

— Son frère ? reprit Anne d'Autriche étonnée. Ce jeune homme est-il le frère de monsieur de Croissi ?

— Il l'est en effet, madame, comme Abel était le frère de Caïn.

La reine devint pensive.

— En ce cas-là, dit-elle enfin, sans aucun doute Croissi nous servira fidèlement... La trahison dont il s'était rendu coupable envers le prince m'avait fait craindre quelque chose de semblable, mais désormais je puis être sûre de lui. Ton aventure d'hier prouve du moins qu'il ne m'a pas trompée sur le courage de son frère, et je suis ravie que le jeune drôle montre une telle chaleur pour mon service. Je t'assure, Montglat, qu'il en sera récompensé.

— Madame, reprit la pauvre Élisabeth avec désespoir, veuillez réfléchir encore, je vous prie, au sort affreux auquel vous condamnez peut-être un homme simple et loyal... Il va lui falloir choisir entre la colère redoutable de Votre Majesté ou la consommation d'un crime.

— Mademoiselle !...

— D'un crime, madame, répéta la fille d'honneur sans se laisser effrayer des regards irrités de la reine, oh ! je sais la vérité maintenant ; monsieur de Croissi l'a laissé échapper tout entière en ma présence !... Or, si ce malheureux Fabien refuse de prendre part à une action qui peut lui paraître honorable, il me méprisera, moi qui l'y aurai poussé, et son mépris sera pour moi plus cruel que la mort ! S'il l'accepte, au contraire, ce sera mon tour de le mépriser, qu'il réussisse ou non.

— Assez, mademoiselle, dit la reine avec force, je vous défends de parler ainsi d'un projet conçu par mes serviteurs les plus fidèles.

— Oh ! pardonnez-moi, madame, dit Élisabeth en tombant aux genoux de la reine ; autrefois je n'avais pas bien compris ce qu'on exigeait de ce généreux jeune homme... mais depuis j'ai vu dans quel abîme il allait tomber, et j'ai senti des regrets mortels de l'avoir poussé dans une entreprise où il peut perdre l'honneur et la vie... Je le promets, madame, que Votre Majesté donne à Fabien de Croissi une mission où il puisse noblement verser son sang pour elle, et il ne reculera devant aucun danger, j'en suis le garant ; pitié pour lui, madame, pitié pour lui et pour moi !

Anne d'Autriche était impérieuse, opiniâtre dans ses volontés : mais le désespoir de mademoiselle de Montglat, qui se traînait à ses genoux les yeux baignés de larmes, agit sur son organisation nerveuse. Elle se radoucit, prit dans ses mains blanches et potelées les mains d'Élisabeth, et l'attira vers elle, en lui disant d'un ton affectueux :

— Voyons, mon enfant, calme-toi ; la vue des larmes me fait mal, quoique j'en aie bien versé dans ma vie... Vous pensez, vous autres, en faisant votre reine, je puis tout ce que je désire, que je n'ai qu'à souhaiter pour assurer le bonheur ou le malheur de ceux qui m'approchent. Si puissante que tu me supposes, je ne saurais commander aux événemens ; je suis forcée de céder à la nécessité comme le dernier de mes sujets. Tu crois qu'il est en mon pouvoir de choisir, pour l'entreprise dont tu parles, un autre que ton galant ; tu te trompes, ma pauvre Montglat. Ce projet audacieux n'est pas de moi, ce sont mes conseillers, mes amis, c'est Hocquincourt, Ondedei, Fouquet, Croissi, qui en ont eu l'idée. Ils n'ont eu besoin pour l'exécuter d'un jeune gentilhomme robuste, courageux, étranger à Paris, et qui agirait sans nous demander nos motifs ;

Croissi nous a proposé un de ses parens, et nous l'avons accepté; monsieur le cardinal approuve ce plan et en presse l'exécution. Il se trouve que jeune homme est frère de Croissi, c'est pour nous une garantie de plus ; il se trouve qu'il est plein de courage, et il l'a prouvé dans l'affaire d'hier, c'est au mieux pour nos desseins. Veux-tu donc maintenant que je dise à mes conseillers : Non, il ne sera pas donné de suite à cette affaire, parce qu'une de mes filles d'honneur aime notre champion et craint d'exposer sa vie... Vrai Dieu ! comme le cardinal se moquerait d'une pareille faiblesse ! Tu ne peux pas comprendre, petite, ce que c'est que les raisons d'Etat...

— Oh ! madame, dit la jeune fille dans un élan de douleur, si vous saviez combien je l'aime !

Cette simple exclamation sembla toucher la reine plus que tous les raisonnemens.

— Tu l'aimes ! reprit-elle avec un ton d'amertume, n'ai-je donc jamais aimé, moi, et n'ai-je pas été forcée aussi de sacrifier bien des affections à l'impitoyable tyrannie de la nécessité? Tu l'aimes...? tu es bien heureuse de pouvoir aimer. A présent je ne puis plus que haïr; mais je hais comme tu aimes, avec force, avec passion, et je veux que ma haine s'assouvisse comme tu veux que ton amour triomphe... Enfin, mademoiselle, continua-t-elle d'un ton plus calme, je consens à ce que ce jeune homme ne prenne aucune part à cette entreprise, pourvu qu'on trouve de suite quelqu'un pour le remplacer, et pourvu surtout que monsieur de Croissi ne lui ait parlé de rien ; car s'il avait déjà connaissance de l'affaire dans laquelle on comptait l'employer, songez-y bien, il devrait obéir, ou renoncer pour toujours à sa liberté.

En même temps elle se leva comme pour donner congé à la suppliante, et fit quelques pas d'un air de fatigue et de mécontentement.

— Merci ! madame, merci du faible espoir que me laisse Votre Majesté! reprit Elisabeth avec vivacité ; mais où trouver maintenant monsieur Fabien de Croissi ?

— Cela vous regarde, dit la reine sèchement. Voici l'heure de la grande réception... allez, mademoiselle, vous pouvez courir Paris à la recherche de votre aventurier. Je vous donne permission de vous absenter pour le reste de la journée. — Puis, par un retour d'affection naturel à son caractère capricieux, elle tendit la main à la jeune fille, qui la baisa respectueusement et balbutia quelques mots de reconnaissance. — Il suffit, reprit Anne en la saluant du geste ; pas un mot à personne sur tout ceci; dites en passant à madame de Chevreuse que je veux la voir un instant en particulier, avant la réception... Mais non, j'y songe, ajouta-t-elle aussitôt, elle voudrait te questionner sans doute... donne l'ordre à La Roche-du-Maine de la prévenir.

Elisabeth sortit avec toute la rapidité que lui permettait l'étiquette, et en oubliant l'une des trois révérences exigées par le cérémonial. Dans la pièce voisine, où se tenaient les femmes de service, elle transmettait à madame La Roche-du-Maine l'ordre de la reine, lorsqu'elle se sentit tirer doucement par la robe; elle se retourna et vit le petit page que nous connaissons déjà. L'enfant, avec un air mystérieux, l'entraîna dans l'embrasure d'une fenêtre :

— Eh bien ! qu'y a-t-il encore, monsieur de Bussy ? demanda-t-elle avec impatience ; mon service m'appelle, et je n'ai pas le temps de plaisanter avec vous.

— Ecoutez-moi, bonne Montglat, dit l'enfant d'un ton câlin, si vous voulez me donner un baiser, je vous remettrai quelque chose qui vous plaira.

— Monsieur le comte, je vous répète que le temps me presse...

— Allons donc, reprit la page finement; c'est une lettre de votre galant peut-être ! Si je le croyais pourtant...

Cette supposition, sans doute hasardée, fit rougir Elisabeth.

— Une lettre ! Où est-elle ? qui vous l'a confiée ?

— Elle est là, dans mon escarcelle ; vous l'aurez quand vous l'aurez payée... Elle a été remise par un singulier laquais, allez... Il a une robe noire, et il est bien laid... Il causait avec un marmiton au moment où je me glissais du côté de l'office pour dérober des macarons. Ils m'ont vu et m'ont appelé. Le cavalier noir voulait à toute force mettre la lettre dans ma poche; j'avais envie de corriger le drôle à coups de plat d'épée; mais comme ce papier était pour vous, dont je me fais gloire d'être le chevalier, je m'en suis chargé volontiers.

— Mais cette lettre où donc est-elle ? demanda Elisabeth avec vivacité.

— La voici.

Au premier coup d'œil jeté sur l'adresse, elle poussa un cri de joie. Elle venait de reconnaître l'écriture de Fabien.

— Et cet homme... le porteur de la lettre, où est-il ? demanda-t-elle avidement.

— En bas... à l'entrée des cuisines, avec le marmiton.

La jeune fille fit un signe de remerciment au jeune page, et s'élança vers une porte dérobée qui conduisait aux cuisines. — Et mon baiser, friponne ? demanda Bussy qui courut après elle.

Mais Elisabeth avait déjà disparu. En parcourant le dédale compliqué des appartemens du Palais-Royal, elle murmurait avec espérance :

— Je vais le voir... tout n'est pas encore perdu !

IX

LES DEUX FRÈRES.

Revenons maintenant aux deux Croissi, que nous avons laissés dans une hôtellerie du quartier Saint-Jacques.

Ils étaient si près l'un de l'autre que leurs vêtemens se touchaient. Le baron, après s'être assuré que les cloisons de la chambre présentaient une épaisseur suffisante pour qu'on ne pût l'entendre d'une pièce voisine, se pencha vers l'oreille de Fabien, et lui dit d'un ton caressant en guise d'exorde :

— Je crois, mon frère, avoir toujours rempli envers vous le devoir d'un bon parent; je crois n'avoir point menti à la promesse que je fis au lit de mort de notre père et que vous avez sollicitude. Je ne veux pas ici vous rappeler les preuves d'affection que je vous ai données toute ma vie, à vous et à madame de Rieul, votre mère, vous savez jusqu'où je poussai la bienveillance quand la mort de monsieur le baron me rendit maître de mon bien patrimonial. Je vous abandonnai la jouissance de mes domaines, je ne vous demandai compte de votre gestion que pour la forme; et si jusqu'ici, Fabien, je ne vous ai pas procuré de position indépendante, c'est que je cherchais l'occasion, qui se présente aujourd'hui, d'assurer votre fortune. Quelle que soit donc la proposition que je vais vous adresser , vous l'accepterez comme venant d'un frère aîné, d'un bienfaiteur à qui vous devez affection, respect et reconnaissance. — Nous l'avons déjà dit, Fabien possédait un sens juste et droit qui lui tenait lieu d'expérience; il comprit que ces paroles insinuantes, cette énumération de bienfaits prétendus, avaient pour but de l'endormir sa pénétration. Déjà les allures mystérieuses d'Albert l'avaient mis en défiance, malgré la promesse qu'on avait eu soin de lui arracher d'avance. Aussi, sans se lancer dans des récriminations au moins inutiles pour le moment, répondit-il d'un ton réservé qu'il n'avait pas oublié les bontés de son aîné, qu'il s'en souviendrait toute sa vie, et qu'il était prêt à donner toutes les preuves de soumission qu'il plairait à son frère de lui demander, pourvu qu'elles s'accordassent avec son honneur. Cette réserve ne parut pas entièrement du goût du baron, qui fronça le sourcil. — L'honneur ! l'honneur !

répéta-t-il avec impatience, il s'agit de savoir, monsieur, en quoi vous le faites consister. On attache quelquefois de singulières idées à ces grands mots-là quand on est jeune et novice dans la vie. Mais vous m'accorderez bien que je suis aussi bon juge que personne en pareille matière, sans en excepter vous-même?

— Monsieur, s'écria Fabien avec une fierté courageuse, je n'ai jamais reconnu sur ce point d'autre juge que ma conscience; cependant, continua-t-il d'un ton plus doux, il n'est personne au monde dont je recevrais plus volontiers les avis que de mon frère.

— Fort bien, reprit Croissi d'un ton à demi satisfait, en évitant toutefois d'insister sur ce point délicat, mais venons à l'objet véritable de cet entretien. — Ici le baron s'arrêta, comme pour réfléchir aux moyens d'aborder un aveu difficile. — Fabien, dit-il enfin de ce ton insinuant qu'il savait prendre dans l'occasion, hier, sans vous en douter, vous avez donné à mon cœur fraternel une bien vive satisfaction. Dans cette auberge où nous avons été interrompus par un espion, vous avez montré la plus grande répugnance à porter cette écharpe isabelle que je croyais devoir vous faire prendre pour votre sûreté. Vous le savez maintenant, nous ne différons pas essentiellement d'opinion sur le chapitre des affaires de l'État. J'ai pu d'abord suivre le parti de monsieur le prince, quand je le croyais juste et modéré, mais je l'ai quitté depuis que j'ai vu ses excès. Aujourd'hui j'appartiens de cœur et de bras à la reine régente; c'est à son service, au service de l'État que je prétends vous engager avec moi.

Fabien fut vivement frappé de cette ouverture à laquelle il ne s'attendait pas.

— Serait-il possible, monsieur le baron? demanda-t-il au comble de l'étonnement. Cependant hier vous avez refusé de secourir des personnes attachées à la reine, et vous m'avez semblé fort mal avec le coadjuteur et son parti. Je devais donc supposer que la faction dont vous portiez les couleurs, dans laquelle étaient vos amis...

Le baron sourit d'un air de bonhomie qui cachait un peu d'embarras.

— Sans doute! sans doute! répondit-il; mais où donc avez-vous vu, Fabien, que pour être d'une faction on soit obligé de rompre avec ses amis de la faction opposée?... Mon Dieu! chaque jour, au parlement, vous pourriez constater bien d'autres singularités... Les gentilshommes de monsieur le coadjuteur et ceux de monsieur le prince peuvent être obligés d'un moment à l'autre de s'entr'égorger; cela ne les empêche pas de se serrer quelquefois la main dans les buvettes et de vider ensemble un pot d'hypocras. C'est là, mon frère, continua-t-il d'un ton sentencieux, le côté comique de nos discordes civiles... Quant à moi, je n'ai pas rompu nettement avec le parti de monsieur le prince, mais je me penche vers la cour, et je suis à peu près devenu ce que l'on appelle maintenant un mazarin. Vous allez avoir des preuves irréfragables de la sincérité de ma conversion.

Ces explications eussent paru passablement obscures aux personnes versées dans la connaissance des affaires de ce temps-là; mais elles parurent sincères à Fabien, et éveillèrent dans son âme le regret d'avoir pu soupçonner les intentions secrètes de son frère.

— Monsieur le baron, dit-il d'un ton de cordialité, pardonnez-moi mes défiances. Le parti envers lequel je vous croyais engagé me faisait craindre des propositions qu'eussent réprouvé ma loyauté et mon respect pour l'autorité légitime...

Le baron ne put retenir un mouvement d'épaules presque imperceptible.

— Je m'étais pourtant efforcé, dit-il avec sévérité, de vous mettre en garde contre des préventions fâcheuses; mais j'excuse votre ingratitude, Fabien, parce que nous ne vous connaissons pas encore, quoique nous soyons unis par les liens du sang. Plus tard je n'aurai pas de pareils soupçons à vous reprocher, et vous ne douterez pas de l'affection de votre frère.

Fabien fit un signe d'assentiment, et reprit d'un ton où il n'y avait plus ni froideur, ni réserve :

— Parlez! parlez! Albert, j'ai hâte de savoir comment je puis servir la royale maîtresse de ma chère Élisabeth.

— Et vous pouvez ajouter mademoiselle de Montglat elle-même, répliqua le baron avec empressement; je vous ai dit déjà, Fabien, que vous étiez destiné à de grandes choses : en outre personne n'aura jamais obtenu de plus belle récompense si vous remplissez dignement votre tâche. Voici de quoi il s'agit : les amis de la reine, au nombre desquels je compte aujourd'hui, ont conçu l'idée d'une entreprise qui doit amener la fin de nos discordes civiles; mais, pour la faire réussir, il fallait un gentilhomme intrépide, inconnu dans Paris, étranger à tous les partis, prêt à supporter, en cas de non succès, l'emprisonnement, la torture, la mort même, sans trahir ou compromettre personne, enfin dont le dévouement fût complet, et qui sût se contenter, au besoin, d'avoir obéi ponctuellement à sa souveraine, dût-il périr à la peine.

— Et vous m'avez choisi pour cette grande mission?

— Je vous ai choisi, répéta le baron avec calme. Je me suis dit, Fabien, que vous étiez pauvre et obscur, que cette pauvreté et cette obscurité même vous condamnaient à une condition misérable dont mes bienfaits ne pourraient complètement vous tirer; que vous aimiez une noble dame à laquelle votre position dépendante ne vous permettait pas d'aspirer, et que cet amour serait le supplice de votre vie. Alors j'ai conçu l'espoir que vous seriez homme à jouer le bonheur de votre existence sur un coup de dé. J'ai parlé de vous aux personnages puissans qui dirigent cette affaire comme d'un agent propre à remplir leurs desseins. Sans leur dire quel était notre degré de parenté, car c'eût été leur faire supposer de ma part un intérêt que je n'ai pas, j'ai vanté votre fidélité, votre courage. Ils vous ont donc accepté pour leur champion, tous, même les plus élevés... la reine et le cardinal.

Fabien écoutait avidement ces discours, dont le baron semblait calculer chaque mot. Voyant qu'il s'arrêtait, le jeune homme reprit chaleureusement :

— Je suis fier, monsieur, que tant d'illustres personnes aient voulu se fier à moi dans une affaire qui paraît si grave. Je vous remercie de m'offrir les moyens d'échanger ma position présente contre une haute fortune, au risque d'une mort honorable... mais vous ne m'avez pas dit encore ce que l'on attend de moi.

— J'allais y venir, dit le baron; or donc, Fabien, il y a quelqu'un dans Paris dont on achèterait la disparition par les plus grands sacrifices. Cet homme met l'État en péril chaque jour, chaque heure de sa vie, et peut causer une perturbation affreuse qui livrerait la France à l'étranger. Il outrage la reine par son faste et son insolence, il irrite par ses discours hardis, par les calomnies des libellistes à ses gages; enfin, mon frère, les choses en sont venues à ce point que cet homme doit être réduit à l'impuissance ou bientôt son pouvoir deviendra rival de l'autorité royale.

— Eh bien! interrompit Fabien impétueusement, la reine manque-t-elle de fidèles serviteurs pour exécuter ses ordres, de prisons pour enfermer les traîtres et les factieux?

— Sans doute, reprit le baron, qui devenait plus froid et plus méthodique à mesure que son frère s'exaltait davantage, mais nous vivons dans un temps malheureux, Fabien; l'autorité légitime n'a plus le degré de force et de grandeur qu'elle avait autrefois. Tel de ces factieux peut lutter avec avantage contre toutes les troupes réunies de la régente, et celui dont nous parlons est de ce nombre. Il a lui-même un grand nombre de serviteurs et d'amis prêts à tirer l'épée pour sa cause; l'attaquer ouvertement serait peut-être accélérer la catastrophe. On s'est donc arrêté, dans un conseil secret tenu par les partisans de la reine, à cet autre projet dont l'exécution vous est confiée... Ecoutez-moi : par des moyens que vous connaîtrez plus tard, on vous mettra en présence de ce grand coupable, dans un endroit où il sera seul avec vous, et... vous nous en rendrez bon compte.

— Mais, monsieur, dit Fabien avec naïveté, une pareille arrestation est l'affaire d'un exempt ou d'un capitaine des gardes?

Le baron sourit d'une façon singulière.

— Vous ne comprenez pas, dit-il tranquillement; un exempt ou un capitaine des gardes donnerait à cette arrestation un caractère officiel qu'on veut éviter. Il ne faut pas, entendez-vous bien, que cette entreprise semble dirigée par la cour contre le personnage dont il s'agit; il doit disparaître tout à coup de la scène politique sans qu'on sache ce qu'il est devenu. Voilà pourquoi l'on a fait choix d'un simple gentilhomme campagnard tel que vous. Si le coup vient à manquer, on vous désavouera certainement, je vous en avertis, et votre position obscure ne compromettra personne. S'il réussit, un profond mystère couvrira cette entreprise, et vous recevrez au grand jour, sous quelque prétexte plausible, la récompense d'un service rendu dans l'ombre. Vous voyez maintenant à quelles conditions vous êtes redevable de la faveur qu'on vous accorde.

Mais Fabien ne voyait pas encore bien clairement ce qu'on attendait de lui.

— Excusez ma simplicité, monsieur le baron; mais manquait-il à Paris de gens résolus pour exécuter cette entreprise, sans aller chercher au loin un pauvre diable dont l'inexpérience pourrait en compromettre le succès?

— Celui qui sera chargé de cette mission doit être bon gentilhomme et présenter d'incontestables garanties de moralité. Vous sentez, Fabien, que si l'on s'adressait à des ambitieux avides et sans foi, ils pourraient aller vendre ce secret à celui-là même contre lequel l'entreprise est dirigée, car il est assez riche pour le payer d'un grand prix.

— Fort bien, mon frère; mais quel si grand danger courrait donc l'exécuteur d'un mandat décerné par l'autorité royale contre un ennemi de l'État?

Croissi le regarda fixement avant de répondre.

— Il pourrait arriver, dit-il enfin, que cet ennemi de l'État fît résistance, et que, pour en finir avec lui, on fût obligé de lui donner quelques bons coups d'épée ou de poignard...

Fabien pâlit tout à coup; une sueur froide coula sur son front.

— Et croyez-vous, demanda-t-il en déguisant avec peine le tremblement de sa voix, que le coupable pourrait songer à la résistance?

— Cela est sûr, répondit le baron, car il n'est pas d'une race d'agneaux... c'est le prince de Condé!

Ce nom illustre acheva de faire déborder l'indignation qui s'était amassée dans le cœur de Fabien dès qu'il avait soupçonné la vérité.

— Quoi! c'est le premier prince du sang, c'est le grand Condé que l'on me propose d'assassiner! s'écria-t-il avec violence.

— Paix! au nom du ciel! dit le baron d'une voix sourde en se levant, on pourrait vous entendre.

— Et c'est vous, mon frère, qui exigez que je trempe mes mains dans ce sang illustre, que je frappe le héros et le sauveur de la France!

— Silence, Fabien, ou je vous jure...

— Et vous espérez me faire croire que la reine de France a donné cet ordre abominable!

— Te tairas-tu, malheureux! dit le baron en le saisissant par le bras.

Et en même temps Fabien vit briller un poignard au-dessus de sa tête. Prompt comme l'éclair, le robuste jeune homme s'empara de cette arme menaçante, la dirigea contre son frère à son tour, puis, la rejetant loin de lui, il se laissa tomber sur un siège et se couvrit les yeux avec horreur.

Un silence de quelques instans suivit cette scène rapide.

— Monsieur de Croissi, murmura Fabien d'une voix altérée, qu'eût dit notre pauvre père s'il nous eût vus tout à l'heure dans une pareille posture?

— Il eût dit, Fabien, reprit Albert avec fermeté, que vous êtes un fou rétif et ombrageux; au lieu de discuter froidement mes propositions, vous criez bien haut d'imprudentes paroles qui peuvent nous précipiter l'un et l'autre dans une prison d'État... Voyons, mon frère, continuait-il avec plus de douceur, en se rapprochant du cadet qui venait de tomber dans un morne accablement, oublions ce fâcheux emportement; causons sans passion et sans préjugés. Vous avez pris contre une offre que bien des nobles à Paris eussent acceptée sans hésiter, s'ils avaient pu remplir les conditions qu'elle impose. Pour ne citer qu'un exemple, le grand duc de Guise avait rendu bien d'autres services à la France que ce Condé turbulent et ambitieux; cependant, lorsqu'il fut poignardé dans l'antichambre du roi Henri III, personne n'osa blâmer les gentilshommes ordinaires d'avoir exécuté l'ordre de leur souverain. Leur blason ne reçut aucune tache de cet acte d'énergie; les descendans de plusieurs d'entre eux portent la tête haute à la cour, et citent cette œuvre de leurs pères comme une preuve de courage et de loyauté. Cependant nous devons déplorer, Fabien, que la rage des partis ait mis la reine dans une telle extrémité; elle ne peut sauver le royaume sans avoir recours à des moyens que son cœur et ceux de ses serviteurs dévoués réprouvent comme le vôtre.

Ici le baron s'arrêta pour juger de l'effet de ses paroles captieuses sur l'esprit de son frère. Celui-ci restait toujours pensif, comme s'il mesurait la profondeur de l'abîme où l'on voulait le pousser.

— Monsieur, dit-il bientôt avec un calme forcé, je ne suis pas grand casuiste; je ne puis ni ne veux discuter avec vous sur de semblables matières; je désirerais pourtant savoir ce qu'il adviendrait de moi si je refusais absolument d'accomplir la tâche que vous me prescrivez?

— Vous devez penser, Fabien, répondit le baron d'un air sombre, que j'ai prévu votre refus et pris mes mesures en conséquence. Si, maintenant que vous possédez cet important secret, vous vous croyiez obligé d'aller le révéler à monsieur le prince, la guerre civile éclaterait demain d'un bout à l'autre de la France, car le bruit d'une rébellion ouverte pourrait paraître spécieux à la nouvelle Fronde... Ainsi donc, si vous refusez de nous servir, voici ce qui nous protégera contre vos indiscrétions.

En même temps il tira de sa poche plusieurs lettres de cachet en blanc et les étala sur la table.

— Que je griffonne seulement votre nom sur un de ces papiers, continua-t-il, et dans une heure les portes de Vincennes ou de la Bastille se fermeront sur vous pour toujours.

— Quoi! monsieur, dit Fabien avec un accent de reproche, vous, Albert de Croissi, vous me laisseriez traîner dans une prison parce que j'aurais refusé d'agir contre ma conscience? Albert, mon frère, vous ne le voudriez pas!

— Je vous y traînerais moi-même, murmura Croissi d'un ton farouche; vous ne savez pas, jeune homme, combien vous êtes peu de chose devant de tels intérêts!

— Mais je suis quelque chose devant vous, dit Fabien en se dressant de toute sa hauteur; nous sommes seuls; je suis plus agile, plus robuste que vous; je puis me soustraire à votre injuste tyrannie.

Le baron secoua la tête d'un air de pitié. Puis, se levant gravement, il prit Fabien par le bras, le conduisit vers la fenêtre, et lui montra deux ou trois personnages à mine sinistre qui rôdaient dans la cour.

— Je vous ai dit que toutes mes précautions étaient prises, répéta-t-il. Regardez ces gens-là; ils vous tueraient sur un signe de moi, et, à plus forte raison, ne se feraient-ils pas le moindre scrupule de recourir à une lettre de cachet pour vous conduire à Vincennes. Un carrosse est à quelques pas d'ici; d'autres individus affidés cernent la maison et accourront au premier bruit. A l'heure où je vous parle, on peut encore entrer dans cette hôtellerie, mais nul ne peut en sortir sans mon ordre exprès.

— Eh bien! je crierai, je divulguerai votre secret à voix haute, j'ameuterai le peuple...

— Si vous criez, on vous bâillonnera; si vous divulguez le secret à quelqu'un de vos gardes, vous le condamnerez à partager votre captivité, et vous êtes trop honnête homme pour envelopper dans votre malheur un pauvre diable qui n'en peut mais... d'ailleurs, on ne vous croira pas. Ne songez plus à ces folies, monsieur, elles pourraient vous coûter cher! — Un nouveau silence suivit ces paroles: le jeune Croissi s'était rejeté sur son siège d'un air découragé. Le baron restait debout devant lui, calme, sec, inexorable. — Hâtez-vous, dit-il après une pause, qu'avez-vous décidé?

— Monsieur, dit Fabien lentement, vous m'avez parlé du crime, pourquoi ne me parlez-vous plus de la récompense?

Cette demande annonçait déjà que Fabien faisait un retour sur lui-même et pourrait céder à la nécessité; cependant cet espoir était si vague encore, qu'Albert n'osa s'y abandonner.

— La récompense! dit-il, elle est immense déjà, mais on y ajoutera tout ce que vous pourrez exiger. Vous aimez mademoiselle de Montglat, on vous la donnera pour femme; on lui assurera une dot magnifique, des titres, des richesses...

— Mais, interrompit Fabien avec chaleur, est-il vrai qu'Élisabeth ait eu connaissance de cet arrangement, et qu'elle soit prête à le ratifier? On l'a trompée, j'en suis sûr, ou l'on me trompe moi-même!

— Sur ma foi de gentilhomme! Fabien, elle est du complot; elle s'est engagée à récompenser de sa main et de sa fortune votre dévouement à sa royale maîtresse.

— Ainsi donc, elle aussi, s'écria le jeune homme, elle aussi se ligue avec mon frère pour m'ordonner un assassinat! Il appuya son front contre la table et se mit à verser d'abondantes larmes. Le baron profita de cet instant d'attendrissement; il déploya tout l'art perfide qu'il avait acquis dans les intrigues de cour pour arracher le consentement de Fabien; il pria, menaça. Il énuméra longuement les maux que souffrait la France depuis la mort de Louis XIII, et qu'il attribuait tous à l'orgueil et à l'ambition de Condé; il tenta de prouver à son frère qu'en obéissant au pouvoir légitime, il ne ferait rien contre la justice divine et humaine; enfin il revint encore sur les grandes récompenses qu'il aurait droit d'obtenir après le succès. Fabien l'écoutait dans un silence farouche; il se souleva lentement sur le coude, et demanda d'un air accablé: — Pouvez-vous me montrer un ordre écrit de la reine qui me charge de frapper son ennemi?

— Un pareil acte, Fabien, serait trop dangereux à signer, ne songez pas à le demander... Mais, si vous voulez vous contenter d'un ordre verbal, je puis vous promettre que vous verrez la reine et qu'elle vous le donnera.

— Et Élisabeth... mademoiselle de Montglat, pouvez-vous aussi me placer en sa présence et me faire entendre de sa bouche son approbation à cette terrible entreprise?

— Je le peux.

— Eh bien! dit le jeune Croissi, j'accepte à cette double condition... J'accomplirai ce qui me sera commandé par ces deux femmes, l'une à qui je dois tant de respect, l'autre à qui j'ai voué tant d'amour.

Ces paroles furent prononcées avec un peu d'égarement; mais Albert n'en parut pas moins au comble de ses vœux.

— Serait-il possible? s'écria-t-il en bondissant de joie; vous ne voulez pas, vous ne pouvez pas me tromper, Fabien, ce serait un jeu trop périlleux. Oui, je vous le répète, vous entendrez la reine et mademoiselle de Montglat vous prescrire cette grande mesure qui doit sauver le royaume... Mais à votre tour, Fabien, il faut nous jurer discrétion et dévouement à toute épreuve... Quoi qu'il arrive, il faut jurer que vous serez muet comme la tombe; un aveu de votre bouche pourrait perdre la reine, Montglat, moi votre frère, et beaucoup d'autres encore!

— Ce serment, dit Fabien d'un ton saccadé en baissant la tête, ce n'est pas vous qui devez le recevoir; nul autre n'a le droit de l'exiger que la reine.

— Vous la verrez... ce soir.

— Et Élisabeth?

En ce moment on frappa doucement à la porte; une voix haletante appela de l'escalier: « Fabien! Fabien! »

Le jeune Croissi reconnut aussitôt le son de cette voix.

— La voici elle-même! s'écria-t-il; nous allons voir, monsieur le baron, si vous ne vous êtes pas joué de moi.

Il ouvrit; Élisabeth, enveloppée dans une mante et masquée, entra précipitamment, suivie d'Eustache Vireton.

X

CONSENTEMENT.

Cette apparition inattendue frappa le baron de stupeur. Cependant il salua d'un air ironique la dame d'honneur qui venait de se démasquer; mais, avant de lui adresser la parole, il voulut se débarrasser d'un témoin dangereux. Il se dirigea vers Eustache Vireton, qui restait tranquillement près de la porte, son bonnet à la main:

— Qui êtes-vous? demanda-t-il d'un ton bref.

— Monsieur, dit l'écolier en s'inclinant jusqu'à terre, je suis votre humble serviteur.

— Pas de verbiage, interrompit le baron durement, et répondez.

Maître Loquax fut intimidé.

— J'ai été chargé de porter à mademoiselle de Montglat la lettre de ce jeune gentilhomme, répondit-il.

— Quelle lettre?... Ah! je comprends, vous êtes un honorable messager d'amour; mais d'où connaissez-vous ce gentilhomme? où l'avez-vous vu? qu'y a-t-il de commun entre vous et lui?

— Ma foi! monsieur, dit le théologien en affectant une aisance qu'il n'avait pas, hier je me suis mis entre la bouche de ce cavalier et la coupe qu'on voulait lui faire boire... Vous savez, j'imagine, de quelle coupe je veux parler?

— En effet, dit le baron, qui seulement alors reconnut son interlocuteur de la veille; mais comment avez-vous su découvrir ce logis?

— Mes jambes valent mieux que celles de deux pauvres chevaux épuisés; je vous ai suivis pour m'assurer qu'il ne vous était pas arrivé d'accident.

— Et vous êtes venu chercher votre récompense ce matin, acheva Croissi d'un ton ironique; j'avais pourtant pris mes mesures afin de préserver mon... parent des visiteurs de votre espèce: je ne sais comment vous avez pu parvenir jusqu'à lui. Quoi qu'il en soit, monsieur l'écolier, le service dont il s'agit mérite sa récompense, et elle ne vous manquera pas... Descendez; vous trouverez dans la salle commune un personnage qui porte un collet de buffle et dont le feutre est orné d'une plume noire; dites-lui que je vous recommande à lui... il saura ce que cela veut dire.

Vireton se gratta l'oreille d'un air d'inquiétude. Le personnage à collet de buffle lui paraissait singulièrement suspect.

— Monsieur, dit-il en cherchant à payer d'audace, je ne me sens aucun goût pour la compagnie de vos gens... car celui dont vous parlez est sans doute votre intendant?

— C'est en effet mon intendant, reprit sèchement Croissi;

mais adieu, sire écolier, mille excuses... je suis pressé de causer avec cette aimable damé. — Il poussa par les épaules le pauvre Eustache, qui n'osait résister, et finit par fermer la porte sur lui en murmurant : — Je suis sûr au moins que celui-là ne nous trahira pas.

Pendant ce dialogue, mademoiselle de Montglat, pâle et agitée, s'était avancée rapidement vers Fabien, dont l'accueil la glaça. Il restait morne et silencieux en sa présence : il ne manifestait ni ces transports, ni cette joie qu'eût dû ressentir un jeune homme profondément épris en revoyant, après une longue absence, celle qu'il aimait. Elisabeth devina la vérité.

— Fabien, demanda-t-elle en saisissant sa main, j'arrive trop tard, n'est-ce pas? Il vous a dit...

— Tout, répondit Croissi qui détourna les yeux.

— Et vous m'accusez! vous me reprochez d'être la cause de votre perte? Fabien, ne me jugez pas sans m'entendre!

— Vous ai-je adressé le moindre reproche, mademoiselle? dit Fabien d'un air sombre; ma vie vous appartient; vous avez eu raison d'en disposer, quoique peut-être...

Elisabeth jeta furtivement un regard du côté du baron qui congédiait l'écolier.

— Soyez calme, reprit-elle précipitamment à voix basse, et ne vous effrayez pas trop de ce que vous m'entendrez dire devant lui.

En ce moment le baron s'approcha d'elle d'un air empressé; son visage maigre exprimait une joie méchante mêlée d'un peu d'étonnement.

— Eh bien! mademoiselle, dit-il de ce ton léger alors de mode dans les cercles de la cour, est-ce l'usage que les filles d'honneur de notre auguste reine aillent ainsi trouver en plein jour les jeunes cavaliers? Vrai Dieu! ce serait une plaisante histoire pour divertir les oisifs du Palais-Royal; et vous conviendriez, ma toute belle, que vous vous êtes mise à ma discrétion?

— Je vous sais trop prudent, monsieur le baron, et surtout trop ami de vous-même, répondit Elisabeth avec fierté, pour craindre de vous voir abuser jamais contre moi d'une démarche fort innocente, surtout quand je viens ici d'après un ordre de ma royale maîtresse.

— Un ordre de la reine? reprit Albert effrayé, que signifie ceci? Quelque nouveau caprice, sans doute!... Oh! bien fous les hommes de cœur qui mettent leur dévouement et leur courage au service d'une femme!...

— Arrêtez, monsieur, interrompit mademoiselle de Montglat avec autorité, ici comme partout les volontés de votre souveraine doivent être sacrées pour vous... Malheureusement, continua-t-elle d'un ton différent, il est trop tard pour exécuter celles que je devais vous transmettre!

— Que voulez-vous dire?

— La reine, sur les représentations que je lui ai faites, vous ordonnait de ne rien révéler à monsieur Fabien, et de choisir une autre personne pour l'exécution de votre projet.

Fabien eut un mouvement de surprise.

— Ce n'est que cela? dit le baron tranquillement, eh bien! ma charmante, vous pouvez rassurer Sa Majesté et vous rassurer vous-même au sujet de mon frère. Il n'a pas trop mal pris la chose; et, sauf quelques scrupules, il accepte la proposition.

— Il accepte? répéta mademoiselle de Montglat en tressaillant.

— Il peut vous en donner l'assurance lui-même.

— Oh! vous ne lui avez pas dit la vérité! reprit la fille d'honneur avec force; vous avez égaré sa raison par quelque habile mensonge... Je connais, moi, votre horrible adresse, monsieur de Croissi, à voiler sous de riantes apparences l'action la moins innocente.

— Répondez, mon frère, dit le baron en souriant.

— Je sais, répliqua Fabien d'une voix lente et solennelle, que je suis chargé de verser le sang le plus pur de la France, que je suis chargé de frapper à mort, traîtreusement et dans l'ombre, le héros qui dans vingt batailles s'est acquis une gloire immortelle.... mais je sais aussi qu'Elisabeth de Montglat a été la première à m'engager dans une pareille entreprise, et sur la foi de son nom j'irai jusqu'au bout.

— Fabien, oh! Fabien, ne croyez pas...

— Qu'est-ce à dire, mademoiselle? s'écria le baron en fixant sur elle des yeux ardens; oubliez-vous sitôt vos engagemens? allez-vous désavouer vos actions et vos paroles? — La jeune fille baissa la tête. — Nierez-vous, reprit Albert, que vous ayez su dans quel but je devais amener Fabien à Paris, lorsque vous m'avez chargé d'un billet pour lui?

— Je ne le nie pas, répondit Elisabeth en pleurant.

— N'est-il pas vrai que vous avez promis votre main à mon frère, en récompense du service qu'il va rendre à l'Etat?

— Monsieur, de grâce...

— Répondez, répondez, dit le baron d'un ton menaçant, est-ce vrai?

— C'est vrai.

— Vous l'entendez, Fabien? reprit Albert en se tournant vers son cadet, qui observait d'un air abattu l'espèce de torture morale imposée à Elisabeth; vous voyez si je vous ai trompé... Maintenant, l'une des conditions que vous avez mise à votre obéissance est remplie; l'autre le sera bientôt.

Fabien restait muet, et Elisabeth pleurait toujours. Le baron promena de l'un à l'autre un regard de triomphe.

— Maintenant que nous nous entendons, reprit-il tranquillement après un moment de silence, il faut nous séparer. Ce soir, Fabien, je viendrai vous prendre pour vous conduire en présence de gens qui ont besoin de vous connaître. Jusque là, ne cherchez pas à sortir de cette maison, car peut-être n'iriez-vous pas loin sans faire de mauvaises rencontres... Quant à moi, je vais annoncer sur-le-champ à qui de droit le résultat de ma négociation. Je serais fier, mademoiselle, continua-t-il avec une politesse railleuse, en s'adressant à Elisabeth, de vous offrir la main jusqu'à votre carrosse.

— Si c'est un ordre, répondit la jeune fille en dominant sa douleur, je refuse de m'y soumettre ; si c'est une invitation digne d'un galant homme, je vous avouerai, monsieur, que je désirerais causer un instant seule avec monsieur Fabien de Croissi.

— Oh! oui, oui, restez, murmura Fabien avec égarement ; il faut que vous parle, ou j'en mourrai !

— Ce n'est, ce ne peut-être qu'une invitation, mademoiselle, reprit le baron avec un sourire sardonique; seulement les convenances que doit observer une fille de bonne maison...

— Il est des circonstances bien plus impérieuses que les convenances, monsieur le baron.

— Il suffit, mademoiselle ; je vous préviens cependant que vous ne pouvez compter, pour vous reconduire au palais, sur le drôle en robe noire qui vous servait d'escorte tout à l'heure ; à la vérité vous n'aurez pas de peine à trouver un cavalier plus avenant.

— En effet, dit Elisabeth qui jusque là s'était à peine aperçue de l'absence de l'écolier, qu'est devenu cet honnête garçon qui montre tant de zèle pour le service de monsieur Fabien ?

— Ah! à montre du zèle... Eh bien ! je puis vous dire où il est, moi... Il est à la Bastille.

— A la Bastille ?

— A moins que le capitaine Renaud n'ait mieux aimé le conduire au grand Châtelet, qui est plus proche.

— Mon frère, ceci est une cruauté gratuite dont vous rendrez compte.

— Monsieur le baron, qu'aviez-vous à craindre de ce malheureux jeune homme ?

— Je vous laisse, reprit Albert d'un ton menaçant; roucoulez tant vous que voudrez, mes jolis amoureux, mais prenez bien garde de ne pas oublier vos promesses l'un et l'autre et de ne rien dire de trop... C'est un conseil d'ami que je vous donne... Adieu.

Et il sortit lentement.

A peine se fut-il éloigné que mademoiselle de Montglat, donnant enfin libre cours à des sentiments longtemps contenus, se rapprocha vivement de Fabien :

— Cela n'est pas, mon ami ?... Vous n'avez pas pris cet horrible engagement ? Hâtez-vous de me détromper... Oh ! non, vous êtes trop noble, trop loyal, trop généreux pour tremper dans cet affreux complot !

— A votre tour, Elisabeth, demanda le jeune homme avec véhémence, n'est-il pas vrai que vous n'avez jamais pu l'approuver ? n'est-il pas vrai que cet aveu de tout à l'heure n'était pas sincère ; que la violence seule a pu vous l'arracher, que vous n'avez jamais désiré me pousser à un assassinat ?

— Jamais ! jamais ! Vous avez raison, Fabien, on a employé la violence, la ruse, le mensonge, que sais-je !... Vous apprendrez plus tard, Fabien, ce que j'ai souffert..... Je ne connais la vérité tout entière que depuis peu de temps ; si je l'avais connue bien plus tôt, au prix des plus grands malheurs je n'eusse jamais permis que l'on abusât ainsi de mon nom pour vous engager dans cette ténébreuse affaire.

— Elisabeth, au nom du ciel ! quel est ce secret qui force votre bouche à démentir votre cœur ?

— Je ne puis vous le dire, répondit la jeune fille avec douleur ; de grâce, ne m'interrogez pas en ce moment...

— Mademoiselle, prenez pitié de mes mortelles angoisses... est-il donc quelque chose dont vous devez rougir vis-à-vis de moi ? dois-je craindre que vous ayez manqué à ces engagemens solennels pris sous les ombrages de Montglat ?

— Non, non, Fabien ; si par légèreté, par ignorance, j'ai commis une faute, elle est de nature à mériter votre indulgence, lors même qu'elle attirerait sur moi des inimitiés puissantes !... mais, je vous supplie, laissons ce pénible sujet. Hâtez-vous plutôt de me dire que vous repoussez avec horreur cette infâme proposition.

— Chère Elisabeth ! dit le jeune Croissi d'un ton de reproche, avez-vous pu me croire capable d'une action si noire ? n'avez-vous pas réfléchi qu'une nécessité cruelle pouvait aussi forcer mes lèvres à démentir mes sentimens secrets ?

— Mais quelle est cette nécessité ? quels motifs vous ont obligé d'accepter cette proposition sans réflexion et sans retard ?

— Les réflexions ne m'étaient pas permises ; d'ailleurs elles n'eussent pu changer ma détermination. J'ai voulu gagner du temps, endormir la prudence de mon frère, voilà tout.

— Mais la promesse que vous lui avez faite, il va venir en réclamer l'exécution ?

— J'avais mis à cette exécution deux conditions que je croyais impossible à remplir.

— L'une...?

— Etait que vous confirmeriez en personne la part que vous prenez à cette entreprise.

— Hélas ! vous le voyez, je ne suis pas libre de vous en détourner ouvertement... Et l'autre ?

— Etait que je recevrais de la bouche même de la régente l'ordre de frapper le premier prince du sang ; et celle-là, si je ne me trompe, le baron, malgré son assurance, ne pourra la remplir.

— Et c'est sur la foi de cette impossibilité que vous avez pris cet engagement redoutable ! s'écria la fille d'honneur avec désespoir ; malheureux ami, retirez votre parole, ou vous êtes perdu !

— Vous croyez donc que la régente...

— La régente est tellement exaltée par la haîne, tellement égarée par les mauvais conseils, tellement aigrie par le sentiment de sa faiblesse, qu'elle ne calculera rien : ce qui serait impraticable, monstrueux dans les temps ordinaires, paraît naturel dans les temps difficiles. Vous ne savez pas combien est cruel un pouvoir avili par les factions. La reine a reçu des avis certains que monsieur le prince veut se rendre maître de la personne du roi, qu'il a envoyé des émissaires en Flandre pour traiter avec les Espagnols, qu'il songe à lui ôter la régence et à la traiter comme feu le cardinal a traité Marie de Médicis ; enfin elle en est venue à ce point qu'elle achèterait la mort de son ennemi par les plus grands sacrifices. Il ne manque pas de conseillers autour d'elle pour attiser ce feu dévorant, et votre frère n'est pas le dernier. De plus, monsieur de Mazarin, qui de la frontière dirige les intrigues de la cour, approuve le plan de la tragédie où vous devez jouer un si triste rôle ; jugez maintenant si la reine reculera devant la formalité que vous exigez d'elle ! Qu'importe après tout l'ordre verbal qu'elle vous donnera ! Si plus tard, quand vous paraîtrez devant les juges, vous laissiez échapper la vérité, on ne vous croirait pas... Songez donc à ce que vous êtes maintenant, à ce que vous seriez lorsque, traduit devant la cour du parlement, vous viendriez accuser la reine et de grands seigneurs de vous avoir commandé ce crime ? Par respect pour le pouvoir royal, on étoufferait votre voix au premier mot ; ceux dont vous invoqueriez le témoignage vous désavoueraient, votre frère tout le premier ; et quand même je me dévouerais pour vous, que pourrions-nous, faibles enfans, contre une autorité qui n'a de supérieure que celle de Dieu ? D'ailleurs, on prendrait des précautions pour rendre vos indiscrétions impossibles, avant même que vous fussiez mis en jugement. Qui sait ce qu'il adviendrait de vous dans les profonds cachots du Châtelet, lorsqu'on aurait tant d'intérêt à étouffer votre voix ? La reine sait tout cela, Fabien ; et, soyez-en sûr, elle ne refusera pas de vous donner cet ordre impitoyable. Vous verrez ce que peut une femme orgueilleuse et irritée quand on l'outrage à la fois comme femme et comme souveraine !

Fabien réfléchit pendant quelques instans.

— Mademoiselle, reprit-il enfin, vous m'avez dit que la reine était égarée par de mauvais conseils, cela suffit pour me confirmer dans mes espérances... Je la verrai, je lui dirai la vérité ; peut-être le ciel accordera-t-il à ma voix le don de la toucher, de lui faire comprendre combien une pareille action est indigne de la majesté du trône ! Quelquefois une parole franche, partie du cœur, calme les esprits les plus violens et les plus obstinés... Ne cherchez pas à me dissuader de mon projet ; de cet instant j'abandonnerai la vie. Je remplirai ce que je considère comme un grand devoir ; qu'importe ensuite ce qu'il adviendra de moi ? Vous du moins, Elisabeth, si je succombe dans mon entreprise, vous ne pourrez ni maudire ni mépriser ma mémoire.

— Oh ! renoncez à cette funeste résolution, Fabien, dit Elisabeth d'un ton suppliant ; elle est folle, elle est dangereuse, elle achèvera de nous enfermer dans un labyrinthe sans issue ! Vous ignorez, simple et bon comme vous êtes, combien est insensée votre témérité chevaleresque ! Renoncez-y pour moi qui vous aime, pour moi dont vous êtes l'espoir, qui serais seule au monde avec mes regrets si vous veniez à succomber... Ecoutez, ajouta-t-elle avec précipitation, il en est peut-être temps encore, fuyez ; cherchez dans Paris une retraite ignorée, restez-y caché jusqu'à ce que l'orage soit passé. Je connais la cour : les événemens marchent vite ; bientôt peut-être cette affaire sera mise en oubli par ceux-mêmes qui sont les plus ardens aujourd'hui. Fabien, ne perdez pas un instant, fuyez avant le retour du baron.

— Fuir ! dit Fabien avec abattement ; on a dû prendre aussi des précautions rigoureuses pour empêcher mon évasion. Ce pauvre écolier qui vous a conduite ici n'a-t-il pas été enveloppé dans mon malheur, pour nous avoir servis tous les deux ? Elisabeth, ma chère Elisabeth, laissez mon sort s'accomplir !

Mademoiselle de Montglat ouvrit la fenêtre et jeta dans

la cour un regard avide ; les estafiers du baron rôdaient autour de la maison.

— Ils sont encore là ! murmura-t-elle avec désespoir ; que faire, mon Dieu ? Mais moi je suis libre, ajouta-t-elle frappée d'une idée ; mon carrosse est à deux pas, et si nous pouvions l'atteindre.....

— Ils vous laisseront passer et ils me retiendront de force.

— Mais ces gens-là ne vous connaissent pas ; si bien que vous ait dépeint le baron, ils hésiteront sans doute à vous arrêter... Or un instant suffira pour atteindre le carrosse et nous mettre à l'abri de toute recherche... Essayons, Fabien, peut-être notre assurance leur imposera ; peut-être n'oseront-ils pas en venir aux dernières extrémités. S'ils nous attaquent, vous vous servirez de votre épée ; si nous n'avons aucun moyen de salut, nous périrons ensemble.

— Elisabeth, je ne dois pas souffrir.

— Je le veux, je le veux !

Fabien allait peut-être céder à ces instances et tenter une entreprise qui pouvait réussir par son audace même, lorsqu'un grand bruit s'éleva dans la maison. Au même instant, on monta rapidement l'escalier, et le baron de Croissi, le teint enflammé, les vêtemens en désordre, entra dans la chambre. Par la porte ouverte, les deux jeunes gens purent voir des individus à mines farouches qui l'avaient suivi et se tenaient en dehors, prêts à exécuter ses ordres. Mademoiselle de Montglat craignit quelque dessein funeste ; d'un élan spontané, elle se jeta devant Fabien comme pour le défendre. Albert, sans remarquer ces signes de défiance, s'approcha de son frère :

— Monsieur, dit-il durement, il faut me suivre et quitter sur-le-champ cette maison... Un carrosse nous attend.

— Où voulez vous le conduire ? demanda mademoiselle de Montglat avec terreur.

— Il vous le dira plus tard, dit sèchement le baron.

— Eh bien ! que feriez-vous, monsieur, demanda Fabien avec hauteur, si je refusais de me rendre à pareille invitation ? Albert, n'avez-vous pas déjà cruellement abusé de votre autorité sur moi ?

— Ne me poussez pas, monsieur, à des extrémités qui me répugnent, dit Albert à demi-voix, et hâtez-vous de me suivre... Sachez-le bien, ajouta-t-il plus bas, ces gens qui m'accompagnent obéiront aveuglément à mes volontés ; je ne crains même pas autant que vous le pensez ces indiscrétions dont vous parliez ce matin... J'ai répandu dans cette maison le bruit que votre intelligence était faible et que vous étiez sujet à des accès de folie... Votre conduite n'a pas démenti cette assertion, et tout ce que vous pourrez dire ne fera que la confirmer.

— Infâme ! infâme ! murmura Elisabeth.

Fabien était pâle de colère, ses dents étaient convulsivement serrées ; il parut un moment vouloir donner libre cours à son indignation ; cependant il dit avec un calme forcé.

— Du moins, monsieur, si je me rends à vos ordres, puis-je savoir pour quel motif...

— Puisque vous me parlez sur ce ton, Fabien, répondit le baron avec un désir évident de captiver la bienveillance de son frère, je suis prêt à vous répondre... Ce jeune drôle qui se mêle impertinemment de vos affaires, et dont les allures sont passablement suspectes, vient d'échapper à ses gardiens.

— Qu'importe ! dit Fabien, je sais à peine le nom de cet écolier, nous n'avons aucune raison de craindre...

— Tout est à craindre dans les entreprises comme la nôtre, dit vivement le baron ; allons, mon frère, hâtez-vous... Quant à vous, mademoiselle, continua-t-il avec ironie en se tournant vers la jeune fille, sans doute vous avez suffisamment fait sentir à Fabien la nécessité de l'obéissance ; je rendrai compte à votre maîtresse de votre zèle.

Il fit un signe ; les gens qui l'attendaient à la porte entrèrent dans la chambre. En un clin d'œil, les effets de Fabien et ceux que Croissi avait laissés la veille furent mis en paquets, emportés dans la voiture. Les jeunes gens gardèrent le silence en présence de ces inconnus, dont les regards suivaient tous leurs mouvemens. Seulement, quand précédés par le baron ils descendirent l'escalier de l'hôtellerie. Fabien pressa furtivement la main de la fille d'honneur et lui dit à voix basse :

— Adieu, mon Elisabeth, soyez heureuse.

— Nous ne devons pas encore nous dire adieu. murmura mademoiselle de Montglat ; Fabien, mon sort sera triste comme le vôtre... mais nous nous reverrons ce soir.

Le baron donna galamment la main à la fille d'honneur jusqu'à son carrosse, tandis que ses gens faisaient monter Fabien dans l'autre avec des témoignages de politesse qui cachaient une excessive défiance. Bientôt Albert vint le joindre ; les deux jeunes gens échangèrent encore un triste regard par les portières, et les voitures prirent des directions opposées.

XI

LES COURTISANS.

Le soir du même jour, vers minuit, plusieurs personnes, enveloppées de manteaux, se glissaient mystérieusement l'une après l'autre dans le cloître Saint-Honoré, qui, à cette époque, attenait au Palais-Royal. Il n'y avait de ce côté aucun poste de gardes ; le plus profond silence régnait dans la vaste cour où se trouvaient les cuisines du palais ; mais les visiteurs nocturnes semblaient connaître parfaitement les détours de ces bâtimens sombres et muets. Ils se dirigeaient vers une porte basse cachée dans un angle de la cour, frappaient un coup léger, et la porte s'ouvrait. Une sorte de mot de passe était échangé entre les arrivans et un gardien invisible ; puis on les prenait par la main, et à travers un dédale d'appartemens et d'escaliers, on les introduisait dans une salle où d'autres personnes étaient déjà réunies et causant à voix basse ; rien ne ressemblait davantage aux conciliabules des conspirateurs.

La pièce où se tenait cette réunion, qui du reste semblait devoir être peu nombreuse, offrait elle-même un aspect particulier. C'était une espèce d'oratoire aux lambris dorés et ornés de belles peintures représentant des sujets religieux. Deux portes y donnaient accès ; l'une, celle du cloître, se trouvait si bien cachée dans la boiserie que, fermée, on n'eût pu soupçonner son existence ; l'autre, au contraire, située du côté du palais, était à deux battans et semblait servir seule dans les circonstances ordinaires. A l'extrémité de cette salle s'élevait un autel d'argent, que surmontait un grand crucifix d'ivoire, admirablement sculpté et encadré sur champ de velours noir. La table de l'autel était encombrée de livres qu'on reconnaissait à leurs enluminures, à leurs riches signets, pour des livres de piété ; néanmoins, dans le nombre, quelques volumes aux reliures profanes révélaient de singulières distractions de la part de l'habitant de ce réduit. Des coussins de velours à glands d'or et un grand fauteuil du plus beau travail étaient disposés en face de l'autel ; mais personne n'occupait encore ce siège d'honneur, et les étrangers prenaient place sur deux banquettes forts simples apportées là pour la circonstance. Une lampe d'argent pendait au plafond, chargé de peinture comme les lambris, et jetait une lueur égale et douce sur les assistans, sans toutefois éclairer parfaitement le jeu des physionomies ; on eût dit qu'une lumière trop éclatante eût effrayé cette assemblée, où tout semblait mystère et précautions.

Il n'y avait encore dans l'oratoire que cinq ou six personnes. Deux d'entre elles, dont l'une était le maréchal d'Hocquincourt, portaient l'uniforme militaire; deux autres de brillans habits de cour chargés de broderies; les deux derniers avaient le petit manteau et la tonsure, comme si le clergé, la noblesse et l'épée eussent dû prendre part à ce comité secret.

Hocquincourt, appesanti par l'âge et par l'embonpoint, s'était jeté négligemment sur une banquette, en bâillant, tandis que les autres assistans chuchotaient avec vivacité. Las enfin de son inertie, qui, si l'on en juge par l'attitude du bon maréchal, pouvait amener promptement le sommeil, il se tourna vers un personnage à mine de furet, à mine cafarde, et lui demanda nonchalamment :

— Apprenez-moi donc un peu, monsieur de Lionne, ce qui s'est passé ce matin au parlement. D'honneur ! à l'heure qu'il est, je ne sais encore rien de la séance, tant ce coquin de Croissi m'a persécuté tout le jour au sujet de notre entreprise. Est-il vrai que le coadjuteur ait tenu bravement tête à monsieur le prince ? Corbleu ! ces gens d'église en remontreront pour le courage à nous autres gens de guerre, dont c'est l'état d'en avoir.

Ainsi questionné, monsieur de Lionne s'assit modestement à l'extrémité de la banquette, avec cette déférence que l'homme de ruse et d'intrigues éprouve toujours pour l'homme d'action.

— En effet, monsieur le maréchal, la séance a été fort belle, dit-il d'une voix mielleuse ; le cardinal sera fort content de savoir comment l'on fait face à son plus mortel ennemi. Le coadjuteur est allé ce matin au palais avec quatre cents gentilshommes ; monsieur de Condé n'en avait pas trois cents.... Le parti des princes est frappé de terreur, et la Grande-Barbe lui-même (c'est ainsi que l'on appelait le premier président Molé) n'ose pas élever la voix.

— Il n'importe ! reprit le maréchal d'un air mécontent, le coadjuteur a beau se mettre en campagne avec toute la vieille Fronde, il ne saura pas forcer monsieur le prince à la retraite. Il faut prendre d'autres moyens pour mettre l'État à l'abri des entreprises de ce rude batailleur.... Mais, à propos, le coadjuteur s'oppose-t-il toujours à notre coup de main actuel ? J'espérais que votre éloquence aurait plus de prise sur lui que la mienne.

— Que voulez-vous ? il a refusé, non sans beaucoup de démonstrations hypocrites. Il a dit qu'il n'aimait pas le sang, et que c'était mal servir le roi que de songer à répandre celui d'un tel personnage. Sur ma foi ! monsieur le maréchal, je crains fort que, malgré ses belles protestations à la reine, il n'avertisse en secret monsieur de Condé et ne nous trahisse tous...

— Je ne crains pas cela de lui, dit Hocquincourt d'un air calme ; je l'estime fort, et je suis fâché que nous n'ayons pas son approbation. Mais a-t-il réellement tant de respect et d'affection pour monsieur le prince ?

— Jamais le coadjuteur ne souffrira que Condé disparaisse ainsi de la scène politique, dit Lionne avec un sourire rusé ; la reine était sa dupe quand elle disait hier à Sennoterre : « le coadjuteur n'est pas aussi hardi que je le croyais ! »

— Encore une fois, pourquoi cela ?

— Ecoutez-moi ; le coadjuteur est l'allié de la reine contre monsieur le prince, qui sera lui désire bientôt chef de l'État. Mais si monsieur le prince mourait, le coadjuteur ne serait plus qu'un factieux inutile, il n'aurait pas ce chapeau de cardinal qu'il désire avec tant d'ardeur, et on l'enverrait à Vincennes... Comprenez-vous ?

Le maréchal partit d'un éclat de rire qui fit retourner la tête aux assistans. Lionne se rengorgeait en recevant ce bruyant applaudissement pour sa perspicacité.

— Mordieu ! je ne pensais pas à cela, dit le maréchal ; je vois maintenant pourquoi monsieur de Gondi n'est pas des nôtres ; heureusement nous ferons fort bien sans lui; Croissi nous assure que tout réussira.... Mais, à propos de Croissi, il tarde bien à venir ce soir, avec ce jeune lourdeau qu'il doit nous présenter.

— Il est donc vrai, reprit le marquis de Lionne avec inquiétude et en baissant la voix, nous allons voir ce jeune homme ici ? Mais, monsieur le maréchal, ne sommes-nous pas un peu bien imprudens de nous montrer à visage découvert ? Si cependant on venait à nous trahir ! Pour ma part, tout ennemi que je sois de monsieur le prince, je ne me soucierais pas d'attirer sur moi sa vengeance, et chacun de vous ne s'en soucierait pas davantage, j'imagine !

— A mon tour, reprit le maréchal d'un air suffisant, je vais vous rembourser de l'explication que vous m'avez donnée sur les projets du coadjuteur, par une explication au sujet du hardi gaillard qui doit tenter le coup. D'abord il arrive tout bourru de sa province, et ne paraît pas doué d'un grand esprit ; de plus, il est gentilhomme, et je vous dirai confidentiellement qu'il est le propre frère de Croissi.

— Je ne vois pas là de garantie suffisante...

— Quoi ! vous ne comprenez pas que ce garçon, plein de dévouement pour son frère, aimera mieux se laisser couper en morceaux que de faire un aveu qui jetterait ce frère, et nous par compagnie, dans de fâcheux embarras? De plus il est amoureux d'une fille de la reine qui tient pour le complot ; ira-t-il aussi trahir celle qu'il aime ? Allez, allez, monsieur de Lionne, cette affaire est l'ouvrage de ce damné Croissi, et le coquin s'entend en intrigues !

— Mais enfin, monsieur le maréchal, qui donc empêchait, au lieu de ce petit gentilhomme campagnard, de choisir quelque bon coupe-jarret de Paris, où il n'en manque pas ? Toutes les mains sont égales pour tenir un poignard ; je ne vois pas la nécessité de nous réunir ici en conspirateurs pour commander solennellement une action que nous ne nous vanterons jamais d'avoir conseillée.... A quoi bon cet appareil qui compromet inutilement de loyaux serviteurs de la reine ?

— Que voulez-vous ? dit Hocquincourt en étendant les jambes d'un air d'ennui, on a mis pour condition que cette entreprise fût exécutée par un gentilhomme..... La reine, malgré sa colère, ne permet pas que le sang royal soit versé par une main roturière : elle ne peut avoir confiance dans tout ce qui n'est pas noble, et il faut respecter ses scrupules... Songez donc, d'ailleurs, qu'un coupe-jarret ordinaire, de quelque prix qu'on le payât pour tuer le prince, trouverait toujours moyen de se faire donner par le prince plus d'argent encore pour ne pas le tuer. On a donc besoin... comment a-t-on appelé cela ? oui, ma foi ! on a besoin d'un *assassin par conviction*, c'est le mot ; et, pour amener la conviction dans le cœur de ce garçon, qui est, dit-on, assez honnête sous sa grossièreté, on veut l'éblouir, le fanatiser... Voilà donc, mon cher, la cause de cet appareil, et si vous trouvez que je sois en reste d'explications avec vous, vous êtes vraiment trop difficile.

En même temps il tourna la tête, comme pour couper court à la conversation ; mais ce n'était pas là le compte de Lionne.

— Un mot encore, monsieur le maréchal, reprit-il en se penchant vers Hocquincourt ; vous ne m'avez pas dit quel intérêt avait Croissi dans cette affaire ?

— Quoi ! vous ne savez donc pas que la reine lui promet de le faire duc et pair s'il réussit, et qu'il est ambitieux comme un intrigant ? D'ailleurs, depuis qu'il a quitté le parti des princes, monsieur de Condé l'a pris en haine, et Croissi le lui rend de tout son cœur.

— J'entends... et voilà pour quel motif il sacrifie son frère ? Car, entre nous, l'affaire ne peut guère tourner bien pour le jeune homme.

— Qu'importe ! dit le maréchal avec nonchalance Croissi sans doute est un assez bon parent, mais cela ne regarde que lui. Depuis longtemps il était possédé du désir de faire sa fortune, car la sienne est, dit-on, assez médiocre. Dans ce but il a suivi tous les partis les uns

après les autres. Enfin il s'est rallié à nous, et le hasard a voulu qu'il eût besoin d'un instrument tel que son jeune frère; il l'a pris comme autre chose, et, si l'on brise l'instrument après s'en être servi, il se consolera facilement...
Mais en vérité, mon cher, continua le maréchal en bâillant de nouveau, vous me faites bavarder comme le bonhomme monsieur de Broussel lorsqu'il s'agit du cardinal devant messieurs de la grand'chambre... Je suis rendu, je veux me conserver un peu d'haleine, car peut-être en aurai-je besoin tout à l'heure.

Lionne le regarda d'un air de dédain qu'il se garda bien néanmoins de laisser remarquer. En ce moment, un nouveau personnage entra dans l'oratoire par la porte du lambris; aussitôt on l'entoura d'un air avide : c'était Albert de Croissi. Il était élégamment vêtu suivant la mode du temps, et affectait un air de gaieté qui eût pu tromper des gens moins pénétrans que des courtisans : mais on remarqua dès l'abord certain embarras sur ses traits.

— Parbleu! mon cher, dit un vieillard à grande perruque d'un ton sévère, si le cercle ne finissait ce soir plus tard qu'à l'ordinaire vous eussiez fait attendre la reine.

— Mille excuses, monsieur de Châteauneuf, dit Croissi qui s'essuyait le front, mais j'ai été retenu par le contre-temps le plus fâcheux. Un importun, qui s'était avisé de fouiller dans nos secrets, a trompé notre surveillance au moment où j'allais l'envoyer en lieu de sûreté... Heureusement j'ai la certitude qu'il ne savait rien.

— En êtes-vous bien sûr? demandèrent plusieurs voix avec inquiétude.

— Très sûr, messieurs, soyez sans crainte.

— Et notre jeune fier-à-bras? demanda d'Hocquincourt.

— Il est là, dit le baron à voix basse en désignant la pièce qui servait d'antichambre.

— Et il est toujours décidé?

— Oui... c'est-à-dire il lui reste de légers scrupules qui seront bientôt levés.

— Eh bien! pourquoi n'entre-t-il pas? dit un des assistans; il est bon que nous voyons par nous-mêmes à qui nous allons confier l'exécution de cette grande entreprise.

Croissi balançait.

— Soit, dit-il enfin, il ne faut pas le laisser réfléchir à loisir, d'autant moins...

Il se mordit les lèvres, et rentra dans une pièce encombrée de manteaux, où Fabien l'attendait.

Le jeune normand, en quittant l'hôtellerie, avait été conduit dans un hôtel somptueux appartenant à son frère; mais on avait eu soin de le dérober à tous les regards. Un seul domestique de confiance l'avait servi dans une chambre isolée, pendant qu'Albert prenait les plus minutieuses informations dans l'auberge, au sujet d'Eustache Vireton. Sur le soir, le baron était rentré et avait invité Fabien à se revêtir d'un costume plus convenable que son habit de voyage; puis il l'avait fait monter dans un carrosse, en lui annonçant brièvement que son désir allait être satisfait, et il l'avait conduit au cloître Saint-Honoré, sans que le jeune homme opposât aucune résistance.

Or, tandis que le baron annonçait aux conjurés l'arrivée de son frère, celui-ci était resté seul dans l'antichambre, et ce court espace de temps avait suffi pour donner lieu à une aventure singulière. Cette antichambre était vaste et assez sombre; Fabien rêvait tout pensif sur un siège, quand il crut entendre près de lui un bruit léger, semblable à celui d'une porte qui glisse sur ses gonds. Il se retourna distraitement, mais il n'aperçut d'abord que des manteaux suspendus à la muraille, auxquels la lueur vacillante d'une bougie donnait des formes fantastiques. Il croyait s'être trompé, lorsque l'un des manteaux s'agita tout à coup, et une tête dont Fabien ne put distinguer les traits apparut au milieu des draperies. On examina l'aventurier un moment, comme pour être sûr qu'on ne se trompait pas, puis on dit d'une voix basse, quoique claire et distincte :

— Bon courage, monsieur! Si vous avez besoin de secours, vous en trouverez de ce côté.

CHOISIS.

Puis la tête disparut, et un nouveau bruit semblable au premier se fit entendre, comme si l'on eût refermé le panneau de la boiserie. Quand le jeune homme, revenu de sa surprise, courut vers l'endroit d'où la voix était partie et souleva le manteau brusquement, il ne trouva personne. Seulement il put constater en cet endroit l'existence d'une issue secrète.

Dans l'état d'exaltation de Fabien, il eût été fort excusable de voir de la magie dans cette aventure. Sa jeunesse s'était passée à la campagne; d'ailleurs, à cette époque, rien n'était commun, même dans les hautes classes de la société, comme la croyance aux visions, aux apparitions d'esprits et aux superstitions de tout genre. Cependant sa pensée ne s'arrêta pas un instant à la supposition d'une intervention surnaturelle dans ses affaires; il jugea plutôt qu'il avait près de lui des amis inconnus qui ne l'abandonneraient pas au besoin. Ses soupçons se portèrent d'abord sur Elisabeth, et il se promit de la remercier plus tard de cet avertissement salutaire qui lui venait dans un moment où l'on pouvait le supposer à bout de courage et d'énergie.

Il était encore ému de cet incident bizarre, lorsque le baron rentra pour le chercher; mais avant de rejoindre les conjurés, Croissi pressa la main de son frère :

— Fabien, dit-il d'une voix ferme, le moment solennel est arrivé; souvenez-vous de mes paroles... pas de ridicules fanfaronnades! une grande fortune ou bien une captivité perpétuelle; vous choisirez.

Fabien s'inclina silencieusement, et ils entrèrent dans l'oratoire.

Aussitôt les regards se portèrent avec avidité sur le nouveau venu; l'examen ne dura pas longtemps, car des courtisans, habitués à juger les hommes sur la première vue, n'avaient pas besoin de longues investigations; presque tous témoignèrent un grand étonnement en trouvant Fabien si différent de ce qu'ils attendaient.

Le jeune cadet était vêtu d'un justaucorps de velours vert, qui faisait ressortir la richesse de sa taille et d'un haut-de-chausses de même étoffe, orné de cette profusion de rubans alors de rigueur dans la toilette d'un élégant. Ses belles proportions, son attitude noble et calme, ne rappelaient en rien la lourdeur d'un campagnard. Il tenait à la main son chapeau surmonté d'une plume verte; les boucles de son abondante chevelure se jouaient sur son cou brun et poli. Ses traits réguliers, mâles sans dureté, n'exprimaient rien aussi de cette simplicité rustique annoncée par le baron; seulement une légère rougeur les colorait en ce moment, soit que l'attention dont il était l'objet en fût cause, soit qu'il éprouvât un sentiment de honte en songeant à quel titre il entrait dans cette assemblée.

Il salua poliment, mais la plupart des assistans ne lui rendirent pas son salut, peut-être par mépris pour un homme qu'ils croyaient près de devenir assassin. Le baron ne songea pas non plus à présenter officiellement son frère aux conjurés; lui montrant une banquette vide, il rejoignit le groupe que formaient les courtisans autour de l'autel.

— Vraiment, Croissi, dit l'un d'eux à voix basse, c'est un cavalier de fort bonne mine que vous avez choisi... Le gagneur de batailles aura fort à faire dans une lutte corps à corps avec lui.

— N'est-il pas vrai, monsieur de Servien? répondit Albert avec satisfaction; eh bien! le jeune galant est aussi brave qu'il est robuste; et, si nous le décidons une bonne fois à mesurer ses forces contre celles du gagneur de batailles, comme vous appelez notre ennemi...

Une exclamation du maréchal d'Hocquincourt interrompit les conversations particulières. Le maréchal avait d'abord laissé tomber un regard d'indifférence sur Fabien; mais peu à peu son examen était devenu plus sérieux; enfin il se leva tout à coup en s'écriant :

— Mort de ma vie! ne me trompé-je pas? N'est-ce pas là ce gentilhomme qui m'a rendu sur le pont Neuf un si grand service en nous dégageant des mains de la canaille? Parlez, jeune homme, est-ce bien vous qui chargiez si courageusement cette populace furieuse avec un fouet pour arme et un mauvais cheval de poste pour monture? J'ai parlé toute la journée de cette prouesse, et j'en ai vainement cherché le héros...

— C'était moi, monsieur, dit Fabien avec modestie, mais j'avais un intérêt si puissant à dégager ce carrosse...

— Je vous retrouve donc, dit le maréchal avec entraînement! Ventrebleu! je suis ravi de vous voir, mon brave garçon, touchez là... — Il tendit cordialement la main au jeune homme, mais une réflexion subite la lui fit retirer aussitôt. — Il est dommage, dit-il d'un air brusque et chagrin, qu'un bon luron tel que celui-ci s'engage dans une mauvaise affaire... non pas, jeune homme, que l'entreprise dont on vous a parlé ne soit nécessaire au salut de l'État, mais j'aurais voulu qu'on confiât à d'autres la vilaine portion de la besogne.

— Monsieur le maréchal! murmura le baron à son oreille d'un ton suppliant, songez à vos paroles...

— Allez au diable, vous! reprit le vétéran avec colère; je suis un serviteur de la reine, mais, à parler vrai, je n'aime pas voir un enfant, doué de ce qu'il faut pour faire un brave et fidèle soldat du roi, tourner si mal, égaré qu'il est sans doute par de méchans conseils... C'est un de vos tours, Croissi; honte sur vous d'en agir de cette façon avec votre jeune frère! — Croissi porta la main à son épée; les assistans durent s'interposer entre le baron et le maréchal, qui dans sa généreuse indignation oubliait qu'il avait été le premier instigateur de l'entreprise dont on allait confier à Fabien l'exécution. On essaya de le calmer; malheureusement Hocquincourt était de ces hommes que tout effort pour les apaiser irrite davantage, tant que leur colère n'a pas eu son effet. — Nous nous retrouverons, Croissi! reprit-il avec rudesse; mais si l'on a employé la ruse pour pousser ce jeune homme à des actes qui lui répugnent, je m'engage, moi d'Hocquincourt, à le soutenir vigoureusement; et quand même le complot devrait manquer...

En ce moment la grande porte de l'oratoire s'ouvrit à deux battans, et on annonça presque à voix basse :

— La reine!

Hocquincourt se tut et tout le monde se leva. Anne d'Autriche entrait, suivie seulement de mademoiselle de Montglat.

XII

LE CONSEIL.

La reine venait de quitter les grands appartemens; elle portait encore le riche costume d'apparat sous lequel elle avait présidé le cercle de la cour. Sa robe était de velours noir, suivant l'étiquette de cette époque; des dentelles d'un prix inestimable, et pour lesquelles Anne d'Autriche manifestait un goût particulier, ornaient ses épaules et ses bras, que les manches courtes de la robe laissaient demi-nus. Des guirlandes de perles et de pierres précieuses s'entrelaçaient dans ses cheveux blonds, et retombaient, en s'enroulant autour de son cou, jusqu'à la ceinture. Des talons rouges rehaussaient encore sa taille élevée, pleine de dignité. Quand elle entra dans l'oratoire, une sorte d'impatience était peinte sur son visage; sa bouche, dont la lèvre inférieure saillait légèrement, comme chez toutes les princesses de la maison d'Autriche, paraissait un peu pincée. Mais cette expression de mécontentement disparut à la vue de l'assemblée; un sourire vint éclairer sa physionomie, d'ordinaire sérieuse et mélancolique.

Fabien n'aurait pas eu besoin d'être averti par la voix de l'huissier pour reconnaître la reine dans cette imposante personne. En la voyant paraître ainsi fière et majestueuse, étincelante de diamans, dans tout l'éclat de la pompe royale, le pauvre campagnard fut saisi de respect et de terreur ; il sentit son courage défaillir. Son regard chercha celui d'Élisabeth, mais mademoiselle de Montglat était plus pâle encore que le matin ; sa contenance trahissait un morne abattement ; ses yeux rencontrèrent ceux de Fabien, mais ils n'exprimaient que du désespoir. Ce n'était donc pas d'elle que devait lui venir du secours? Mais alors qui pouvait être cet ami mystérieux assez puissant pour étendre sa protection jusque dans ce palais?

Les courtisans s'inclinèrent profondément devant la régente.

— Dieu vous garde! messieurs, dit-elle en faisant un signe poli, je vous demande grâce pour mes retards... Mais les importuns et les joueurs de la grande galerie ne se doutaient pas que mes plus loyaux serviteurs m'attendaient ici; l'étiquette m'a semblé fort importune pendant cette soirée, vous pouvez m'en croire. — Elle prit place dans un fauteuil qui l'attendait; puis elle échangea quelques mots à voix basse avec chacun des assistans. Croissi vint le dernier; mais la reine parut l'écouter avec une espèce de dégoût et l'interrompit bientôt : — C'est fort bien, monsieur de Croissi, reprit-elle tout haut ; je m'en rapporte à vous pour les menus détails de ce projet. Mais où donc est le beau damoiseau qui doit nous prêter le secours de son bras? On m'avait dit, je crois, que je le trouverais ici?

— Le voici, madame, répliqua le baron en prenant son frère par la main.

Anne d'Autriche attacha sur Fabien ce regard pénétrant qui la caractérisait ; puis elle se tourna vers la fille d'honneur, qui se tenait tremblante derrière son fauteuil.

— Eh! mais, friponne, murmura-t-elle à son oreille en souriant, tu n'as pas mauvais goût, il est fort bien, ton galant ; il s'agit de savoir... — Mais, changeant de ton, elle s'adressa directement à Fabien : — Approchez, monsieur, reprit-elle, je serai contente de voir de près un gentilhomme qu'on dit si fidèle à ma cause. — Fabien, la première impression passée, parvint à surmonter son trouble ; il s'avança respectueusement et mit un genou à terre devant la reine. Anne parut prendre plaisir à examiner les belles et vigoureuses proportions du jeune homme ainsi prosterné. — Relevez-vous, monsieur, reprit-elle enfin; on nous a parlé de vous comme d'un cavalier résolu.

— Et je puis affirmer à Votre Majesté qu'on ne l'a pas trompée sur ce point, interrompit d'Hocquincourt avec sa brusque franchise, car je l'ai vu besogner, pas plus tard qu'hier, sur le pont Neuf.

— Vous ne pouvez qu'être un excellent juge en matière de courage, monsieur le maréchal, dit la reine gracieusement, et ce jeune cadet doit être fier de votre suffrage... mais à l'époque où nous vivons, ce courage vulgaire qui fait affronter le péril dans une émeute populaire ou dans la mêlée d'une bataille ne suffit pas. Le salut général exige quelquefois d'un dévouement d'une autre espèce, et c'est ce dévouement que nous attendons de notre vaillant champion. J'espère qu'il ne nous trompera pas dans notre attente!

Fabien, qui s'était levé, restait debout en face d'Anne d'Autriche. Les courtisans formaient cercle autour d'eux ; les regards se fixaient tour à tour sur la régente et sur le jeune aventurier. Celui-ci, dont l'embarras avait cessé, répondit en s'inclinant :

— Le devoir d'un sujet n'est-il pas d'obéir à sa souveraine dans tout ce qu'elle a le droit d'ordonner?

— Oh! mes sujets, dit aigrement la reine, savent fort bien se dispenser de ce devoir... Demandez à ces messieurs, qui les connaissent, de quels outrages on abreuve chaque jour la mère de leur roi! Mais, continua-t-elle avec impatience, venons au fait... Jeune homme, vous avez désiré, par un scrupule que j'honore, entendre la régente de France elle-même vous donner l'ordre de délivrer l'État de son plus dangereux ennemi ; eh bien! je vous le donne... Maintenant vous devez être content ; jurez-moi de remplir cette mission, même au péril de votre vie, et laissez-nous... Monsieur de Croissi vous dira plus exactement ce qu'on exige de vous.

Élisabeth attacha sur Fabien son œil fixe et hagard ; le baron, aussi troublé qu'elle, attendait avec anxiété la réponse de son frère.

— Madame, reprit Fabien d'un ton respectueux mais ferme, Votre Majesté me pardonnera de me tenir en garde contre toute espèce de malentendu... Qu'elle me permette donc de lui demander si c'est réellement le grand Condé, le premier prince du sang, qu'elle appelle ennemi de l'État ?

Un murmure sourd courut dans l'assemblée ; la reine rougit.

— Et pourquoi non, monsieur, dit-elle avec véhémence, si celui qu'à votre tour vous appelez le *grand* Condé se montre factieux insolent, ambitieux, traître à la France et au roi ? Que signifie une pareille question ? M'auriait-on trompée sur votre compte ? Refuseriez-vous d'obéir à votre souveraine ?

Elle frappait du pied avec colère. Tout le monde tremblait ; Fabien seul ne parut pas ému.

— Ma souveraine ! répéta-t-il d'une voix animée ; est-ce bien elle que je vois ? Est-ce bien la petite-fille de Charles-Quint que je viens d'entendre ? Où sommes-nous ici ? Doit-on entrer chez une reine de France furtivement, la nuit, en se glissant dans l'obscurité comme un voleur ? Je cherche la majesté du trône, je cherche la reine, je ne vois ici qu'une femme qui se cache avec des conspirateurs nocturnes pour comploter un assassinat !

La hardiesse de ces paroles frappa les courtisans de stupeur. Aucun d'eux ne songeait à faire taire l'imprudent enthousiaste.

— Audacieux ! dit Anne d'Autriche d'un ton foudroyant en se levant.

Fabien tomba sur ses genoux :

— Oh ! écoutez-moi, madame, reprit-il avec chaleur ; je suis perdu, je le sais, mais j'ai sacrifié ma vie pour apporter jusqu'à vous la vérité que l'on vous cache peut-être... L'affreux moyen que vous proposent des hommes passionnés est indigne de vous. Non, quoi qu'on vous dise, le sang du plus brave et du plus noble défenseur de la patrie ne doit pas être ainsi versé traîtreusement, par une main obscure, dans un affreux guet-apens. Ouvrez, ouvrez les yeux, mon auguste reine ! Songez à votre aïeul, songez à votre fils, songez à la sainteté du pouvoir que vous tenez de Dieu !

Anne d'Autriche partit d'un éclat de rire convulsif.

— Que nous veut ce ridicule sermonneur ? dit-elle avec ironie. Que nous veut cet écolier présomptueux ? vient-il ici nous prêcher de la morale ? Est-ce encore une insulte de mes ennemis ? Vrai Dieu ! messieurs, celui qui nous l'a préparée pourrait se repentir de son imprudence ! — Puis, passant tout à coup à d'autres sentiments, avec cette légèreté naturelle à certains caractères irascibles, elle reprit d'un ton sombre : — Tu crois être ici dans une assemblée de conspirateurs qui méditent une méchante action ; eh bien ! soit ; mais sais-tu bien où se tient le conciliabule des conjurés ? sais-tu bien où nous sommes ? Nous sommes dans mon oratoire, au Palais-Cardinal. Tu ne me connais pas ; regarde-moi, je suis la reine régente. Ces messieurs, regarde-les aussi : ce sont messieurs Le Tellier, de Servien et de Lionne, ministres sous-secrétaire d'État ; c'est monsieur de Châteauneuf, le garde des sceaux ; c'est monsieur le maréchal d'Hocquincourt, le général en chef des armées du roi ; c'est tout le conseil de régence, ce sont les défenseurs les plus zélés de mon fils Louis. Regarde-nous... Peu nous importe que tu saches que la reine et ses ministres en sont réduits à conspirer dans l'ombre, comme des citoyens opprimés ; qu'ils en sont réduits à supplier un petit gentillâtre tel que toi de sauver le royaume par un coup de poignard !

Ne pouvant plus modérer la violence de ses émotions,

elle retomba dans son fauteuil et se couvrit le visage avec ses deux mains pour cacher ses larmes. Cette émotion fut partagée par ceux de l'assemblée chez qui les intrigues politiques n'avaient pas étouffé toute pensée généreuse, toute pitié pour les maux dont la France était alors accablée. Le baron profita de ce moment pour se pencher vers son frère et lui dire à voix basse :

— Malheureux ! rétracte-toi, sinon...

Mais Fabien, préoccupé de son généreux dessein, ne l'écoutait pas ; il resta prosterné devant la reine, et s'écria dans un élan de cœur, en joignant les mains :

— Madame ! au nom de Dieu, ne m'accablez pas de votre colère et de votre mépris ! Ce n'est pas un sentiment de ridicule présomption qui m'a fait porter à vos pieds une vérité cruelle ; je remplis, au risque d'attirer sur moi votre redoutable vengeance, un devoir que je considère comme sacré. Je suis le plus obscur, le plus soumis de vos sujets ; comme les autres, je vous dois mon respect, mon dévouement, mon amour ; je vous ferai sans murmurer le sacrifice de ma vie, mais Dieu me défend de vous sacrifier mon honneur et ma conscience.

Anne d'Autriche parut enfin dominer son attendrissement ; elle releva la tête et reprit d'un air hautain :

— Que vous semble, messieurs, de l'insolence de ce jeune prêcheur ? S'il s'était contenté de déchirer mon cœur de reine et de mère, en me rappelant dans quel état d'abaissement j'ai laissé tomber le pouvoir de mon fils, je pourrais oublier qu'il s'est exprimé comme il n'est pas permis à un sujet de le faire en ma présence... Mais il a votre secret et le mien ; il ne m'appartient plus d'être clémente.

Fabien, se relevant, attendit son sort avec dignité. Les assistants se regardèrent en silence, mais aucun n'avait encore ouvert un avis, lorsque mademoiselle de Montglat, qui pendant cette scène avait exgité tous les genres de souffrance morale, se pencha tout épouvantée vers la reine :

— Je l'avais bien dit à Votre Majesté, madame ! s'écria-t-elle ; il ne pouvait accepter un pareil office ! Mais, de grâce, ayez pitié de lui, pardonnez-lui... ! Il est fidèle ; il ne trahira pas votre secret, je vous le jure.

— Allez-vous recommencer vos pâmoisons et vos pleurnicheries, mademoiselle ? interrompit la reine sévèrement ; je suis lasse de ce manège, et ce n'est qu'à force d'importunités que j'ai bien voulu vous amener ici... Vous verrez, ajouta-t-elle avec aigreur, que pour plaire à cette folle, ces messieurs et moi nous ne devrons pas prendre les mesures qu'exige notre repos et celui de l'État ! Il faudra permettre à ce vaillant paladin d'aller se vanter dans les tavernes de Paris des belles choses qu'il a dites en face à la reine de France !

Cette inexorable réponse ne diminua pas l'ardeur généreuse de la jeune fille.

— Que Dieu donne de longs jours à Votre Majesté ! continua-t-elle avec courage ; mais je la supplie humblement de me permettre de lui représenter qu'il n'est pas nécessaire d'ensevelir cet infortuné jeune homme dans une prison pour s'assurer de sa discrétion. Il est gentilhomme ; on peut se fier à sa parole, et moi qui sais combien il est loyal, je puis me porter garant qu'il ne la trahira pas. — Comme les membres du conseil semblaient étonnés de la chaleur qu'elle mettait à défendre Fabien : — Messieurs, leur dit-elle en fondant en larmes, c'est moi qui la première l'ai poussé dans l'abîme où vous le voyez... C'est à cause de moi qu'il a quitté sa paisible province, pour s'engager dans ces sinistres intrigues... et cependant il m'aimait, mon Dieu ! je l'aimais de toute mon âme ! mais une infâme s'est joué de moi...

Les sanglots lui coupèrent la parole. La reine reprit froidement, avec cette sécheresse de cœur que donne un violent désappointement :

— En vérité, messieurs, je croyais vous avoir réunis ici pour traiter d'une entreprise qui intéresse le royaume, et nous avons à nous occuper des amours d'une de mes filles d'honneur avec un gentillâtre normand ; croyez-le bien cependant, ce spectacle n'est pas plus divertissant pour moi que pour vous.

Plusieurs voix s'élevèrent à la fois pour donner des avis, mais le baron de Croissi, le visage livide, les yeux en feu, s'approcha de la reine et lui dit d'un ton chaleureux :

— Je supplie Votre Majesté de croire que j'ai le premier été trompé par la feinte simplicité de ce misérable jeune homme. Il a cruellement abusé de ma bonne foi, il a renié ses promesses solennelles ; je ne chercherai donc pas à réclamer contre la juste vengeance que Votre Majesté doit tirer de ceux qui l'ont trahie.

— Me venger de ce malheureux ! répondit la reine avec dédain, ma vengeance ne peut descendre si bas... Que ces messieurs décident de son sort, je le leur abandonne.

— Madame, s'écria d'Hocquincourt d'un air empressé, je connais ce gentilhomme seulement depuis hier, et je le vois aujourd'hui pour la seconde fois... Il vient d'agir et de parler d'une manière coupable ; et de la part d'un personnage plus important ce serait un crime de lèse majesté... Mais il est jeune, sans expérience. Si donc Votre Majesté fait cas de mes bons et loyaux services, je lui demande que ce pauvre diable ne soit pas châtié trop rudement pour sa sotte hardiesse. Je suis son obligé ; d'ailleurs ses discours me paraissent inspirés par un sentiment généreux, quoique absurde et malséant. En un mot, madame, il suffira, je crois, d'exiger de lui la promesse qu'il ne révélera rien de ce qu'il sait. Si quelqu'un doit être chargé de veiller sur lui et se porter caution de son silence, je ne crains pas de répondre de lui corps pour corps vis-à-vis de Votre Majesté.

— Oh ! merci, merci, monsieur le maréchal ! murmura Élisabeth.

Le jeune Croissi fit à son défenseur un signe de respectueux remercîment. Les courtisans se consultèrent tout bas sur le parti qu'ils devaient prendre pour se mettre à l'abri des indiscrétions de Fabien ; quelques-uns insinuaient que les murailles d'une prison d'État seraient plus sûres que l'hôtel d'Hocquincourt pour les protéger contre une parole imprudente. Cependant aucun d'eux sans doute ne se souciait beaucoup de se brouiller avec le maréchal, et la reine, bien qu'elle détournât la tête avec une indifférence affectée, semblait aussi pencher vers le parti de la douceur. On allait donc peut-être accorder au protecteur de Fabien ce qu'il demandait, lorsque le baron intervint de nouveau.

— Un moment, messieurs ! dit-il avec fermeté ; si, par une faveur suprême de la clémence royale, mon frère n'avait pas à porter la peine de ses audacieux discours, je ne reconnaîtrais à nul autre que moi le droit de disposer de lui ; je le réclamerais comme étant son aîné, son tuteur naturel.

— Les liens que vous invoquez sont rompus à jamais entre nous ! s'écria Fabien d'un air indigné. Les bienfaits dont vous avez pu me combler autrefois sont effacés dès ce moment par votre odieuse conduite envers moi... Vous n'êtes pas mon frère, je ne vous connais pas.

— Allons, une scène de famille, maintenant ! dit la reine avec ironie.

— Messieurs, reprit Élisabeth en s'adressant aux courtisans, ne livrez pas ce pauvre jeune homme à l'impitoyable tyrannie de son frère... Monsieur de Croissi a voulu le sacrifier à son insatiable ambition, qui sait ce qu'il lui réserverait dans l'avenir ? Et vous, madame, continua-t-elle en se tournant vers la reine, souvenez-vous qu'hier Fabien s'est bravement exposé pour votre cause ; souvenez-vous de la pitié que vous avez ressentie déjà pour la jeunesse et le courage de mon malheureux ami ! Grâce entière, grâce, madame, et vous n'aurez pas de serviteur plus dévoué que lui !

La reine, malgré cette insensibilité qu'elle aimait à montrer en public, avait le cœur bon ; sa colère était aveugle, violente, irrésistible, mais jamais de longue durée, et, passé le premier moment, jamais redoutable. Les larmes, le ton suppliant d'Élisabeth la touchèrent vivement ; peut-être cette affection si vraie, si courageuse de la jeune fille lui rappela-t-elle certain souvenirs de jeunesse... Quoiqu'il en fût, elle allait peut-être accorder à Fabien un pardon complet, lorsque l'impitoyable Croissi vint encore changer ses sentimens.

— Madame, dit-il à la reine en désignant mademoiselle de Montglat par un geste de mépris, Votre Majesté connaît-elle celle qui sollicite une pareille faveur, et qui me prodigue les noms d'infâme et de traître en votre présence ? Sait-elle combien sa fille d'honneur abuse du poste de confiance qu'elle occupe près de la reine ?

— Qu'avez-vous à dire d'Élisabeth ? demanda la régente avec étonnement.

— Monsieur de Croissi ! s'écria mademoiselle de Montglat éperdue.

— Vous n'avez pas tenu votre promesse, continua le baron avec rage ; au lieu d'engager cet orgueilleux à remplir son devoir, vous avez présenté sous d'odieuses couleurs une action louable dans son but ; à mon tour je suis quitte de ma parole. Je puis révéler à la reine un secret que le hasard m'a fait découvrir, et qui pour un temps vous avai t mise à ma discrétion... Sachez-le donc, madame, mademoiselle de Montglat, que vous avez comblée de bontés, trahissait chaque jour votre confiance ; chaque jour...

— Que la paix du Seigneur soit parmi vous ! dit tout à coup une voix pleine et sonore derrière l'assemblée.

Il serait impossible de peindre l'agitation que produisit cet incident inattendu. Les regards se portèrent spontanément vers la porte ; une vive anxiété se peignit sur les visages. La reine elle-même, malgré l'intérêt qu'elle prenait aux révélations de Croissi, se leva rapidement. Un nouveau personnage venait d'entrer par la porte du lambris ; à peine eut-il fait quelques pas dans l'oratoire qu'on reconnut le coadjuteur.

III

LA NOUVELLE.

Gondi n'avait plus ce costume de cavalier sous lequel Fabien l'avait rencontré la veille, et les habits qu'il portait en ce moment semblaient lui convenir beaucoup mieux. C'était un beau prélat en rochet et en camail, marchant avec dignité et donnant sa bénédiction avec une grâce mondaine. Sa robe violette semblait allonger sa taille, naturellement un peu courte, comme nous l'avons dit, et cachait tout à fait ses jambes disgracieuses, dont on l'avait raillé plusieurs fois. Mais il avait conservé cet air de pénétration et de malice, ce sourire fin et moqueur, indices si vrais de son caractère. Un clignement d'yeux singulier, qui provenait d'une vue basse et fatiguée, donnait en tout temps à son regard un éclat extraordinaire ; mais lorsqu'il entra dans l'oratoire, le feu qui jaillit de ses paupières ainsi contractées parut embarrasser les courtisans plus que de coutume. Plusieurs tournèrent la tête pour n'être pas reconnus, d'autres rougirent comme s'ils étaient pris en flagrant délit de mauvaise action ; tous donnèrent des preuves non équivoques de confusion et d'inquiétude.

Ces observations n'échappèrent pas à Gondi ; il se mordit les lèvres malicieusement, mais, dissimulant aussitôt cette velléité de moquerie, il vint saluer la reine avec les formes du plus grand respect.

Anne d'Autriche était elle-même fort interdite ; malgré son art à cacher ses sentimens, elle ne put s'empêcher de laisser voir quelque chose de sa surprise.

— Monsieur le coadjuteur est toujours le bienvenu, dit-elle avec une gaieté forcée ; mais, je l'avouerai, en ce moment j'étais loin de m'attendre à sa visite.

— Qu'y a-t-il dans ma présence qui doive étonner? dit le prélat d'un air de sérénité parfaite; n'est-ce pas l'heure où Votre Majesté daigne recevoir ici quelquefois son humble sujet, pour l'entretenir des affaires de l'Etat?

— Il est vrai, repartit la reine, mais je ne croyais pas que cette nuit...

— Cette nuit, comme toutes celles où Votre Majesté me fait l'insigne honneur de m'accorder audience, je suis venu frapper à la petite porte du cloître Saint-Honoré. Gabouri, votre chevalier d'honneur, m'attendait, comme à l'ordinaire, et c'est peut-être par une méprise, que je déplore puisqu'elle a pu vous offenser, qu'il m'a conduit dans votre oratoire, où je ne comptais pas, il est vrai, trouver si nombreuse compagnie. Mais je supplie humblement Votre Majesté, si ma présence lui déplaît, de me pardonner, vu l'importance des nouvelles que j'apporte aujourd'hui.

— Vous m'apportez une nouvelle importante? dit la régente; en ce cas, monsieur le coadjuteur, veuillez me suivre dans une pièce voisine.

— Je suis aux ordres de Votre Majesté; mais il n'est aucunement nécessaire de cacher à cet événement qui demain sera connu de tout Paris... Et d'ailleurs, continua-t-il en souriant, si je ne me trompe, la nouvelle dont je parle touche singulièrement et va réunir ces nobles personnages autour de Votre Majesté.

Le malaise des assistans s'accrut en écoutant cette insinuation; la reine elle-même fut légèrement alarmée.

— Je ne comprends pas, monsieur le coadjuteur, reprit-elle, que le secret d'une délibération de mes conseillers officiels ait pu parvenir jusqu'à vous, à moins de trahison.

Gondi ne s'effraya nullement de cette remarque, faite d'un ton d'impatience.

— Que Votre Majesté me pardonne, dit-il avec gaieté, mais est-il dans les usages qu'une fille d'honneur et un gentilhomme sans charge à la cour, tel que ce jeune cavalier (et il désignait Fabien), prennent place au conseil avec les sous-ministres et le garde des sceaux?

Et comme ces paroles semblaient redoubler le mécontentement et l'embarras de la reine :

— Madame, reprit-il sérieusement, je connais l'entreprise dont s'occupaient ici vos conseillers; je ne l'approuve pas, mais je ne songerai jamais à la révéler... Si contraire qu'elle me paraisse aux intérêts de la couronne, il me suffit qu'elle ait eu l'approbation de Votre Majesté. Si donc, contrairement à l'étiquette, j'interromps ainsi vos délibérations sans être attendu, c'est qu'il est arrivé des événemens qui rendent ces délibérations inutiles, En deux mots, le prince de Condé, averti ce soir de ce qui se tramait contre lui, vient de quitter Paris avec les princes ses frères et toute sa noblesse.

La foudre tombant en éclats au milieu de l'assemblée n'eût pas produit sur les courtisans un effet plus terrible que cette nouvelle. Chacun d'eux, se croyant personnellement menacé par la colère du premier prince du sang, ne pouvait cacher sa frayeur. Ils se voyaient déjà sacrifiés sans remords aux rancunes de celui qu'ils avaient voulu perdre; ils restaient sombres, consternés, sans oser même se confier leurs craintes. Croissi, surtout, que l'on connaissait pour un des meneurs de cette entreprise, et dont la trahison envers Condé aggravait encore la position, se crut perdu sans ressource; il promena son regard sombre autour de lui, comme pour chercher sur qui décharger sa colère. Fabien et Elisabeth seuls se réjouissaient au fond du cœur de cet événement, car il rendait impossible l'exécution du complot.

La reine devenait rêveuse; elle semblait calculer intérieurement si cette nouvelle était fatale ou non à ses intérêts.

— Il est donc parti? il m'a donc enfin cédé le pas? dit-elle au bout de quelques instans de réflexion, avec un accent d'orgueil satisfait; le *grand* Condé, comme on s'obstine à l'appeler, a donc pris la fuite devant une femme? Ah! monsieur le cardinal sera bien joyeux!—Puis, comme on écoutait avidement ses paroles, elle se tourna vers Paul de Gondi et reprit : — Il y a du bon et du mauvais dans vos nouvelles, monsieur le coadjuteur ; mais, puisque vous avez été si vite et si bien informé, ne pouvez-vous me dire du moins si l'on sait où doit se retirer monsieur le prince? Sans doute il se rend en Guyenne pour commencer la guerre civile?

— J'espère, madame, dit le coadjuteur, que l'Etat n'aura pas à souffrir encore de ces cruelles extrémités. D'après des rapports certains, monsieur le prince va seulement se retirer du château de Saint-Maur, près de Paris. Il pourra de là se rendre encore chaque jour au parlement avec une escorte convenable, et demander vengeance contre ses ennemis.

Le malin prélat accompagna ces paroles de ce clignement d'yeux dont nous avons parlé, comme s'il eût eu l'intention d'augmenter les angoisses secrètes des courtisans. Leur contenance était si morne que la reine elle-même sembla prendre pitié de leurs souffrances.

— Mes serviteurs fidèles ne doivent pas s'effrayer de ce départ, dit-elle d'un ton froid et distrait qui démentait ses paroles; si, forcée par la nécessité, j'acceptais jamais un accommodement avec le prince rebelle, je ne serais pas assez faible pour lui sacrifier mes amis; il a fallu déchirer mon cœur pour me séparer de mon cher cardinal... Mais, reprit-elle avec sévérité, avant de raisonner sur les suites de cet événement, il est important de savoir quel traître a pu donner l'éveil à monsieur le prince, et j'ordonne à monsieur le coadjuteur de me dire ce qu'il sait sur ce point.

Paul de Gondi répondit en pesant chacune de ses paroles :

— Madame, un fait diminuera la tendre sollicitude de Votre Majesté pour ses conseillers, et peut-être, ajouta-t-il avec une ironie grave, va leur rendre un peu d'assurance : monsieur le prince, bien informé de tout le reste, ne connaît pas le nom d'un seul de ceux qui complotaient contre lui. Ses soupçons, s'il en a conçu, ne pourront donc fournir de base suffisante pour une accusation solennelle devant la grand'chambre.

Cet aveu, que le coadjuteur semblait avoir retardé par malice, rassura les courtisans ; ils respirèrent bruyamment et redressèrent la tête; la parole leur revint avec la certitude que le danger n'était pas aussi grand qu'ils l'avaient redouté.

— Monsieur le coadjuteur, dit Croissi de ce ton mielleux qu'il savait prendre par circonstance, avec la permission de Sa Majesté, je vous ferai remarquer que vous ne répondez pas exactement à sa question. La reine vous a demandé si vous saviez qui avait pu livrer à monsieur le prince le secret de l'entreprise de monsieur d'Hocquincourt... car si cette entreprise eût réussi, la gloire en fût revenue à monsieur le maréchal... Quant à moi, poursuivit-il d'un ton sec, je ne cacherai pas à Sa Majesté que l'insuffisance des renseignemens fournis à monsieur le prince semble prouver, de la part du donneur d'avis, une connaissance incomplète de l'affaire, ou certains ménagemens à garder envers les deux partis. Je suppose donc que le révélateur est quelque homme d'église fourbe et rusé dont ce projet dérangerait sans doute les intrigues.

Cette insinuation était faite d'un ton qui ne permettait pas de se méprendre sur sa portée. Les courtisans approuvèrent d'un signe cette attaque directe contre le coadjuteur, leur ennemi et leur rival dans les affections de la reine. Anne d'Autriche, elle-même, n'était peut-être pas fâchée en secret qu'un autre eût exprimé des soupçons qu'elle avait conçus aussi, mais que ses rapports avec le coadjuteur lui défendaient d'avouer. Gondi reçut avec un calme parfait la botte que venait de lui porter le baron, et il répondit en souriant :

— Je supplie Votre Majesté, madame, de me permettre de manquer au respect que je lui dois, en répondant à la question de monsieur de Croissi avant de répondre à la sienne... Si l'homme d'Eglise dont parle monsieur de Croissi avait voulu prévenir monsieur le prince du projet dont il s'agit, il n'eût pas attendu si longtemps pour le faire, puisqu'il en a connaissance depuis plusieurs jours déjà. D'un autre côté, si cet ecclésiastique avait eu l'intention qu'on lui suppose, de gagner par la trahison les bonnes grâces du premier prince du sang, il aurait pu se prévaloir auprès de lui de certains détails qu'il a su pénétrer, n'importe par quels moyens. Il savait par exemple, continua-t-il en désignant Fabien, que ce jeune homme, chargé de frapper le prince, était un cadet de Normandie sans sou ni maille, qu'un sien frère, du nom de Croissi, ancien gentilhomme de Condé, avait embauché pour cet emploi. Il savait que les deux frères, arrivés hier à Paris sur les quatre heures du soir par bidets de poste, avaient eu sur le pont Neuf une aventure à laquelle j'ai pris quelque part ; que le jeune homme avait été loger rue de la Huchette, où son frère l'avait fait garder jusqu'à ce matin. Il aurait pu dire aussi que les chefs de l'entreprise étaient messieurs d'Hocquincourt, Servien, Lionne, Letellier, Châteauneuf, et que monsieur de Croissi n'était nullement étranger lui-même à ce qu'il appelle « le projet de monsieur d'Hocquincourt. » Enfin il aurait pu donner la liste exacte des personnes qui conseillaient à la reine cette méchante action, et qui toutes montrent audit ecclésiastique fort peu de bon vouloir... S'il ne l'a pas fait, c'est que sans doute monsieur de Croissi se trompe, et il faut chercher un autre coupable.

La reine regarda le ministre Lionne, dont les indiscrétions bien connues excitaient une défiance légitime, et dont la contenance embarrassée justifiait ces soupçons. Mais Croissi ne se tenait pas pour battu ; il attaqua de nouveau le coadjuteur, auquel il ne pardonnait pas d'avoir refusé de s'adjoindre à l'intrigue dont il était le chef principal, bien qu'en ce moment il en rejetât la responsabilité sur le maréchal.

— S'il en est ainsi, monsieur, dit-il d'un ton animé, si cet étrange ami de la reine est si bien informé, comment peut-il avoir connaissance de cette entreprise, à moins qu'il n'ait suborné quelqu'un pour pénétrer les secrets de Sa Majesté ? — Cette question subite parut embarrasser un peu le coadjuteur ; il hésitait à répondre ; le baron, sentant l'avantage qu'il avait sur lui, tenta de l'achever d'un seul coup. — Madame, dit-il à la reine avec fermeté, quoi qu'il doive arriver de moi, je veux encore donner à Votre Majesté une preuve de mon zèle et de mon dévouement. Monsieur le coadjuteur avoue lui-même qu'il est instruit depuis longtemps de toute la vérité ; je dois vous dire enfin comment il apprend les projets secrets de la cour pour les révéler ou les faire avorter. Que Votre Majesté veuille bien se souvenir des paroles que je prononçais au moment où monsieur le coadjuteur est entré... Vous avez réchauffé le serpent dans votre sein, et cette jeune fille en qui vous aviez confiance entière...

Anne d'Autriche se tourna d'un air courroucé vers Elisabeth.

— Parlez, monsieur, expliquez-vous, dit-elle en se contenant à peine.

— Eh bien ! madame, reprit Croissi, vous n'avez pas oublié quelle est la personne qui a placé mademoiselle de Montglat auprès de Votre Majesté ?

— Mais... c'est madame la duchesse de Chevreuse.

— Madame de Chevreuse et mademoiselle de Chevreuse, sont, au su de tout Paris, des amies de monsieur le coadjuteur, et comme madame de Chevreuse est la protectrice de mademoiselle de Montglat...

Croissi s'interrompit encore ; la reine frappa du pied.

— Parlez clairement, dit-elle, je le veux, je l'ordonne.

— Eh bien ! madame, mademoiselle de Montglat livrait à sa bienfaitrice, madame de Chevreuse, ceux des secrets de Votre Majesté qu'elle pouvait pénétrer, et madame de Chevreuse, à son tour, en faisait part au coadjuteur... Une conversation que j'ai suprise une fois par hasard entre votre fille d'honneur et la duchesse ne m'a pas laissé de doute à ce sujet, et la connaissance de ce mystère m'a donné sur mademoiselle de Montglat une autorité dont je comptais me servir pour le succès de notre... de l'entreprise de monsieur d'Hocquincourt. Maintenant Votre Majesté peut facilement s'expliquer la clairvoyance de monsieur de Gondi.

— Oh ! l'infâme dénonciateur ! s'écria Fabien dans un élan d'indignation que le respect ne put contenir.

Croissi répondit par un geste de mépris et alla se mêler tranquillement aux autres courtisans. Gondi semblait vouloir prendre la parole ; mais la reine se montrait violemment agitée par cette révélation ; il n'osa donc affronter la colère qui menaçait la malheureuse Elisabeth. Celle-ci, pâle et muette, baissait la tête et restait frappée de terreur comme un agneau seul en face d'une lionne irritée.

— Approchez, mademoiselle, approchez, dit Anne d'Autriche d'une voix si tremblante qu'elle balbutiait, je ne veux pas admettre légèrement cette accusation... Dites-moi qu'on s'est trompé, dites-moi que vous que j'aimais, vous en qui je plaçais ma confiance, vous ne me trahissiez pas, vous n'alliez par répéter à cette amie douteuse... Dis-le, dis-le, misérable femme, ajouta-t-elle, en éclatant, ou je t'écraserai comme un ver de terre !

L'excès même de cette colère sembla donner à la fille d'honneur le courage du désespoir ; elle se prosterna de nouveau devant la reine et lui dit d'un ton humble et ferme à la fois :

— Je n'aggraverai pas par un mensonge une faute dont j'éprouve un sincère repentir ; monsieur de Croissi n'a dit que la vérité.

Toutes les passions fougueuses que renfermait l'âme espagnole d'Anne d'Autriche firent explosion.

— Tu l'avoues ! s'écria-t-elle d'une voix tonnante ; tu conviens de ton crime devant moi ! Va-t'en, abominable créature, va-t'en, ou bien je te... — Elle leva la main, mais elle se retint aussitôt ; puis elle se rejeta dans son fauteuil, et dit en sanglotant dans son mouchoir : — Oh ! malheureuse, malheureuse reine que je suis ! Trahie par mes proches, par mes amis, par mes domestiques et mes servantes !

Les assistants, les uns par crainte, les autres par respect, n'osaient ouvrir la bouche. Pendant quelques instants on n'entendit dans l'oratoire que les sanglots de la reine. La voix plaintive d'Elisabeth osa seule se mêler aux accents de cette douleur royale.

— Madame, dit-elle, toujours prosternée, mon crime est immense, et je ne puis sans doute attendre aucun pardon de votre auguste clémence ; cependant permettez-moi d'expliquer sinon d'excuser la trahison dont on m'accuse devant vous. Orpheline, seule au monde, j'avais pour unique appui la noble dame qui m'a placée auprès de Votre Majesté. Je lui devais une reconnaissance sans bornes, car je n'étais rien que par elle, et je serais tombée si elle eût retiré de moi sa puissante main. Elle était impérieuse, hautaine, en même temps que rusée, adroite, profondément versée dans l'art de conduire la vérité dans les replis les plus secrets du cœur ; était-il difficile pour elle de tromper une pauvre jeune fille simple, sans expérience, incapable de comprendre, la plupart du temps, le sens des paroles ou des actions dont on lui faisait rendre compte ? Elle savait ce me semblait dévoué à Votre Majesté, et je croyais seulement lui répéter ce que vous lui disiez vous-même ! Longtemps ma protectrice abusa donc de ma candeur, malgré les vagues murmures de ma conscience que l'agitation de la vie de la cour m'empêchait d'écouter. Mes yeux s'ouvrirent cependant le jour où monsieur de Croissi, s'étant trouvé secrètement à portée d'entendre ma conversation avec madame de Chevreuse, me révéla quel rôle affreux on m'imposait. J'en eus honte, j'en eus peur ; mais cet homme, qui vient de m'accuser, ne rougit pas de me proposer un affreux marché que je ne pouvais refuser. Il me menaça de tout dire à Votre Majesté si je ne consentais à le servir dans un projet qu'il méditait alors et auquel mon ami d'enfance devait prendre part... Que pouvais-je faire? J'eusse mieux aimé mourir que de me voir refuser votre confiance, chasser honteusement de la cour; d'ailleurs ce projet avait déjà l'assentiment de la reine... J'acceptai donc, et Dieu sait les larmes que m'a coûtées cette odieuse convention! Voilà la vérité, madame, et maintenant je suis prête à subir le châtiment de mon crime. La vie même m'est à charge, après tous les maux qui sont venus fondre sur moi depuis quelques heures; je ne la regretterais pas si ma mort pouvait expier ma faute aux yeux de mon auguste maîtresse.

Ce récit empreint de vérité, ces plaintes touchantes firent une certaine impression sur quelques-uns des courtisans. Le coadjuteur ne cacha pas son émotion. Fabien s'approcha de la fille d'honneur et lui dit à voix basse :

— Pauvre amie! c'est donc là votre secret? Le même homme nous a perdus tous deux... Elisabeth, Elisabeth, la cour nous est bien fatale! Que ne sommes-nous restés pauvres et obscurs à Montglat?

La reine, pendant ces explications, s'était calmée peu à peu, mais peut-être n'avait-elle pas entendu la justification naïve d'Elisabeth. Tout à coup elle reprit avec ironie :

— Que vous semble, messieurs, d'une soirée si bien employée pour le salut de l'État? En vérité, nous l'avons perdue à nous occuper des affaires galantes d'un aventurier et d'une suivante... Mais en voilà bien assez et trop sur tout ceci... Messieurs, je ne vous retiens plus; notre entreprise est manquée, il faut y renoncer. Vous, monsieur le coadjuteur, restez, je vous prie, je désire causer avec vous.

Elle fit un geste majestueux pour congédier les assistans, sans songer qu'elle n'avait pas décidé du sort des deux pauvres jeunes gens. Tel était le caractère mobile et changeant d'Anne d'Autriche, que cet oubli, causé par un moment de trouble, pouvait sauver les coupables.

Les courtisans se taisaient; Croissi se chargea d'exprimer leurs vœux et les siens:

— Madame, dit-il en s'inclinant, ces messieurs, avant de s'éloigner de votre gracieuse présence, attendent les ordres de Votre Majesté au sujet de ce jeune homme, dont dépend leur sûreté.

— En effet, dit la reine, dont le visage se rembrunit. Mais allez en paix, messieurs; je vais charger monsieur de Croissi de veiller pour tous... Vous pouvez être certains, ajouta-t-il d'un air de mépris, qu'il n'aura pas de faiblesse pour son téméraire écolier.

Les courtisans vinrent l'un après l'autre saluer la reine. Hocquincourt voulut faire encore une tentative pour sauver Fabien; mais Anne lui ferma la bouche par un refus sec, et le maréchal dut s'éloigner en jetant sur le jeune Croissi un regard de regret. Alors la reine appela le baron et se mit à lui parler bas.

Pendant que les seigneurs prenaient congé, le coadjuteur s'était rapproché peu à peu d'Elisabeth et de Fabien, qui se tenaient dans un angle obscur de l'oratoire; au moment où personne ne pouvait l'observer, il se pencha vers Fabien et dit rapidement :

— On veut vous envoyer à la Bastille... Sortez sans qu'on vous voie... Dans l'antichambre vous trouverez du secours.

Le jeune Croissi secoua tristement la tête, comme pour dire : A quoi bon?

— Partez, partez, répéta mademoiselle de Montglat qui venait d'entendre l'invitation pressante de Paul de Gondi.

Le coadjuteur devina la cause de l'hésitation de son protégé, il reprit avec vivacité:

— La reine aura pitié de cette pauvre enfant. Partez donc! tout ira bien.

Fabien porta la main d'Elisabeth à ses lèvres, fit un signe de reconnaissance au coadjuteur, et se glissa prestement dans l'antichambre. Il y régnait maintenant une profonde obscurité, soit à dessein, soit par hasard. A peine eut-il fait quelques pas dans les ténèbres, qu'il sentit une main s'emparer de la sienne :

— Êtes-vous monsieur Fabien de Croissi? demanda-t-on bien bas.

— Oui.

— Suivez-moi donc.

On l'entraîna vers le passage secret, dont la porte se referma bientôt derrière lui.

Il était temps. La conversation à voix basse entre la reine et le baron venait de finir dans l'oratoire. Croissi ne voyant plus son frère, une expression d'étonnement se peignit sur son visage.

— Qu'est devenu, s'écria-t-il, ce malheureux qui tout à l'heure...?

— Vouliez-vous donc, dit la reine sévèrement, l'arrêter en ma présence? Ce jeune homme est dans quelque pièce voisine... Allez, et souvenez-vous que si je désire mettre mon secret à l'abri de ses indiscrétions, je prétends toutefois qu'on en use doucement avec ce prisonnier.

Le baron sortit précipitamment. La reine soupira comme il arrive au moment où l'on vient d'accomplir un pénible sacrifice; mais en promenant un regard autour d'elle, elle aperçut mademoiselle de Montglat. — Allons! tout n'est pas encore fini! dit-elle avec impatience; approchez, mademoiselle. — La jeune fille obéit d'un air distrait et préoccupé. — A partir de ce moment vous n'êtes plus à mon service, dit la reine froidement; votre nom sera rayé de la liste des filles d'honneur, vous en avertirez vous-même madame de Motteville... Demain vous serez enfermée pour toujours aux Carmélites! — En écoutant cette terrible sentence, Elisabeth ne manifesta pas d'émotion, ne demanda pas de grâce, soit qu'après avoir souffert tous les genres de torture elle fût tombée dans l'insensibilité, soit qu'en ce moment un grand intérêt absorbât ses pensées. Cette apparente indifférence fit froncer le sourcil à l'irascible régente, qui s'attendait à quelque preuve de repentir. — Sortez, lui dit-elle avec force, je n'ai plus besoin de vos services et de votre compagnie.

Malgré cette injonction si précise et si rigoureuse, mademoiselle de Montglat restait immobile, la tête penchée en avant, l'oreille attentive; elle semblait n'avoir pas entendu l'ordre que lui donnait la reine. Anne d'Autriche allait éclater, quand le baron de Croissi rentra, pâle et agité, dans l'oratoire, en s'écriant :

— Madame, on vous trahit... Le jeune homme a disparu, bien que monsieur de Gabouri assure qu'il ne l'a pas vu sortir avec les autres seigneurs.

— Serait-il possible? demanda la reine.

Un personnage vêtu de noir, qui n'était autre que Gabouri, l'introducteur mystérieux, entr'ouvrit la petite porte et confirma l'assertion d'Albert.

— Ceci tient du prodige! dit la reine d'un air rêveur. Est-il donc magicien pour s'évanouir en fumée?

— Il est sauvé! reprit Elisabeth, dont cet événement expliquait la distraction singulière. O madame, ma noble souveraine, tout le reste est juste, tout le reste est bien; je souffrirai sans me plaindre le châtiment que vous m'avez infligé!

Elle fit une profonde révérence, et rentra dans l'intérieur du palais, sans que la reine daignât lui répondre.

Un profond silence régna dans l'oratoire après son départ.

— Gabouri, dit enfin la reine à son chevalier d'honneur, plus j'y réfléchis, plus il me semble incroyable que ce jeune drôle soit déjà sorti du palais. On ne peut faire de perquisitions en ce moment, ce serait exciter des soupçons; mais que toutes les portes soient fermées, et que personne ne puisse sortir jusqu'à demain matin... Vous entendez?

Gabouri promit de se conformer aux volontés de la reine.

— Vous, monsieur de Croissi, continua-t-elle, vous logerez cette nuit chez Gabouri; demain on vous remettra votre prisonnier, si toutefois on le retrouve.... Laissez-nous.

Au moment où le baron allait s'éloigner avec le chevalier d'honneur, la reine vit un léger sourire sur les lèvres moqueuses du coadjuteur.

— Vous riez? lui dit-elle.

— Je ris en effet, madame, répliqua Gondi, de songer combien ce pauvre Croissi a la main malheureuse; si je ne me trompe, voilà le second prisonnier qu'il perd aujourd'hui.

Le baron lança des regards furieux sur le persifleur.

— Croyez-le cependant, monsieur le coadjuteur, dit-il d'un ton concentré, si j'étais maître de rechercher l'auteur des trahisons dont je me plains, je ne serais peut-être pas longtemps sans le découvrir.

— Que veut dire ce modèle des frères, ce tendre ami du pauvre Fabien de Croissi? demanda Paul de Gondi d'un ton doucereux.

— Je veux dire qu'un prêtre perfide est la seule cause...

— Silence, monsieur, silence, interrompit la reine avec autorité; vous appartient-il d'élever la voix en ma présence et d'outrager un personnage éminent par ses dignités et ses mérites tel que monsieur le coadjuteur? Votre insolence est allée fort loin ce soir, monsieur de Croissi; parce que j'ai daigné vous admettre une fois dans mon conseil, vous simple gentilhomme, vous croyez-vous déjà le droit de parler si haut?... Allez, monsieur, allez, et, sachez-le bien, quand les gens comme vous ne sont plus nécessaires, on les désavoue et on les repousse avec mépris.

Croissi se retira foudroyé par cette terrible mercuriale. Lorsque la reine se trouva seule avec Gondi, elle se laissa tomber dans son fauteuil, et dit avec un profond abattement :

— Ils m'ont rendu folle, monsieur le coadjuteur; j'ai besoin plus que jamais de vos conseils et de vos services! Ils me trahissent tous!

XIV

LA PORTE DE L'IMPASSE.

Cependant Fabien parcourait avec son libérateur inconnu les vastes dépendances du cloître Saint-Honoré. Malgré son trouble, il ressentit un désir bien naturel de connaître la personne qui prenait un si grand intérêt à son sort; mais, au premier mot qu'il voulut prononcer, on le poussa rudement pour l'obliger à se taire. Réduit au silence, il chercha du moins à voir les traits de son mystérieux ami; mais cette partie du palais était plongée dans une obscurité complète, et l'inconnu semblait avoir besoin d'une connaissance bien exacte des localités pour se diriger sans lumière à travers mille détours. Fabien remarqua pourtant que le guide donnait lui-même des signes d'une extrême frayeur; sa main tremblait; sa voix, lorsqu'il avertissait tout bas Croissi de monter ou de descendre, de tourner à droite ou à gauche, était profondément altérée. Plusieurs fois il s'arrêta tout à coup, croyant entendre un bruit lointain de pas ou voir briller des flambeaux au bout d'un corridor. Enfin, après bien des transes, il introduisit Fabien dans une petite chambre assez mal meublée, encore plus mal éclairée, qui paraissait appartenir à l'un des plus modestes domestiques du palais.

Lorsqu'ils entrèrent dans cette espèce de taudis, un individu qui les attendait se leva brusquement et demanda d'un air empressé :

— Eh bien! Boniface, avez-vous réussi? l'amenez-vous?

— Le voici, répondit le guide d'un air piteux, en se dérangeant pour laisser passer le jeune Croissi.

Fabien envisagea celui qui venait de parler et reconnut Eustache Vireton; mais l'écolier n'avait plus cette vieille robe noire qu'il portait habituellement; il était vêtu d'un habit court qui lui donnait un air leste et dégagé.

— Quoi, c'est vous, mon brave sorbonniste? dit Fabien en lui présentant la main avec cordialité; vous me tirez d'un danger où je n'osais espérer aucun secours humain.

— *Non nobis, domine, non nobis da gloriam*, répliqua l'écolier en serrant affectueusement la main qu'on lui tendait; vous avez des amis plus puissans que moi, monsieur de Croissi... Vous le voyez cependant, je ne vous trompais pas en vous assurant que j'avais moi-même des protections à la cour et que mon crédit pourrait vous être utile.

Il désignait en souriant son compagnon, que Fabien put enfin examiner à la lueur d'une lampe. C'était un garçon maigre, sec, revêtu du costume caractéristique des marmitons. Une grande frayeur semblait rendre ses traits plus pâles, ses yeux plus hébétés qu'à l'ordinaire. Fabien se souvint aussitôt de ce cousin dont Vireton parlait avec tant d'éloges, et qui s'était chargé, le matin, d'une lettre pour mademoiselle de Montgiat. Il allait adresser aussi des remercîmens à ce modeste fonctionnaire, quand celui-ci, très inquiet de la responsabilité qui pesait sur lui, murmura d'un ton piteux :

— Au nom de tous les saints, messieurs, dépêchons-nous!... On va s'apercevoir de la disparition de ce jeune seigneur et se mettre à sa poursuite. Jésus, mon Dieu! qu'arriverait-il si l'on venait à nous surprendre avant que nous ayons atteint la porte de l'impasse? On nous ferait mourir à la Bastille.

— Allons, allons, Boniface, ne trembles pas ainsi, reprit Eustache d'un ton railleur; je suis sorti souvent du cloître plus tard qu'aujourd'hui, je n'ai pas hésité, c'était aider à boire quelques pots de vieux vin dérobés au sommelier... Ne m'avez-vous pas dit que personne dans le palais n'avait connaissance de la porte de l'impasse, excepté les officiers de bouche, vos camarades; qu'il n'y avait pas de gardes de ce côté, ce qui vous permettait d'introduire parfois des femmes dans vos chambrettes... Hum! vous m'en feriez dire trop long, cousin, sur l'austérité des mœurs de messieurs les officiers de bouche.

— Il s'agit bien de cela! reprit le pauvre Boniface; vous oubliez, cousin, que, pour arriver à la porte du cloître, nous avons à traverser un quartier où l'on rencontre à toute heure des gens du palais. Que deviendrions-nous, grand Dieu! si nous étions aperçus?... je serais destitué, emprisonné, pendu peut-être! Quand il a fallu dire quelques mots d'encouragement à ce gentilhomme dans l'antichambre de l'oratoire, je n'ai pas hésité; c'était une bagatelle, puisque monsieur de Gabouri ne connaît pas les issues secrètes de cette partie du palais. Mais à présent...

— Allons, paix, cousin; vous savez ce qu'on vous a promis... On n'a rien sans peine, *labor omnia vincit*, ce qui veut dire : Montrez-nous le chemin et quittons bien vite cet endroit malsain pour nous.

Le trembleur ouvrit la porte avec empressement, et les deux jeunes gens le suivirent.

— Où me conduisez-vous? demanda Fabien à Eustache, qui s'était emparé de son bras.

— Dans la rue, d'abord, murmura l'écolier, c'est le plus pressé... A peu de distance du palais, nous trouverons un carrosse pour vous transporter chez quelqu'un où vous serez à l'abri de toute atteinte.

— Mais...

— Silence! Nous causerons quand nous serons hors de danger.

Ils se mirent en marche, précédés par Boniface, qui s'avançait avec toute sorte de précautions; bientôt ils se retrouvèrent dans une profonde obscurité. Cependant il parut à Fabien qu'on prenait une direction différente de la première; au lieu de s'éloigner des bâtimens du Palais-Royal, avec lesquels ceux du cloître étaient contigus, on s'en rapprochait davantage. Cette supposition devint une certitude quand les fugitifs atteignirent une partie de l'édifice où plusieurs lampes étaient disséminées çà et là; un murmure particulier se faisait entendre de différens côtés, et donnait à penser que cette partie était plus fréquentée que l'autre. Néanmoins on n'apercevait ni rondes, ni sentinelles, soit qu'on n'eût pas jugé nécessaire de prendre ces précautions dans un quartier si solitaire, soit plutôt que la reine eût ordonné d'éloigner du voisinage de l'oratoire les indiscrets qui pouvaient gêner ses nocturnes conférences.

Boniface se retourna vers ses compagnons, et leur fit un signe silencieux pour les avertir que le moment critique était arrivé. Il s'agissait de traverser une vieille galerie antérieure à la fondation du Palais-Cardinal. Un réverbère, qui se balançait à la voûte, l'éclairait faiblement dans toute sa longueur.

— Attention, reprit Eustache; cette galerie se trouve sur le chemin de la reine pour aller de l'oratoire aux appartemens, et...

— Nous sommes perdus! dit Boniface en s'arrêtant tout à coup, voici quelqu'un!

En effet, un pas lent quoique léger se faisait entendre à l'extrémité du corridor; au même instant une femme, dont l'obscurité ne permettait pas de distinguer les traits, glissa comme une ombre le long de la muraille et s'avança vers les fugitifs.

Sans prononcer un mot, Boniface entraîna les deux autres dans une embrasure de fenêtre assez profonde pour les cacher tous. Cette précaution avait été prise rapidement et en silence; cependant la personne inconnue pour être bien distraite pour que ce mouvement subit n'eût pas attiré son attention. Elle marchait en chancelant, et laissait par intervalles échapper des sanglots et des soupirs. Les trois aventuriers restaient dans une parfaite immobilité, osant à peine respirer.

Enfin la femme se trouva si près d'eux que le moindre mouvement pouvait les trahir. Eustache et son cousin étaient comme changés en blocs de marbre; on eût dit que le sang ne circulait plus dans leurs veines. Jugez donc de leur effroi quand Fabien fit un pas en avant et dit à voix basse :

— Elisabeth! Elisabeth!

Mademoiselle de Montglat, car c'était elle, tressaillit et ouvrit la bouche pour crier...

— C'est moi, Fabien, reprit vivement Croissi. Ne vous effrayez pas... le moindre cri peut nous perdre.

Elisabeth, en le reconnaissant, montra la plus profonde consternation.

— Vous, mon Dieu! vous encore ici? murmura-t-elle, Fabien, qu'attendez-vous? Pourquoi n'avez-vous pas quitté le palais?

— Mon amie, reprit le jeune homme avec chaleur, je bénis Dieu qui nous rapproche un instant... J'éprouvais de mortelles angoisses en m'éloignant ainsi sans connaître votre sort. De grâce, tirez-moi d'inquiétude; dites-moi que vous êtes hors de danger, que la reine vous a pardonné... et je partirai sans crainte sinon sans regret.

— Imprudent! fit mademoiselle de Montglat, vous laissez passer un temps précieux...

Ses yeux se fixèrent sur les deux compagnons de Fabien, qui se tenaient dans l'ombre. Le jeune Croissi devina la cause de sa préoccupation.

— Ce sont des amis, des libérateurs, dit-il rapidement; ne vous inquiétez pas de leur présence... Mais, je vous en supplie, Elisabeth, apprenez-moi ce qui s'est passé dans l'oratoire de la reine après mon départ.

— S'il me fallait aussi pleurer sur vous, Fabien, répliqua mademoiselle de Montglat, mon malheur serait sans consolation et j'en mourrais.

— Cette reine a donc été impitoyable?

— Chassée de la cour... enfermée aux Carmélites pour le reste de mes jours, voilà mon sort! dit Elisabeth d'une voix entrecoupée.

Fabien pressa contre ses lèvres la main d'Elisabeth, et l'arrosait de ses larmes. Pendant quelques secondes, ils confondirent leur douleur.

Cependant le guide s'impatientait, car chaque minute augmentait le danger; il en avertit à voix basse son cousin, qui, reconnaissant mademoiselle de Montglat, n'hésita pas à troubler cette touchante entrevue.

— Mademoiselle, dit-il d'un ton suppliant, si le bonheur de monsieur de Croissi vous est cher; ne le retenez pas.

— Oui, oui, partez, Fabien, dit la fille d'honneur en retirant sa main; peut-être plus tard le destin nous sera-t-il moins contraire à l'un et à l'autre, et alors... Mais adieu, adieu!

Elle voulut s'éloigner, Fabien ne bougea pas.

— Elisabeth, dit-il avec fermeté, maintenant que je sais votre malheur, qu'importe ce que l'on fera de moi! Que m'importe la vie, que m'importe la liberté, si nous devons vivre à jamais séparés l'un de l'autre? Je ne veux pas compromettre plus longtemps ces braves gens qui se sont dévoués à me servir... Je vais chercher un officier du palais à qui je puisse me rendre; je suis las de lutter contre une invincible fatalité.

L'écolier et Boniface étaient stupéfaits. Elisabeth devint plus pâle encore qu'auparavant.

— Fabien, dit-elle, vous n'avez pu concevoir sérieusement une pareille pensée! Renoncez-y, je vous en conjure.

— Je reste, dit Fabien, à moins...

Ses yeux s'arrêtèrent sur mademoiselle de Montglat avec une expression étrange.

— Elisabeth, reprit-il avec force, le moment des scrupules et des petites convenances est passé... Je quitterai le palais, mais à la condition que vous m'accompagnerez.

— Fabien, répliqua la jeune fille en détournant la tête, qu'osez-vous me proposer?

— Ecoutez-moi, chère Elisabeth. Tous les deux nous sommes orphelins, condamnés à une condition misérable; tous les deux nous avons été le jouet d'ambitions égoïstes, qui nous enveloppaient comme d'un réseau. Elisabeth, résistons enfin à cette influence ennemie qui s'est appesantie sur nous; nous sommes libres de nos affections, nous pouvons trouver l'un par l'autre de grandes douceurs à l'existence. Amie, souvenez-vous des beaux jours de Montglat; dès cette époque je vous engageai ma foi, je reçus la vôtre... Aujourd'hui les obstacles qui s'élevaient entre nous sont aplanis; la persécution elle-même s'est chargée de nous réunir. Consentez à me suivre, Elisabeth; dans quelques jours, les liens qui nous unissent déjà seront consacrés par la religion et deviendront indissolubles. Elisabeth, ne me refusez pas, venez... Le protecteur inconnu qui veille sur moi doit être un homme généreux; il ne vous refusera pas un asile qu'il m'accorde à moi sans que je l'aie demandé; venez, Elisabeth, je vous en supplie, au nom de votre aïeule, qui voyait en souriant notre amour, ne repoussez pas la prière de votre ami, de votre frère... de votre époux!

Une lutte violente s'était élevée dans l'âme d'Elisabeth; sa poitrine était oppressée, un tremblement nerveux agitait ses membres. Enfin elle laissa tomber sa main dans celle de Croissi, et murmura d'un ton si bas qu'on pouvait à peine l'entendre:

— Allons, Fabien, et que Dieu me pardonne!

Le jeune homme se voyait au comble du bonheur; mais le danger de la situation l'empêchait de se livrer aux transports de sa joie. Il se retourna vers ses deux compagnons et leur dit d'une voix étouffée:

— Marchons! mes amis... Oh! je ne voudrais pas maintenant tomber entre leurs mains!

— Monsieur de Croissi, demanda Vireton avec embarras, est-ce que cette dame...

— Elle est persécutée comme moi, répondit Fabien ; lui refuserez-vous votre secours ?
— Cependant...
— Aimez-vous mieux que je reste ?
— Non ; mais si vous saviez...
— On vient, dit Fabien avec vivacité.

En même temps il entraîna rapidement Élisabeth vers l'extrémité de la galerie ; les deux cousins les suivirent en silence ; Boniface surtout ne comprenait pas où pouvait aller ainsi cette fille d'honneur, encore revêtue de sa grande robe de cour et parée comme pour une fête royale. Quant à Vireton, il semblait assailli de scrupules d'un autre genre, que les circonstances ne lui permettaient pas d'exprimer.

A peine eurent-ils quitté la galerie et gagné l'escalier qui conduisait à l'étage inférieur, qu'un bruit assez rapproché les força de s'arrêter de nouveau. C'était la reine qui retournait à ses appartemens ; un seul domestique portait un flambeau devant elle.

Elle traversa lentement le corridor ; les fugitifs, cachés dans l'ombre, purent la voir passer à quelque distance, pâle, abattue, écrasée sous le poids des méditations qui remplissaient ses jours et ses nuits. Son visage n'avait plus cette animation factice qu'elle montrait en public ; son œil paraissait fixe et hagard, ses bras étaient pendants ; toute sa personne trahissait l'accablement, la lassitude et la souffrance. Fabien et Élisabeth, qu'elle venait de condamner, l'un à la prison d'État, l'autre à la réclusion dans un couvent de l'ordre le plus sévère, ne purent s'empêcher de ressentir pour elle de la pitié.

— Pauvre reine ! murmura la fille d'honneur en soupirant, elle est encore plus à plaindre que nous !

Quand la lumière du flambeau se fut effacée au détour du corridor, les fugitifs reprirent leur promenade, à travers un dédale inextricable d'escaliers et de passages où régnait le calme le plus profond. A mesure qu'ils avançaient, le peureux Boniface semblait reprendre courage et devenir plus léger. Cette partie du cloître était comme abandonnée! Élisabeth elle-même, qui par la nature de ses fonctions avait dû souvent parcourir le palais et ses dépendances, ne se souvenait pas d'être jamais venue en cet endroit.

Enfin le guide les introduisit dans une salle basse, encombrée de vieux meubles ; cette salle avait une seule fenêtre grillée, à travers laquelle la lune jetait une pâle lueur. On n'y voyait d'autre issue que la porte d'entrée ; on put donc croire un moment que Boniface s'était égaré dans l'obscurité. Mais le glorieux marmiton repoussa ce doute d'un air superbe :

— Ah çà ! il est bien convenu, dit-il, que personne de vous ne révélera comment vous serez sortis d'ici... on me l'a promis ! Si jamais ces messieurs de l'office apprenaient que j'ai trahi leur secret, ils me forceraient à tirer l'épée, ce dont je ne me soucie pas.

— Allez, allez, cousin Boniface, répondit Eustache, personne ici ne songe à vous trahir ; vous ne dégaînerez pas votre rapière pour cette fois... Mais, franchement, ces murs me pèsent sur les épaules... Dépêchez-vous donc, je vous prie ; aussi bien ce gentilhomme et cette jeune dame ne vous savent pas gré de vos lenteurs.

Sans répondre, Boniface, s'approchant de la fenêtre, enleva facilement les barreaux de fer ; ils étaient descellés depuis longtemps, mais de telle sorte que l'œil indifférent d'un inspecteur du palais ne pouvait s'en apercevoir. Cette fenêtre se trouvait de plain-pied avec une petite cour négligée et remplie de ruines. Boniface, pour donner l'exemple, sauta dehors le premier. Fabien aida sa compagne à franchir cet obstacle ; pendant ce temps, Eustache disait d'un air de satisfaction :

— Eh bien ! monsieur, que pensez-vous de mes amis ? Certainement on ne trouverait pas à la cour un grand seigneur ayant assez de crédit pour vous faire sortir du palais à cette heure de la nuit ; eh ! eh ! la protection des petits est souvent plus efficace que celle des grands ; vous en avez eu plus d'une preuve aujourd'hui !

La troupe se trouvait enfin réunie dans la cour, et chacun put aspirer avec bonheur l'air pur et frais de la nuit. Cependant on n'était pas hors de l'enceinte du cloître ; des bâtimens délabrés entouraient ce terrain vague. Une porte était bien pratiquée dans la muraille, mais cette porte semblait condamnée depuis longtemps ; un monceau de grosses pierres en défendait l'approche. Boniface se mit à l'ouvrage ; aidé par Vireton, il eût bientôt déblayé le terrain. Puis, tirant de sa poche une grosse clef, il ouvrit sans difficulté la porte extérieure, et avertit les fugitifs qu'ils pouvaient sortir sans crainte. Fabien et Élisabeth se hâtèrent de déférer à cette invitation ; Eustache, après avoir échangé quelques mots à voix basse avec son cousin, les rejoignit en courant. Aussitôt les lourds battans se refermèrent, et l'on entendit Boniface replacer les pierres une à une pour qu'on ne pût pas supposer qu'ils avaient été ouverts ; le digne marmiton semblait avoir fort à cœur de mettre en sûreté le secret de messieurs les officiers de bouche.

Fabien eût désiré remercier chaleureusement l'humble fonctionnaire qui venait de le tirer d'un si grand danger ; mais il n'en eut pas le temps. On se trouvait dans une impasse étroite, fangeuse, dont la porte abandonnée occupait le fond et qui débouchait dans la rue Saint-Honoré. La nuit était sombre ; un lugubre silence régnait dans tout le voisinage ; Élisabeth pressa le bras de son cavalier et demanda timidement :

— Fabien, où me conduisez-vous ?

En ce moment, le sorbonnien, qui marchait en avant pour explorer le voisinage, se rapprocha d'eux, après s'être assuré que la rue Saint-Honoré, où quelques lanternes jetaient une clarté douteuse, était entièrement déserte.

— Monsieur de Croissi, dit-il avec embarras, à deux pas d'ici se trouve un carrosse qui doit vous transporter dans un lieu où vous serez parfaitement en sûreté ; mais vous savez déjà que mes instructions n'avaient pas prévu le cas...

Il s'interrompit et regarda mademoiselle de Montglat.

— Le cas où je serais accompagné d'une personne dont la sûreté m'est plus chère que la mienne ? ajouta Fabien. Si vous ne pouvez désormais nous être utile à tous deux, monsieur, parlez sans crainte, je chercherai quelque asile pour cette jeune dame et pour moi ; je n'en serai pas moins reconnaissant du service qu'on m'a rendu. Apprenez-moi seulement le nom de mon généreux protecteur.

— L'ignorez-vous réellement ? demanda Vireton ; c'est le coadjuteur ; il a concerté ce matin et m'a fait exécuter ce plan d'évasion. Je suis chargé de vous conduire maintenant au petit archevêché, chez votre illustre protecteur.

— Est-ce possible ? voilà deux fois que ce noble personnage me sauve d'un grand danger, et j'ignore encore ce qui me vaut un si vif intérêt de sa part... Mais comment a-t-il pu savoir que ce soir je devais me trouver au Palais-Royal et que j'exciterais peut-être la colère de la... d'une personne puissante ?

— Vous le lui demanderez à lui-même, reprit l'écolier ; il est parfaitement informé de toutes vos démarches, et sans doute il a des motifs... Mais, continua-t-il en s'interrompant, le moment et le lieu ne sont pas bien choisis pour les explications. Dieu m'en est témoin, je voudrais vous rendre service, ainsi qu'à cette pauvre jeune dame, mais je crains d'outrepasser mes ordres... Cependant il est urgent de trouver un logis pour elle.

— Vous voyez, Fabien, dit Élisabeth en soupirant, quels embarras je vous cause déjà ; il valait mieux laisser mon sort s'accomplir !... Mais vous, monsieur, ajouta-t-elle en s'adressant à Vireton, ne connaîtriez-vous pas à Paris quelque famille honorable qui pourrait me donner un refuge pour cette nuit, et...

— Élisabeth, interrompit Fabien avec fermeté, je ne

consentirai jamais à me séparer de vous... D'ailleurs, pourquoi, dans l'affreuse perplexité où nous nous trouvons, ne nous adresserions-nous pas au prélat bienveillant qui nous a déjà secourus?... Monsieur Eustache, conduisez-nous auprès de monsieur le coadjuteur, et nous implorerons nous-mêmes sa pitié.

Eustache réfléchit quelques instans.

— Ma foi! dit-il enfin, nous essayerons; monsieur le coadjuteur est homme de ressource dans les cas difficiles. Aussi bien, je mal est fait, cette dame vous a suivi, quoique peut-être j'eusse dû l'empêcher de sortir du palais avec nous... Marchons donc; monseigneur s'en tirera comme il pourra; espérons qu'il s'en tirera bien!

On descendit d'abord la rue Saint-Honoré, puis Eustache tourna brusquement à gauche et prit la rue Croix-des-Petits-Champs, où se trouvait l'entrée principale du cloître. Dans un enfoncement de la rue stationnait un carrosse sans armoiries attelé de deux chevaux; le cocher dormait sur son siège; tout, autour de lui, était immobile et silencieux.

Cependant, lorsque le sorbonnien s'avança pour éveiller le cocher, cette solitude se peupla tout à coup; cinq ou six individus enveloppés de manteaux, muets comme des ombres, sortirent des portes cochères qui leur servaient d'abri. Élisabeth eut peine à retenir un cri de frayeur et se serra contre Fabien; mais son inquiétude ne fut pas de longue durée à l'égard de ces sinistres fantômes. Eustache leur adressa quelques mots à voix basse; ils disparurent aussitôt comme par enchantement. Pendant cette courte conférence, le cocher, descendu de son siège, avait baissé la portière du carrosse. Délivré de ses sombres compagnons, Eustache engagea les jeunes gens à prendre place dans le coche; lui-même s'assit à côté d'eux, et l'on partit avec toute la rapidité dont étaient susceptibles les pesans véhicules de cette époque.

Cette mystérieuse apparition laissait à Fabien et à mademoiselle de Montglat une vague défiance; Eustache Vireton s'en aperçut.

— Je devine, reprit-il d'un ton malin, ce qui trouble en ce moment monsieur de Croissi et cette aimable demoiselle. Vous êtes surpris, n'est-ce pas, d'avoir vu ces mauvais compagnons sortir ainsi de dessous terre? Eh bien! monsieur, je n'ai maintenant aucune raison de vous faire un secret de cette circonstance; je vous dirai tout bonnement la vérité. Il paraît, mon gentilhomme, qu'on voulait vous engager dans une entreprise à laquelle monsieur le coadjuteur est opposé; il soupçonnait que vous refuseriez de vous charger du rôle qu'on vous y destinait, et, pour vous soustraire aux suites de ce refus, il avait arrangé le petit plan d'évasion dont vous voyez le succès grâce à mon digne secours. Mais au contraire si, loin de refuser, vous eussiez accepté la mission en question, j'avais ordre de m'emparer de votre personne lorsque vous sortiriez tranquillement du cloître avec votre frère: et les grands drôles que vous avez vus tout à l'heure n'auraient trouvé, j'imagine, aucune difficulté sérieuse à cette affaire.

Fabien resta pensif un moment.

— Je suis en butte à des passions, à des intérêts que je ne comprends pas, dit-il enfin avec tristesse; et dans le chaos où je m'agite, j'ai peine à distinguer mes amis et mes ennemis... Mais vous, monsieur, ajouta-t-il en s'adressant à Vireton, qui donc êtes-vous? Quel motif avez-vous de braver ainsi des dangers réels pour moi qui vous suis inconnu? Je ne puis croire maintenant, comme vous me l'aviez persuadé, que vous soyez un simple écolier de Sorbonne, trop pauvre pour continuer ses études théologiques?

— Et cependant *nunquam magis amica veritas*, dit l'écolier, qui s'empressait d'appeler le latin à son secours quand il était dans l'embarras; je vous ai dit l'exacte vérité; mais, que voulez-vous! je me suis trouvé par hasard sous la main d'un homme qui se sert des autres comme d'instrumens pour la réussite de ses projets. Le jour de l'événement du pont Neuf, monseigneur m'avait chargé de veiller sur vous et de lui donner des nouvelles de votre santé. Aujourd'hui donc, après avoir échappé, non sans peine, aux estafiers de votre frère, je suis allé chez le coadjuteur, que je savais d'avance plein de bonnes dispositions à votre égard. L'espèce de captivité qu'on vous faisait subir, ma visite au Palais-Royal, le danger que j'avais couru de coucher en prison, joints à ce qu'il avait sans doute appris d'autre part, ont paru l'intéresser au plus haut point. Pendant que j'étais encore près de lui est arrivée une lettre en chiffres; elle annonçait que vous deviez vous trouver ce soir au Palais-Royal, du moins je le suppose, car sur-le-champ monseigneur s'est mis à me questionner sur mon cousin Boniface, sur la possibilité de pénétrer dans le cloître et d'en sortir à volonté... Vous savez le reste, et si dans le trouble où vous êtes, monsieur, vous vous trouvez embarrassé pour reconnaître vos amis, je pense toutefois que vous ne me compterez pas au nombre de vos ennemis.

Ces explications, bien vagues cependant, commençaient à mettre Fabien sur la voie de la vérité. Évidemment le coadjuteur, voulant sauver à tout prix le prince de Condé, n'avait pas trouvé de moyen plus sûr que de circonvenir la personne chargée du crime, et de la faire en quelque sorte, garder à vue. De là l'obsession singulière dont Fabien avait été l'objet depuis son arrivée à Paris, et même avant son arrivée, chez le maître de poste Pichard; sans doute aussi quelque pitié pour le malheur d'un jeune homme innocent enlacé dans ces sombres intrigues avait stimulé le zèle de Gondi; telle était donc la cause probable de ces avertissemens bienveillans, de ces secours efficaces donnés à Fabien à l'encontre de son frère. Néanmoins Fabien allait interroger Eustache sur certaines circonstances encore obscures, lorsque le bruit sourd que produisait le carrosse en passant sous une voûte l'avertit qu'ils étaient arrivés au terme de leur course.

XV

LE CLOITRE NOTRE-DAME.

Le cloître Notre-Dame était alors, comme de nos jours, un assemblage de bâtimens irréguliers, disposés autour de plusieurs cours et destinés primitivement à loger les chanoines et le clergé de l'église métropolitaine. Le corps de logis principal formait ce qu'on appelait le *petit archevêché*; il était affecté spécialement à l'usage des coadjuteurs des archevêques de Paris. En temps ordinaire, rien de calme et de silencieux comme cette vaste enceinte, fréquentée seulement par de pacifiques dignitaires ecclésiastiques; mais, à l'époque dont nous parlons, on eût dit plutôt d'une place forte que de la demeure d'un prélat. Elle était occupée par une partie de ces gentilshommes et de ces laquais dont se composait le train formidable de Paul de Gondi quand il se rendait au parlement chaque matin. Des gardes veillaient à l'entrée, la hallebarde sur l'épaule; des sentinelles étaient posées, la nuit, autour des murailles. On avait pris les plus grandes précautions afin de mettre le cloître à l'abri d'un coup de main; il eût fallu pour s'en emparer de force établir un siège régulier. De plus, en temps d'émeute, le coadjuteur faisait garnir de grenades les tours de Notre-Dame voisines du cloître, et, au besoin, la vieille église eût servi de citadelle au chef audacieux de la Fronde.

Malgré la difficulté de pénétrer dans cette enceinte si bien gardée, le carrosse n'éprouva pas de retard dès que le cocher eut dit un mot au gentilhomme qui vint reconnaître les arrivans. Eustache demanda si le coadjuteur était rentré.

— Depuis quelques instans seulement, dit le gentilhomme d'un ton bourru, et ce n'est pas ma faute s'il s'expose ainsi chaque nuit sans escorte à courir les aventures... Enfin il est le maître! Quant à vous, monsieur l'écolier, il vous attend avec la personne que vous savez, dans le cabinet des livres... Bonsoir.

En même temps il rentra dans une espèce de pavillon qui servait de corps de garde. Le carrosse roula pesamment à travers une cour sombre, et vint s'arrêter devant un perron de pierres. Les voyageurs descendirent, guidés par Vireton, à qui les êtres de la maison semblaient parfaitement connus. Ils arrivèrent à la grande antichambre; un seul laquais dormait profondément sur une banquette.

— Attendez ici, dit l'écolier à voix basse, je vais prévenir monseigneur, car la présence inattendue de cette jeune dame pourrait l'indisposer... Je parlerai pour vous.

— Nous n'avons plus d'espoir que dans sa protection puissante! murmura la jeune fille.

Eustache sourit d'une manière encourageante, et pénétra dans la pièce voisine, sans prendre le temps d'éveiller le valet pour se faire annoncer.

Le coadjuteur était seul dans son cabinet de travail. Assis devant une table encombrée de lettres et de papiers, il rédigeait, à la lueur de deux grands candélabres d'argent chargés de bougies, les notes qui devaient lui servir plus tard à composer ses mémoires, et qu'il avait grand soin de mettre en ordre chaque soir. Pendant la journée précédente et une partie de la nuit, il avait donné carrière à son activité dévorante; néanmoins son extérieur ne trahissait aucun abattement, aucune fatigue. A la vue d'Eustache, il montra cette gaieté franche et expansive, signe d'une parfaite tranquillité d'esprit.

— Ah! te voilà, mon digne lieutenant? dit-il en rejetant sa plume sur la table et en se renversant dans son fauteuil. Eh bien! nous avons réussi complètement... Ah! ah! ah! je ris encore de la mine de ce pauvre Croissi lorsqu'il s'est vu souffler son prisonnier jusque dans le Palais-Royal et sous les yeux de la reine! Le coup est beau, plein de hardiesse, ma foi! et la gloire doit t'en revenir, mon brave écolier! Tu me parais avoir de rares dispositions pour l'intrigue.

— Ainsi donc, monseigneur est satisfait de mes petits services? demanda Vireton en se frottant les mains. Cependant monseigneur est bien aussi pour quelque chose dans le succès de cette affaire... *Discite justitiam moniti*.

— Tu veux me flatter, dit le coadjuteur avec une modestie affectée. Le plan est de toi, tu l'as exécuté presque seul... Mais, à propos, où donc est notre homme? Ne l'as-tu pas amené?

— Monseigneur, il est là dans l'antichambre, mais...

— Pourquoi donc n'entre-t-il pas?

— C'est que, monseigneur, le coup est encore plus beau que vous ne pensiez : il est double... Au lieu d'un prisonnier, j'en ai délivré deux.

— Par Notre-Dame! que me chantes-tu là?

— La vérité, monseigneur; au moment où nous allions sortir du palais, une charmante fille, désespérée et tout en larmes, est venue se jeter dans les bras de notre gentilhomme. Elle nous a suivis presque malgré moi.

Des rides profondes se creusèrent sur le front du coadjuteur.

— Voilà du nouveau! dit-il, et, cette jeune fille, la connais-tu?

— Eh! qui pourrait-ce être, monseigneur, sinon mademoiselle de Montglat, une des filles d'honneur de la reine?

— A quoi, diable! pensiez-vous, monsieur Eustache Vireton? s'écria le coadjuteur avec colère; et vous m'avez amené la donzelle ici, dans le cloître Notre-Dame?

— Monseigneur, reprit timidement le sorbonnien, elle n'a pas voulu quitter monsieur de Croissi, et j'ai supposé qu'avec votre bonté si connue...

— La peste soit du maroufle et de ses suppositions! s'écria Gondi, qui se promena dans le cabinet avec agitation;

vous avez bien travaillé, maître Eustache, et vous m'avez mis dans un bel embarras! Escamoter le jeune gentilhomme à son butor de frère, c'était une espièglerie; un jour que la reine aurait été en belle humeur, j'aurais pu lui conter en riant l'aventure; mais enlever effrontément une fille d'honneur qui l'a gravement offensée, ceci passe la plaisanterie! La reine sera furieuse. Et si jamais elle me soupçonnait d'avoir joué ce méchant tour, juste au moment où elle vient de me faire cardinal...

— Cardinal! répéta Vireton en ouvrant de grands yeux.

— Oui, cardinal, continua le coadjuteur; ce soir, après la conférence secrète, elle m'a remis ma nomination en bonne forme. Juge si le temps est bien choisi pour m'empêtrer d'une affaire qui peut m'enlever son affection! D'ailleurs, où veux-tu que je cache cette demoiselle, dans une maison remplie de gens de guerre? On ne tarderait pas à la découvrir, et, si l'histoire venait aux oreilles de la reine ou de certaines autres dames... — Il se mordit les lèvres. — Allons! reprit-il, n'y songeons plus... renvoie ces importuns. Qu'on les jette dans un carrosse et qu'on les conduise autre part. J'aurais gardé le garçon, mais il est probable qu'il ne consentirait pas à se séparer de sa belle... Eh bien! qu'ils partent! je ne les verrai pas.

— Mais, monseigneur, de grâce, où voulez-vous qu'ils aillent à cette heure? Ils sont étrangers à Paris, et ils ne sauraient trouver de gîte pour cette nuit... D'ailleurs, si vous les abandonnez, ils seront bientôt découverts, et vous savez quel sort cruel leur est réservé.

— Que m'importe! j'ai déjà trop fait pour ce petit bonhomme; ce n'est pas ma faute s'il se laisse toujours entraîner dans des mauvais pas; qu'il s'arrange. Après tout, je n'ai pas le moindre intérêt qu'il aille en prison ou qu'il n'y aille pas, moi; je voulais faire manquer l'entreprise contre monsieur de Condé, elle a manqué, je ne me regarde plus... Quant à cette jeune fille, j'ai pris pitié d'elle un moment en la voyant pleurnicher devant la reine; je comptais même, à la première occasion, essayer d'obtenir son pardon; mais ce n'est pas une raison, vrai Dieu! pour que je me brouille avec Sa Majesté! Qu'elle aille aux Carmélites ou non, ce n'est pas mon affaire.

— Monseigneur...

— Va-t'en au diable!

— Monseigneur... au nom des bonnes mœurs...

— Hein! que dis-tu? fit le coadjuteur en se retournant.

On sait quelle horreur Paul de Gondi, malgré ses mœurs dissolues, avait pour le scandale; sans doute maître Eustache connaissait cette circonstance.

— Je dis, monseigneur, reprit-il avec un accent hypocrite, que c'est un devoir de charité chrétienne de ne pas abandonner ainsi ces deux pauvres jeunes gens. Si personne ne les surveille et n'exerce sur eux une autorité paternelle, ils peuvent devenir un sujet de scandale pour leur prochain.

— C'est vrai, dit Paul de Gondi d'un air pensif; mais comment remédier à cela? Je ne dois pas me créer de nouvelles difficultés en ce moment, je ne le veux pas.

— Eh bien! monseigneur, consentez du moins à les voir un instant.

— Pourquoi faire?

— Mais... pour leur faire un sermon sur le scandale!

Le coadjuteur se mit à rire.

— Tu es un vrai démon! dit-il en se rasseyant; amène-les donc... Nous verrons ensemble quel est le meilleur parti que nous puissions prendre.

Vireton courut à l'antichambre, et revint un instant après avec ses protégés.

Ils entrèrent à pas lents, et adressèrent au prélat un salut silencieux. Élisabeth s'appuyait péniblement sur le bras de Fabien; les émotions de la journée avaient répandu sur son visage la plus touchante mélancolie; elle ne pleurait plus, mais l'expression morne de ses regard inspirait plus de compassion que des larmes. Ses mouvements étaient languissans, et ses brillants atours semblaient l'écraser de leur poids. La douleur de Fabien présentait un caractère plus mâle. Sa contenance demeurait ferme ; on devinait qu'il ne craignait rien pour lui-même ; mais ses yeux suivaient attentivement chaque mouvement de sa jeune compagne ; c'était pour elle qu'il souffrait, c'était pour elle qu'il pouvait s'abaisser aux prières.

Quand ils parurent ainsi soutenus l'un par l'autre, le coadjuteur, malgré son parti pris, ne put se défendre d'une certaine émotion ; il n'ignorait pas ce qu'il y avait de fatalité dans le malheur de ces deux jeunes gens nobles et beaux, que l'intrigue et l'ambition avaient ravis à la solitude pour les briser et les flétrir. Il offrit sa main à la jeune fille avec une exquise politesse.

— Asseyez-vous, mon enfant, dit-il doucement, asseyez-vous et reprenez courage... Dieu, qui tient dans sa main le cœur des rois, ne vous abandonnera pas si vous avez confiance en lui.

Ces consolations religieuses peuvent paraître étranges dans la bouche de Paul de Gondi ; cependant elles n'étaient l'effet ni de la distraction ni de l'hypocrisie. Au milieu des plaisirs et des galanteries, le coadjuteur conservait pour la religion un respect sincère ; il en donna la preuve plus tard, lorsque, sa carrière politique étant finie, il devint un modèle de ferveur et de charité chrétiennes.

Fabien, à qui cette bienveillance donnait quelque hardiesse, dit avec l'accent d'une profonde reconnaissance :

— La mesure de vos bontés est comble pour moi, monseigneur ; hier vous m'avez sauvé la vie en m'arrachant des mains d'une populace furieuse ; aujourd'hui vous m'avez soustrait à la colère terrible d'une toute souveraine... Cependant j'ose encore implorer votre puissant secours pour cette infortunée demoiselle. Comme moi, elle est en butte à des inimitiés redoutables, et elle a moins d'énergie pour en supporter le poids...

— Non, non, ne le croyez pas, monseigneur, s'écria mademoiselle de Montglat en joignant les mains, si votre générosité doit s'exercer sur l'un de nous, que ce soit sur ce pauvre Fabien, qui résiste si noblement à tant de personnes puissantes pour ne pas se souiller d'un crime. Lui seul, monseigneur, a droit à vos bienfaits, et non pas moi, qui dois porter la peine de mon ingratitude envers ma royale maîtresse.

Le coadjuteur baissa la tête d'un air de réflexion.

— Mes chers enfans, reprit-il avec chagrin, je désirerais bien vivement vous être utile à tous deux, car votre affliction me touche, et vous êtes d'innocentes victimes de cette implacable politique humaine à laquelle je donne chaque jour peut-être une trop large part de mes pensées... Malheureusement, je suis dans une position difficile ; je ne puis suivre les sentimens de mon cœur qui me portent à vous servir... Il serait dangereux pour moi de vous accueillir dans le cloître.

Elisabeth se leva brusquement.

— Monseigneur, demanda-t-elle avec fermeté, sans doute ma présence est l'unique cause de votre embarras, et, si je m'éloignais, il vous serait possible de donner un asile sûr à monsieur de Croissi ?

— Mademoiselle, je vous avouerai franchement...

— Eh bien donc ! monseigneur, veuillez faire mettre à ma disposition le carrosse qui m'a conduits ici ; je retourne au Palais-Royal, que je n'aurais peut-être pas dû quitter.

— Y pensez-vous, Elisabeth ! s'écria Fabien avec angoisse ; si vous retournez au palais cette nuit, vous en serez honteusement chassée demain ; demain les portes d'un couvent se refermeront sur vous et nous séparerons à jamais !

— Mademoiselle, dit le coadjuteur sévèrement, il est cruel peut-être de vous adresser des reproches dans votre malheur ; cependant je dois vous ouvrir les yeux sur l'imprudence que vous avez commise en quittant ainsi le palais furtivement et de nuit avec un jeune cavalier. Cette action, bien que des circonstances particulières semblent devoir l'excuser, n'est pas moins blâmable en elle-même,

et Dieu vous en punit en vous suscitant une foule de difficultés.

— Oh ! veuillez m'entendre, monseigneur, dit Elisabeth avec chaleur ; nul ne sait combien ce loyal jeune homme a souffert par moi et pour moi ; nul ne sait de quels amers reproches il aurait le droit de m'accabler aujourd'hui si je ne le consolais dans sa chute, dont je suis la seule cause. Avant que l'ambition de ma bonne aïeule pour moi m'eût condamnée aux pompes, aux splendeurs importunes de la cour, j'aimais Fabien, et Fabien m'aimait ; notre affection devait être supérieure à toutes les vicissitudes de position et de fortune : nous nous l'étions juré, nous étions fiancés devant Dieu. Cependant je partis pour obéir à d'impérieux devoirs ; bientôt je parus oublier Fabien, le dédaigner ; il ne reçut plus de lettres de moi, il dut m'accuser d'ingratitude, me maudire ; oh ! il dut bien pleurer lorsque la femme altière et cruelle que je considérais comme ma bienfaitrice...

Elle s'arrêta ; un souvenir venait de la frapper. Le coadjuteur devina sa pensée.

— Continuez, continuez, mon enfant, dit-il en souriant ; à la vérité madame de Chevreuse est mon amie, mais je ne me chargerais pas volontiers d'excuser ses défauts, non plus que ceux de mademoiselle sa fille... et, s'il faut vous dire ma pensée, je vous plains sincèrement de vous être trouvée absolument à la discrétion de madame de Chevreuse.

— Hélas ! monseigneur, il n'est que trop vrai ; elle avait pris sur moi un ascendant étrange dont je rougis. De crainte que je ne trouvasse un appui contre sa tyrannie, elle faisait épier mes actions. Mon affection pour Fabien lui donna de l'ombrage ; elle me défendit d'écrire en Normandie. Le jour où j'osai transgresser son ordre, la duchesse me montra ma lettre interceptée...

— Pauvre Elisabeth ! murmura Croissi ; et moi qui vous accusais !

— Ce n'était rien encore, continua la fille d'honneur ; Fabien du moins vivait tranquille au fond de sa province. Ce monde brillant, qui faisait une fourbe et une ingrate de la fiancée, voulut faire un meurtrier du fiancé. On employa la ruse, le mensonge, pour attirer dans le piège mon malheureux ami ; on se servit de mon nom pour exiger de lui l'action infâme qu'il a repoussée de toute l'énergie de sa conscience. Ce sera donc à moi qu'il devra la captivité perpétuelle s'il est découvert ! Réfléchissez, monseigneur ; ce soir, en le voyant poursuivi, désespéré, devais-je l'abandonner lorsque tous ses maux sont mon ouvrage ? Oh ! je vous le jure, je ne songeais pas, en quittant le palais, à la punition méritée que me réserve la justice de la reine ; mais Fabien me disait que ma présence pouvait seule lui donner la force de supporter la vie... Pouvais-je l'abandonner ?

Un silence de quelques minutes suivit ces paroles de mademoiselle de Montglat.

— Je vous crois sincère, mon enfant, reprit le coadjuteur d'un air pensif ; si votre démarche est blâmable en elle-même, je le reconnais, les motifs en sont louables. Mais je cherche vainement les moyens de vous venir en aide...

— Je pars, monseigneur, dit Elisabeth avec résignation, je retourne au Palais-Royal.

— J'y retournerai donc avec vous, s'écria Fabien.

En ce moment, Eustache Vireton se glissa jusqu'au coadjuteur et lui dit malicieusement :

— Est-il possible, monseigneur ? Cette féconde imagination que ses ennemis eux-mêmes reconnaissent au coadjuteur est-elle à bout de ressources ?

Ce piquant reproche parut produire une grande impression sur Paul de Gondi.

— Eh ! mais, que veux-tu que je fasse ? dit-il avec impatience. Examine donc un peu... La reine, vivement irritée, ordonnera les plus actives recherches, et, si l'on venait à découvrir que je protège ses ennemis, je serais perdu ; elle me retirerait ses bonnes grâces, et Dieu sait ce qu'il adviendrait de mon chapeau de cardinal, encore mal affermi sur ma tête. Ensuite viendrait cet enragé de Croissi ; il a déjà des soupçons à mon sujet, et c'est bien le plus venimeux intrigant de la terre ; il amoutaraît contre moi, contre mes protégés, tous les damnés fauteurs de son vilain complot. Mais ce n'est pas tout encore ; si madame de Chevreuse ou mademoiselle sa fille apprenaient la vérité, ce seraient des scènes horribles, d'où s'ensuivrait peut-être une brouille mortelle, car la mère et la fille ne sont pas du caractère le plus doux du monde...

— Est-ce là tout ce qui vous inquiète, monseigneur? dit l'écolier d'un ton légèrement ironique ; Votre Éminence peut-elle s'arrêter devant de pareilles objections ! D'abord, le départ subit de monsieur le prince occupera bien assez la reine pour distraire son attention ; si elle pensait encore demain à la disparition subite de monsieur Fabien de Croissi et de sa fille d'honneur, ce sera pour donner au capitaine des gardes un ordre qu'on n'exécutera pas. Quant à monsieur Albert de Croissi, tout rusé que vous le supposiez, je serais bien trompé si vous n'étiez capable de le jouer mille fois ; il n'est pas de taille à lutter contre un adversaire tel que vous, si vous le vouliez bien... D'un autre côté, madame de Chevreuse a des torts très graves envers cette jeune demoiselle ; qu'un homme habile comme vous prenne la peine de se servir des circonstances, et il pourra donner à cette affaire un tour particulier qui mettra les torts du côté de la duchesse. L'objection relative à sa fille n'est pas plus sérieuse, car, d'après la renommée, vous lui persuadez tout ce qu'il vous plaît... Enfin, monseigneur, à vous parler avec franchise, je ne vois pas, dans la protection que vous pouvez accorder à ces jeunes gens, de dangers bien graves pour vous ; et, quand vous en rencontreriez de tels, il n'y aurait que plus de gloire à les braver.

Un des traits les plus connus du caractère du coadjuteur était une tendance à se raidir contre les difficultés, souvent même à les faire naître afin d'avoir occasion de les vaincre. Eustache avait profité habilement de cette disposition d'esprit. En chatouillant l'amour-propre de l'homme d'État, il était sûr d'atteindre son but. Paul de Gondi sentit le piége, mais il ne chercha pas à l'éviter.

— Le drôle a réponse à tout, dit-il en riant ; tiens, ami Vireton, je te prédis une chose : c'est que si tu ne tournes pas au bien, tu deviendras le plus grand coquin... Allons! puisqu'il le faut, je ne reculerai pas ; il s'agit de lutter de ruse et de précautions avec des ennemis puissans, je lutterai. Restez ici, mes chers enfans ; je m'arrangerai pour vous défendre envers et contre tous.

— Oh! monseigneur, que de reconnaissance...!

— Un moment, reprit le coadjuteur, je mets à mes services certaines conditions.

— Oh! parlez, parlez, monseigneur! s'écrièrent à la fois Elisabeth et Fabien.

— La première, c'est que dès demain vous serez mariés dans la chapelle particulière ; j'ai besoin de prendre cette précaution pour des raisons... personnelles. Comme vous n'avez ni l'un ni l'autre de proches parens qui soient en droit d'y mettre opposition, l'affaire se fera sans difficultés ; je me charge des dépenses.

Fabien regarda fixement mademoiselle de Montglat ; elle baissa les yeux en rougissant.

— Mon ami, murmura-t-elle, ne suis-je pas déjà votre fiancée?

— Voilà donc un point convenu, reprit Paul de Gondi. La seconde condition est que monsieur Fabien de Croissi ne gardera pas rancune au pauvre fou de moine qu'il a pourchassé, l'autre jour, chez le maître de poste Pichard ; on n'avait réellement pas de mauvaises intentions contre lui.

— Quoi! monseigneur, est-ce que vous connaîtriez...?

— C'était moi, dit le prélat en souriant ; je savais que vous deviez passer par là ; comme j'avais le plus haut intérêt à vous connaître, j'allai moi-même, sous l'habit d'un moine, vous attendre à l'auberge. Pour vous forcer à vous arrêter en cet endroit, et pour vous examiner à loisir, je donnai l'ordre à mes gens d'accaparer les chevaux de poste et d'aller les abîmer de fatigue... Vous savez comment j'ai réussi. J'eus beaucoup de peine à rejoindre mon escorte, et vous arrivâtes à peu près en même temps que moi sur le pont Neuf... Mais laissons le passé et venons au présent... J'entreprends à mes risques et périls de vous mettre, vous et mademoiselle de Montglat, à l'abri des inimitiés que vous avez soulevées ; mais il faut de votre côté que vous vous engagiez à m'obéir aveuglément. — Les deux jeunes gens protestèrent avec empressement de leur obéissance absolue. — Eh bien! pour commencer, reprit le coadjuteur, vous devez vous considérer à peu près comme prisonniers ; hors de l'enceinte de ces bâtimens, mille dangers vous attendent. De plus, comme une foule de personnes pénètrent chaque jour dans le cloître, et comme vous pourriez être reconnus, vous resterez confinés dans votre appartement ; sans cela je ne répondrais pas de vous.

— Nous obéirons, monseigneur.

Paul de Gondi saisit précipitamment une sonnette d'argent placée sur son bureau. Un domestique de confiance accourut aussitôt.

— Comtois, dit-il d'un ton bref, faites venir dame Germain, la femme de charge, et avertissez monsieur Joly, mon secrétaire.

Peu d'instans après, dame Germain, grosse femme de cinquante ans, à mine fraîche et épanouie, parut en se frottant les yeux ; derrière elle venait un personnage vêtu de noir, qui n'était autre que Guy Joly, dont il existe des mémoires intéressans sur la Fronde. Le secrétaire et la femme de charge témoignèrent une égale surprise en voyant le coadjuteur en compagnie de ces gens inconnus.

— Dame Germain, dit le prélat en montrant Elisabeth, je confie cette jeune demoiselle à votre garde expresse ; elle logera près de vous et vous la servirez seule ; vous veillerez sur elle comme sur votre enfant... entendez-vous? comme sur votre enfant.

— Je comprends, monseigneur, dit la femme de charge ; personne n'approchera d'elle sans ma permission ; et permettez-moi de vous le dire, monseigneur, c'est une bonne précaution dans une maison toujours remplie de gens de guerre, où l'on est exposé...

— Il suffit, dame Germain, interrompit Gondi en souriant ; mais vous n'êtes pas en peine, je crois, de vous faire respecter. C'est une mission de confiance que je vous donne, remplissez-la fidèlement ; ayez pour cette dame toutes sortes de soins et d'égards. Surtout, procurez-lui promptement des vêtemens simples et plus convenables que cette toilette de cour.

— J'obéirai, monseigneur, dit la bonne femme avec volubilité ; cependant, j'oserais vous demander pourquoi...

— Assez, dit sèchement Gondi ; il faut que vous sachiez, mademoiselle, continua-t-il en s'adressant à mademoiselle de Montglat, que votre nouvelle gouvernante, quoique la meilleure femme du monde, est curieuse, bavarde, et...

— Ah! monseigneur, c'est une calomnie!

Le coadjuteur se tourna vers son secrétaire :

— Vous, mon cher Joly, je confie ce jeune homme ; vous le placerez dans le pavillon du *Grand-Chantre*, c'est le moins fréquenté, et vous veillerez à ce que rien ne lui manque... Vous me conterez demain son histoire. J'exige le plus grand secret sur la présence de ces jeunes gens au cloître... je dis aussi cela pour vous, dame Germain!

— Moi, monseigneur? s'écria la brave femme en interrompant la série interminable de questions dont elle accablait déjà la pauvre Montglat, avez-vous en jamais à vous plaindre de ma langue? vous seul, monseigneur, ne me rendez pas justice, car...

— Allons, brisons là ; conduisez mes hôtes dans les appartemens que je vous ai indiqués. Ils sont épuisés de fatigue et de chagrin ; ils ont besoin de repos.

Fabien et Elisabeth s'avancèrent pour adresser des remercimens au coadjuteur.

— Sans doute, mes bons amis, dit-il d'un air de regret, mon hospitalité ne sera ni bien agréable ni bien splendide... Elle vaudra mieux toutefois que la Bastille et le couvent des Carmélites.

Puis il les congédia d'un signe affectueux, et ils sortirent, chacun de son côté, précédés par le guide qui leur avait été assigné.

Après leur départ, le coadjuteur resta pensif et muet, le coude appuyé sur son bureau ; Eustache Vireton l'examinait en silence. Un mouvement de l'écolier tira Gondi de ses réflexions.

— Ah ! c'est toi, *mon lieutenant*, dit-il en souriant, je t'avais oublié... Eh bien ! que veux-tu ?

— Seulement demander à monseigneur si je l'ai dignement servi.

— Trop bien ; et tu viens sans doute me rappeler ma promesse ? Mais, avant de t'accorder le bénéfice dont je dois récompenser ton zèle, j'aurais besoin, pour quelque temps encore, de tes services. Aventureux, adroit, plein d'expédiens, tu pourras m'être utile. Reste donc avec moi, mon enfant, et tu ne perdras pas pour attendre.

— De tout mon cœur, monseigneur, s'écria l'écolier d'un ton joyeux; et, si vous le voulez bien, nous travaillerons ensemble au bonheur de nos jeunes amis.

— Leur bonheur ? répéta le prélat en soupirant, tu crois donc que, passé le danger actuel, ils pourront être heureux ?

— Si je le crois ? Le jeune homme est si brave, si franc, si honnête...

— Et *elle* est si jolie ! *elle* l'aime tant ! ajouta le coadjuteur d'un ton mélancolique.

— Ah ! monseigneur, cette réflexion convient mieux au muguet qu'au cardinal !

— Que veux-tu ! reprit Gondi en poussant un nouveau soupir, j'avais l'âme la moins ecclésiastique de l'univers, et cependant il a fallu me résigner à porter cette robe sacerdotale... Noire, violette ou rouge, qu'importe ! Mais laisse-moi, mon garçon, tu dois avoir besoin de repos.

— Et vous, monseigneur ?

L'homme d'État secoua la tête d'un air distrait, et s'enfonça de nouveau dans ces profonds calculs politiques, objet de ses continuelles méditations.

XVI

LA GRAND'SALLE.

Un mois environ s'était écoulé depuis les événemens que nous venons de raconter ; Fabien et Elisabeth étaient restés cachés, pendant tout ce temps, au cloître Notre-Dame. Dès le troisième jour de leur arrivée, ils avaient été mariés secrètement par l'aumônier du coadjuteur. Ce mariage, comme on le voit, avait été conclu sous de tristes auspices ; mais Gondi l'avait cru nécessaire, car la malignité pouvait s'éveiller tôt ou tard à propos du séjour d'une jeune et belle personne dans la maison d'un prélat dont les galanteries n'étaient pas un mystère. Du reste, cet acte important n'apporta pas de modifications au genre de vie prescrit aux deux jeunes gens ; ils étaient toujours sur le pied de la plus grande réserve. Ils ne pouvaient se voir qu'une fois chaque matin, en présence de dame Germain, qui les importunait de son bavardage et de sa curiosité. Hors ce moment d'entretien journalier, ils restaient, chacun de son côté, confinés dans une profonde solitude, et ils ne prévoyaient aucune solution prochaine à tant d'ennuis.

Cependant le plus profond mystère couvrait encore l'évasion d'Elisabeth au Palais-Royal ; la reine, pour éviter le scandale, avait fait répandre le bruit que la jeune fille s'était absentée par son ordre, et, si les courtisans avaient jasé, du moins avaient-ils jasé tout bas. Anne d'Autriche, comme on peut le croire, soupçonnait le coadjuteur d'avoir conduit cette évasion presque miraculeuse ; mais bien quelle le vît chaque nuit dans son oratoire, elle ne lui parlait jamais de ce point délicat. De son côté, le chef de parti avait compris à certains signes qu'il ne serait pas prudent encore de plaider la cause de ses jeunes amis. Il semblait qu'il y eût entre les parties une convention tacite de ne pas évoquer ces faits de nature à les brouiller, lorsque le besoin de l'État exigeaient impérieusement qu'elles agissent de concert ; mais ni l'une ni l'autre n'avaient pris d'engagement, la reine de pardonner à ceux qui l'avaient offensée, le coadjuteur d'abandonner ses protégés.

Le plus dangereux ennemi des nouveaux époux était néanmoins le baron de Croissi. Dès le premier moment, il avait soupçonné le lieu véritable de leur retraite. Albert, quoique disgracié par la reine, n'était pas moins investi de pouvoirs formidables contre les deux fugitifs, et il comptait les faire valoir en dépit de toute considération politique. Aussi l'avait-on vu rôder autour du cloître et tenter de se lier avec les gentilshommes qui gardaient nuit et jour le coadjuteur. La sagacité merveilleuse d'Eustache Vireton, chargé spécialement par son maître de veiller sur Elisabeth et Fabien, avait toujours déjoué ces manœuvres ; mais si le pouvoir de Gondi venait à décliner, l'implacable Croissi chercherait certainement à ressaisir ses victimes de force, et peut-être, en pareil cas, ne serait-il pas désavoué par la reine.

Le sort des jeunes gens se trouvait donc intimement lié à la fortune de leur protecteur, qui subissait elle-même l'influence des affaires publiques du moment. A cette époque de troubles, les événemens marchaient vite, et, depuis le départ de Condé pour Saint-Maur, de grands changemens s'étaient opérés à la cour. Au premier avertissement, le prince avait paru fort effrayé du projet conçu pour se débarrasser de lui ; mais bientôt il avait profité de l'indignation que certains bruits vagues du complot soulevaient en sa faveur, pour se rendre plus puissant que jamais. Il avait exigé et obtenu le renvoi des sous-ministres Servien, Lionne et Châteauneuf, qu'il soupçonnait d'en être les auteurs ; il s'était fait donner un sauf-conduit pour venir à Paris ; enfin, rassuré par toutes ces garanties, il avait quitté Saint-Maur avec un train magnifique et repris possession de son hôtel. Chaque jour il se rendait au parlement comme autrefois, suivi d'une escorte nombreuse ; n'eût été le coadjuteur, qui lui tenait tête courageusement, il eût été plus maître à Paris que la reine elle-même.

Les événemens politiques et les faits particuliers de cette histoire en étaient donc là le 21 août 1651, un mois environ, comme nous l'avons dit, après l'évasion nocturne du Palais-Royal. Ce jour-là, dès le matin, le quartier Notre-Dame s'encombrait d'une foule immense qui devait accompagner le coadjuteur au parlement. La séance de la veille avait été très orageuse ; les écharpes isabelles s'étaient montrées en nombre supérieur dans la grand'salle, et Gondi avait convoqué le ban et l'arrière-ban de ses partisans, afin de prouver que *la vieille et légitime Fronde* ne se laisserait pas humilier par la nouvelle. Condé de son côté se préparait à la lutte ; tout ce qui tenait à sa faction devait ce jour-là se trouver au palais de justice. Aussi peut-on croire que tout Paris était en l'air. Les artisans, dans leurs boutiques, dérouillaient de vieilles arquebuses du temps de la ligue ; on rencontrait à chaque pas des personnages hétéroclites traînant de grands sabres, affublés d'antiques cuirasses. Si l'on en jugeait par l'air belliqueux de certains bourgeois naturellement pacifiques, l'affaire paraissait devoir être chaude en cas de bataille.

Ces préparatifs avait un air plus grave dans le voisinage

du cloître. On y rencontrait beaucoup moins de bourgeois ridicules sous leur harnois militaire et beaucoup plus de soldats et de gentilshommes bien montés, bien équipés, prêts à une résistance sérieuse. On avait placé des matériaux à l'angle des rues afin d'élever instantanément des barricades si besoin était ; des hommes se postaient sur les tours Notre-Dame avec des grenades ; certaines maisons étaient closes et disposées pour servir de forteresse. La cour principale du petit archevêché présentait l'image d'un arsenal au moment d'une attaque : des mousquets, des arquebuses, des hallebardes, étaient rangés contre les murailles, des cavaliers et des fantassins se pressaient dans cette vaste enceinte devenue trop étroite. Au centre, on voyait cinq à six carrosses destinés à transporter au palais de justice les chefs de parti. Des laquais et des pages, à la livrée du coadjuteur, couraient d'un air insolent au milieu de ces chevaux, de ces armes entassées, de cet attirail guerrier, pour porter des ordres ; on criait, on se heurtait ; des jurons sonores faisaient trembler les échos sanctifiés de cette demeure ecclésiastique ; c'était un désordre à rompre la tête, un vacarme à rendre sourd, une scène à donner de cruelles inquiétudes pour la capitale de la France.

Cependant, à l'extrémité de ces immenses bâtiments du cloître Notre-Dame, dans une chambre dont les fenêtres s'ouvraient sur une cour écartée, ce bruit infernal arrivait seulement comme un murmure lointain. Elisabeth et Fabien, revêtus de costumes fort simples, qui ne pouvaient attirer l'attention sur eux, étaient assis côte à côte et causaient à voix basse, indifférens aux rumeurs tumultueuses qui s'agitaient si près d'eux. Dame Germain, la gouvernante, s'avançait de temps en temps sur le balcon de pierre, pour voir ce qui se passait au dehors, et sa distraction permettait du moins aux jeunes gens de s'épancher en liberté, sans redouter l'oreille indiscrète de la digne femme.

Leur conversation avait pris une tournure encore plus triste qu'à l'ordinaire ; un profond abattement était peint sur leurs visages. Vainement Fabien essayait-il de donner à Elisabeth des consolations qu'il ne partageait pas ; un profond silence finit par s'établir entre eux, et chacun à part soi se livrait aux plus sinistres réflexions.

En ce moment, Eustache Vireton parut tout essoufflé et haletant. Il était vêtu de noir, mais une grande rapière suspendue à son côté, un collet et des gants de buffle, lui composaient un attirail des plus belliqueux. Etonnés de cette brusque apparition, les deux jeunes gens se levèrent en tressaillant, la gouvernante fit un mouvement d'effroi. Mais le brave écolier, sans s'inquiéter de l'impression qu'il produisait, dit à Fabien avec précipitation.

— Vite, vite, monsieur de Croissi, allez vous préparer... On n'attend plus que vous pour partir.

— Moi ? demanda Fabien au comble de la surprise ; où voulez-vous donc me conduire ?

— Au parlement.

— Y pensez-vous, monsieur ? dit Elisabeth, Fabien serait promptement reconnu, arrêté, ou du moins...

— Je ne puis répondre qu'une chose, c'est que monseigneur l'ordonne, et il a certainement des motifs pour cela. Peut-être songe-t-il enfin à vous tirer de la fausse position où vous vous trouvez maintenant...

— Mais comment ? par quels moyens ?

— Il ne m'a rien dit de précis à cet égard en me donnant ses instructions ; seulement il faut vous préparer à le suivre sur-le-champ au palais de justice, et, ce qu'il y a de singulier, c'est que vous devez revêtir le costume que vous portiez le jour de votre présentation à la reine... il recommande ceci particulièrement.

— C'est étrange ! dit Fabien en regardant Elisabeth.

— Obéissez à notre protecteur, reprit la jeune fille avec confiance, obéissez, mon ami, sans chercher à pénétrer ses desseins.

— J'obéirai, dit Croissi ; le coadjuteur me demanderait ma vie que je ne pourrais la lui refuser ; cependant il serait sage, je crois, de prendre certaines précautions...

— Vous vous envelopperez de votre manteau, c'est encore une recommandation de monseigneur... Mais, pour Dieu ! monsieur de Croissi, dépêchez-vous ; j'entends les trompettes qui sonnent dans la grande cour, et l'heure de l'audience est venue.

Fabien déposa rapidement un baiser sur le front de sa jeune femme.

— Bon courage, Elisabeth, lui dit-il en souriant ; certainement notre bienfaiteur veut tenter quelque effort pour notre délivrance... Peut-être vous rapporterai-je de bonnes nouvelles.

— Dieu le veuille, Fabien ! murmura la jeune fille, qui, sur le point de se séparer de lui, ne pouvait se défendre d'une véritable terreur.

Eustache accompagna Fabien jusqu'à sa chambre, afin d'accélérer sa toilette. Le jeune Croissi, comme l'avait exigé le coadjuteur, reprit le costume qu'il portait le soir de sa visite au Palais-Royal, et s'arma d'une bonne épée. Puis, enveloppé d'un manteau qui lui couvrait le visage, ce qui ne paraissait pas extraordinaire, même en plein jour, dans un temps où les femmes du monde sortaient toujours masquées, il descendit dans la grande cour avec son guide fort impatienté de ces retards.

Au premier coup d'œil, Fabien fut ébloui du splendide équipage des gentilshommes et des domestiques qui devaient composer l'escorte ; ce n'étaient que riches broderies, galons d'or, armes étincelantes, fières armoiries. Des panaches de mille couleurs se balançaient au-dessus des frondes de soie qui décoraient les chapeaux des partisans. Croissi et son guide eurent beaucoup de peine à se frayer passage à travers cette masse compacte. Enfin ils atteignirent cependant un carrosse dont maître Joly, qui remplissait en cette circonstance les fonctions de maître des cérémonies, semblait défendre l'entrée contre deux ou trois bravaches à longues moustaches. A peine eut-il reconnu les deux jeunes gens, qu'il leur laissa prendre les places vides, au grand scandale des matadors ; puis, après avoir échangé quelques mots bas avec Vireton, il se perdit dans la foule.

Enfin le coadjuteur parut sur le perron du petit archevêché, et sa présence fut saluée de mille vivats bruyans. Il ne portait pas encore la robe rouge de cardinal : il était en rochet et en bonnet carré ; sa croix d'or étincelait sur son camail violet. Autour de lui se groupait une magnifique compagnie de gentilshommes, parmi lesquels on distinguait messieurs de Châteaubriand, de Noirmoutiers, de Fosseuse, d'Argenteuil, de Sévigné, et beaucoup d'autres portant des noms illustres de France.

— Vive le coadjuteur ! vive la Fronde ! s'écrièrent les assistans en battant des mains.

Le prélat salua gracieusement et remercia par un sourire ; puis il monta dans le premier carrosse, les gentilshommes se mirent en selle, et l'imposant cortège sortit lentement de la cour.

Le trajet fut assez long ; tout le chemin de Notre-Dame au palais de justice, les ponts, les quais, les rues étaient obstrués par la population qui se portait sur le passage du coadjuteur. Les uns applaudissaient, d'autres poussaient des huées, les plus sages restaient silencieux ou déploraient tout bas les maux qui pouvaient résulter de cette pompe.

Le palais de justice, ce vieux sanctuaire des lois, présentait surtout un spectacle affligeant. Les approches en étaient gardées par des soldats aux ordres du coadjuteur, des bourgeois en armes remplissaient les cabarets du voisinage et jusqu'aux buvettes du parlement. Dans la cour s'agitait une plèbe ignoble, couverte de haillons, armée de couteaux, ramassis de vagabonds et de voleurs que l'on payait pour criailler à tant la journée. Le coadjuteur descendit de son carrosse en face du grand escalier, et dès qu'il parut il fut salué de nouveau par les cris de « Vive la Fronde ! vive le coadjuteur ! » Cependant, au milieu de ces acclamations enthousiastes, l'oreille exercée du chef de parti crut distinguer aussi quelques voix importunes qui criaient : « Au mazarin ! au mazarin ! »

Ces symptômes d'impopularité naissante appelèrent sur son visage une légère rougeur, mais il se remit promptement et monta l'escalier, pour se rendre à la grand'salle, avec tous ceux de ses partisans qui n'avaient pas de poste au dehors. Le prince de Condé n'était pas encore arrivé ; on voyait seulement un petit nombre de conseillers et de pairs dans le parlement : il restait donc quelques instans à Gondi pour donner ses derniers ordres. Il fit halte au pied d'un des grands piliers de la salle des pas perdus, et, entouré de ses principaux gentilshommes, il tint une sorte de conseil.

— Eh bien ! messieurs les capitaines, demanda-t-il à des cavaliers en habit bourgeois qui se détachèrent d'un groupe assez nombreux, vos gens sont-ils exacts au rendez-vous ?

— Les voici, monsieur, répondit un des capitaines de la garde bourgeoise ; pas un n'y manque ; ils ont tous des épées et des pistolets sous leurs manteaux.

— Je reconnais là le zèle de mes chers voisins du pont Saint-Michel, et en particulier le vôtre, mes bons amis, dit le coadjuteur en les congédiant d'un signe, je vous remercierai après la séance. Et vous, Ravaz, continua-t-il en interpellant un gentilhomme qui portait l'uniforme de capitaine aux gardes, où sont placés vos bons drilles ?

— Dans les buvettes, monseigneur, et sur ma parole ils comptent faire autre chose que boire ! La reine...

— Paix, paix ! ne prononcez pas ce nom ici, interrompit Gondi en clignant des yeux ; et les chevau-légers de monsieur de Schomberg, les gendarmes de monsieur d'Albert, où sont-ils ?

— Au bas des degrés de la Sainte-Chapelle, monseigneur.

— Fort bien, fort bien, fit le coadjuteur en se frottant les mains ; monsieur le prince est un grand homme de guerre, mais je suis sûr qu'il n'aurait pas prendre ses dispositions mieux que nous... Le palais est investi de tous côtés. Voyons, maintenant, assurons-nous de l'intérieur... Anneri, vous allez occuper la troisième chambre avec messieurs les gentilshommes du Vexin ; s'il faut charger, vous prendrez en flanc le parti de monsieur le prince et vous le rejetterez sur le grand escalier. Messieurs les anciens officiers de Montrose occuperont la quatrième chambre... Dans les armoires de la buvette on trouvera des grenades pour lancer sur les groupes d'ennemis, mais à la dernière extrémité, souvenez-vous de ceci, messieurs, à la dernière extrémité, car je ne veux pas qu'on incendie encore une fois le palais de justice... Vous messieurs, ajouta-t-il en s'adressant à ceux qui l'entouraient, vous resterez ici, c'est le poste d'honneur ; soyez attentifs au moindre tumulte qui s'élèvera de la grand'chambre.

Ces différens ordres, donnés avec clarté et précision, occasionnèrent un certain mouvement dans la salle ; le coadjuteur promena son regard autour de lui, comme pour chercher s'il n'avait pas oublié quelque précaution importante ; il aperçut alors Fabien et maître Eustache immobiles à quelques pas. Le coadjuteur leur fit signe d'approcher, mais au même instant un gentilhomme, tout en nage et tout essoufflé, s'élança vers les principaux frondeurs :

— Ils viennent enfin, dit-il avec précipitation ; dans quelques minutes ils seront ici.

— Qui donc, mon cher Châteaubriand ? demanda le coadjuteur.

— Les princes et leur suite... ils sont au moins aussi nombreux que nous, mais nous avons admirablement pris nos postes.

— Il n'y a qu'au parlement, messieurs, dit le coadjuteur d'un air de modestie, où nous puissions les prendre mieux que le grand Condé... mais voici le moment d'agir : que chacun songe à son devoir !

En même temps il s'avança vers la grand'chambre du parlement, aujourd'hui la salle des séances de la cour de cassation, avec messieurs de Brissac, de Bouillon, de Beaufort, et de quelques autres ducs et pairs de ses amis. Eustache eut soin de se trouver sur son chemin avec le jeune Croissi ; le coadjuteur s'arrêta devant eux.

— Tu n'oublieras rien ? dit-il brusquement à Vireton.

— Rien, monseigneur.

— C'est bien ; et vous, jeune homme, continua-t-il en s'adressant à Fabien, fiez-vous à maître Eustache comme à moi-même... Il s'agit de votre salut. Bon courage !

Il rejoignit ses nobles compagnons, et ils entrèrent tous dans la grand'chambre.

— Vous avez entendu ? reprit Eustache ; vous devez vous fier entièrement à moi... Au reste, votre rôle se réduit à peu de chose ; il s'agit seulement de vous montrer dans le parlement ; vos amis feront le reste.

— Dans le parlement ! répéta Fabien, mais ni vous ni moi n'avons le droit d'y pénétrer.

— C'est ce que nous allons voir.... Sans doute ni vous ni moi ne pouvons nous asseoir sur les fleurs de lis avec messieurs ; mais il y a dans la salle des places plus modestes, et le coadjuteur a pris soin de nous pourvoir... Suivez-moi donc, et, avant de prononcer une parole, regardez toujours autour de vous.

Il conduisit Fabien vers la porte de la grand'chambre ; mais, au moment de la franchir, ils entendirent un bruit qui domina le bourdonnement de la foule déjà réunie dans la salle. En même temps les huissiers les repoussèrent avec leur verge d'argent, en criant d'une voix sonore :

— Place à Son Altesse le prince de Condé ! Place à Son Altesse le prince de Conti !

Eustache et Fabien se blottirent aussitôt entre deux pilastres ; les princes en effet montaient l'escalier de la grand'salle, avec un cortège aussi nombreux que celui du coadjuteur, et peut être encore plus brillant. Les gentilshommes, les pages, les laquais portaient l'écharpe isabelle ; ils étaient chargés d'une profusion de bijoux, de plumes et de rubans qui produisaient à l'œil le plus bel effet. Leurs manières semblaient aussi plus insolentes que celles des partisans de Gondi, et la vue de quelques grotesques bourgeois appartenant à la faction opposée excita leurs bruyans éclats de rire.

A l'arrivée des princes, les frondeurs s'étaient retirés rapidement dans cette portion de la salle qui longe la rue de la Barillerie, laissant l'autre portion à la disposition des nouveaux venus. En temps ordinaire, les deux Frondes se mêlaient volontiers dès que les chefs étaient entrés au parlement ; mais dans cette journée mémorable on était si convaincu de la possibilité d'un conflit, que les deux partis ne se confondirent pas un instant.

Le prince de Condé, s'arrêtant au milieu de la salle, étudia les dispositions de ses ennemis. Il était jeune encore et de taille moyenne ; mais ses gros traits et sa tournure hardie avaient une majesté singulière. Rien n'égalait la magnificence de son costume. Il portait, par-dessous son manteau de pair, un habit isabelle de la couleur de sa livrée, tout brodé de perles et de rubis. Un gros diamant soutenait la plume de son chapeau, relevé à la Henri IV ; tous les ordres français et beaucoup d'ordres étrangers brillaient à son cou, sur sa poitrine. Son examen ne fut pas long ; une, expression d'ironie se peignit sur ses traits. Il adressa bas quelques paroles au prince de Conti, son frère, petit bossu vêtu comme lui et qui paraissait être sa caricature ; puis ils entrèrent dans la grand'chambre en haussant les épaules avec affectation.

— Maintenant ! maintenant ! murmura Vireton, voyant l'entrée du parlement devenu libre.

Mais, à son grand étonnement, Fabien ne bougeait pas, et regardait un groupe voisin, comme s'il n'avait pas entendu. Vireton suivit la direction de ses yeux, et s'expliqua parfaitement alors la préoccupation du jeune Croissi.

Comme nous l'avons dit, les deux partis avaient tracé une sorte de ligne de démarcation dans la salle, et personne, par une convention tacite, ne songeait à la franchir avant le moment du combat. Seulement quelques amis d'opinions opposées s'avançaient sur la limite de leurs camps respectifs, échangeaient entre eux de joyeuses plaisanteries ou même des politesses. On se reconnaissait, on s'appelait, sans aigreur et sans colère ; on allait peut-être s'entr'égorger dans la minute suivante, mais on causait familièrement dans celle-ci : telles étaient les mœurs du temps.

Tout à coup un grand tumulte se forma du côté des gentilshommes de Condé. Un personnage portant l'écharpe isabelle venait d'entrer dans la salle et s'était mêlé sans façon à la noblesse de ce parti ; mais dès qu'on l'eût reconnu, d'effroyables huées s'élevèrent contre lui. On le dépouilla violemment de l'écharpe aux couleurs de Condé; mille voix irritées l'accablaient d'injures.

— Que viens-tu faire parmi nous, misérable traître? s'écria-t-on ; sans doute épier nos secrets pour les vendre à la cour, au coadjuteur? Sus au lâche! sus à l'espion! Il n'est pas digne d'appartenir à Son Altesse!

L'homme à qui s'adressaient ces invectives, et qui, pâle, les vêtements en désordre, se débattait contre des mains furieuses, était le baron Albert de Croissi.

— Ecoutez-moi, messieurs, dit-il d'un ton suppliant, vous vous méprenez... J'ai toujours été fidèle à monsieur le prince; la preuve est qu'en ce moment j'ai d'importans secrets à lui révéler. Vous avez entendu dire qu'un complot était tramé contre la vie de Son Altesse ; j'en connais les détails, et le prince pourra se venger de ses ennemis.

Fabien frissonna d'horreur ; il n'avait pu jusque-là croire son frère capable de tant de bassesse et de lâcheté.

— Encore quelque fourberie! dit un gentilhomme qui portait l'uniforme de capitaine des gardes du prince de Conti ; messieurs, chassons cet espion du cardinal, ou plutôt qu'il retourne à ses amis les mazarins.

Et il désignait les frondeurs de Gondi,

— Oui, oui, envoyons-leur ce double traître, s'écrièrent une foule de voix; il déshonorerait la cause de monsieur le prince.

Le capitaine aux gardes, aidé d'un autre gentilhomme, se saisit de Croissi et le lança brutalement du côté des frondeurs.

— Voici le cadeau que la nouvelle Fronde fait à la vieille! s'écria-t-il d'un ton ironique ; gardez tout... nous ne demandons rien en retour!

Des éclats de rire, des applaudissemens accueillirent cette grosse plaisanterie.

— Eh bien! soit, s'écria le baron écumant de rage, en montrant le poing au parti de Condé, vous voulez m'avoir pour ennemi, je le serai... Braves gens, continua-t-il en s'adressant aux bourgeois qui l'entouraient, je suis des vôtres maintenant à tout jamais: vous ne serez pas fâchés de me compter dans vos rangs, si l'on en vient aux coups avec ces insolens factieux!

Les bourgeois le regardèrent avec indifférence; mais les gentilshommes du coadjuteur vinrent entourer le baron de Croissi.

— Nous ne voulons pas de cet homme! s'écria le chevalier de Laïgues, un des amis intimes de Gondi ; il est à ma connaissance que ce personnage est particulièrement odieux au coadjuteur pour ses infâmes menées... Nous ne voulons pas d'un renégat, d'un mazarin parmi nous... Que la nouvelle Fronde garde ses présens; nous ne pourrions en rendre de pareils.

Les frondeurs répondirent par un hourra. Croissi voulut vainement se justifier.

— Nous n'entendrons aucune explication, dit de Laïgues ; sortez de nos rangs, ou nous emploierons la force pour vous en chasser.

La haine, la fureur et la honte avaient bouleversé la physionomie du baron. Ses yeux se contournaient dans leurs orbites, il grinçait des dents.

— Allons! allons! partez, disaient les frondeurs en cherchant à le repousser hors de la ligne de leur camp; nous n'avons pas besoin de vos services.

— Si ce traître approche de nous, il aura les oreilles coupées! s'écria le capitaine aux gardes de l'autre côté.

Croissi se trouvait entre les deux partis comme un sanglier cerné par les chasseurs; il jetait autour de lui des regards étincelans pour chercher duquel de ses ennemis il devait faire sa proie. Enfin il s'élança vers le capitaine, qui semblait le plus acharné contre lui :

— Quoique j'aie été cruellement outragé, marquis de Crenan, dit-il, je suis encore gentilhomme; j'ai donc le droit de vous demander raison de votre conduite déloyale.

— Vous! allons donc! dit le marquis en ricanant.

— Eh bien! alors, continua Croissi d'une voix forte, je déclarerai tout haut, en présence des deux partis, que vous êtes un lâche qui refuse le combat!

Un effroyable tumulte éclata sur ce mot ; les amis de Crenan voulaient qu'il n'acceptât pas le défi, sous prétexte que Croissi, par ses défections, avait perdu sa qualité de gentilhomme ; d'autres soutenaient que l'honneur exigeait impérieusement que le comte lavât dans le sang du baron cette injure publique. Crenan parut être de cet avis, car il échangea quelques mots tout bas avec son ennemi; puis, élevant la voix, il dit avec autorité :

— Que personne maintenant n'outrage ni par actions ni par paroles monsieur de Croissi; je viens de prendre rendez-vous avec lui.

On se tut aussitôt; à cette époque, le duel avait certains privilèges que l'on regardait comme sacrés.

— A ce titre donc, monsieur! reprit Crenan d'un ton grave ; vous pouvez sortir sans crainte.

Et, par contraste avec sa brutalité passée, il salua poliment son adversaire. Celui-ci s'inclina d'un air sombre, et quitta la salle avec précipitation.

Pendant cette terrible scène, Fabien avait souffert les plus affreuses tortures; plusieurs fois Vireton avait voulu l'entraîner, mais le jeune homme semblait cloué sur place par un pouvoir invisible. De grosses larmes coulaient de ses yeux.

— Voilà donc, murmura-t-il enfin, où l'ont conduit son ambition effrénée, ses savantes intrigues! En butte à la haine de tous les partis, il ne lui reste plus qu'à mourir abreuvé de dégoûts et de fiel!... Mon pauvre père, qu'eussiez-vous dit si vous aviez pu voir votre fils bien-aimé ainsi couvert de mépris et de honte?

— Allons! dit Eustache avec impatience en interrompant ces douloureuses réflexions, songez à vous-même, monsieur Fabien, songez à votre Elisabeth... nous laissons passer un temps précieux.

Fabien soupira, puis ramena son manteau sur son visage et se laissa conduire en silence. Ils traversèrent le parquet des huissiers et s'enfoncèrent dans un couloir obscur, à l'extrémité duquel ils trouvèrent un homme armé jusqu'aux dents, en sentinelle devant une porte basse. Eustache prononça quelques mots à demi-voix; la sentinelle leur ouvrit aussitôt une sorte de tribune qui donnait dans la salle du parlement.

XVII

UNE SÉANCE DU PARLEMENT.

A chaque extrémité de la grand'chambre se trouvaient deux cabinets en légère charpente. On les appelait des *lanternes*, à cause des châssis vitrés qui les fermaient ; c'était dans une de ces lanternes que Fabien et Vireton venaient de prendre place. Outre les châssis de verre, elles étaient munies de petits rideaux susceptibles de s'abaisser à volonté; on pouvait ainsi s'isoler de la salle. Ces places étaient réservées d'ordinaire aux grandes dames qui désiraient assister en secret aux séances du parlement.

Lorsque les deux jeunes gens entrèrent, il régnait dans le cabinet une obscurité relative; il fallut quelques secondes pour que leurs yeux pussent distinguer les objets environnans. La lanterne était partagée en deux parties par une balustrade assez basse, pareille à celles des loges découvertes de nos théâtres. Ils occupaient seuls une de ces divisions; mais dans l'autre se trouvait une dame vêtue de noir et masquée; elle observait la salle par une légère ouverture ménagée entre les rideaux.

Comme on savait d'avance que la séance pouvait être troublée par un effroyable conflit, il fallait un grand courage à cette femme pour se hasarder si près du théâtre de la lutte. Cependant l'inconnue, sans songer au danger, suivait avec un intérêt singulier ce qui se passait dans la grand'chambre. Elle s'agitait par intervalles; sa poitrine se soulevait d'émotion à chaque éclat de voix des orateurs : telle était sa préoccupation qu'elle ne remarqua même pas la présence des jeunes gens, séparés d'elle seulement par une mince cloison à hauteur d'appui.

Mais Vireton sans doute n'avait pas les mêmes raisons qu'elle de se cacher dans l'ombre; il s'avança vers l'autre extrémité de la tribune et ouvrit hardiment les rideaux. Un éclat subit pénétra dans la lanterne; alors les arrivans purent s'assurer que leur intrépide voisine n'était pas entièrement seule dans la loge; deux hommes, enveloppés de manteaux comme Fabien, se tenaient près de la porte du fond et semblaient prêts à la défendre, le cas échéant.

Vireton examina d'abord l'inconnue avec attention, puis il fit signe à Fabien de s'approcher du balcon pour jouir du spectacle majestueux qu'offrait la grand'chambre en ce moment.

La salle était tendue en tapisseries de haute lisse, à fleurs de lis d'or sur un fond bleu. Les mêmes tapisseries couvraient les banquettes sur lesquelles s'asseyaient les conseillers et les pairs du royaume, d'où l'on disait que le parlement *siégeait sur les fleurs de lis.* En face des observateurs, de l'autre côté de la salle, se trouvait une seconde lanterne; mais celle-là ne contenait ni des curieux ni des femmes; les rideaux et les châssis relevés permettaient de voir un groupe compacte de gentilshommes portant l'écharpe isabelle. Cette circonstance fit froncer le sourcil à maître Eustache, qui venait d'apercevoir le coadjuteur assez empêché.

Les banquettes étaient disposées sur trois côtés de la salle. Celles qu'on avait adossées aux murailles se trouvaient beaucoup plus hautes que celles du centre; aussi chaque membre de cette noble assemblée était-il parfaitement en vue. Les pairs, avec leurs splendides costumes, leurs manteaux brochés d'or, leurs chapeaux à plumes blanches, se confondaient avec les simples conseillers en simarre et en ceinture noire; il était même d'usage, afin que la plus grande égalité parût régner entre tous les membres de l'assemblée, que deux conseillers siégeassent à chaque extrémité d'une banquette occupée par les pairs.

Du reste, les princes du sang n'étaient pas mieux traités que le menu fretin de la chambre des enquêtes: ils s'asseyaient sur une banquette particulière de la plus grande simplicité, en face des présidens à mortier; c'était là leur seul privilège. Le banc des présidens n'avait non plus aucune distinction importante; il s'appuyait contre le côté gauche de la muraille qui faisait face à la porte; le premier président, placé dans l'angle de la salle, pouvait embrasser d'un coup d'œil toute l'assemblée. Le seul objet qui rendît reconnaissable cette place d'honneur était un ancien tableau suspendu directement au-dessus, et qui, dans un même cadre, contenait trois sujets différens; celui du milieu représentait un Christ en croix devant lequel se prononçaient les sermens. Une famille de robe possède aujourd'hui, on ne sait à quel titre, ce tableau curieux, qui devrait appartenir à nos collections nationales.

L'assemblée avait un air de simplicité et de grandeur, de sévérité et de majesté dont nos assemblées législatives modernes donneraient difficilement une idée. Elle empruntait surtout son autorité souveraine au mérite supérieur de la plupart des personnages qui la composaient, personnages dont les noms sont restés consignés dans les fastes de notre histoire.

Le premier président était alors Mathieu Molé, la *Grande-Barbe*, comme l'appelait le peuple de Paris; Mathieu Molé, ce noble et imposant modèle de l'ancien magistrat français, inflexible comme la raison, inexorable comme la justice. Autour de lui, parmi les présidens à mortier, se groupaient d'Aligre, de Nesmond, de Bellièvre, de Mesmes; au parquet des gens du roi on remarquait l'éloquent, le savant, le pathétique Omer Talon. Parmi les pairs, les familles les plus célèbres de France étaient représentées par les Rohan, les Bouillon, les Brissac, les La Rochefoucauld, et tant d'autres qu'il serait trop long de citer. On ne voyait cependant, au banc des princes du sang, que le prince de Condé et le prince de Conti; monsieur Gaston d'Orléans n'avait pas osé se rendre à cette séance, qui promettait d'être agitée; il n'avait pas quitté le Luxembourg : les accès de frayeur auxquels il était sujet s'appelaient alors *les coliques de Son Altesse Royale.* Seulement, fidèle à son habitude de se ménager également les deux partis, il avait envoyé la moitié de sa noblesse à Condé et l'autre au coadjuteur; aussi les deux factions avaient-elles été fort surprises, quand elles s'étaient trouvées en présence, de voir la livrée de Monsieur dans les deux camps à la fois.

Malheureusement cette illustre compagnie n'offrait pas ce jour-là son aspect accoutumé. Au moment où Fabien se penchait au balcon de la lanterne, une altercation venait de s'élever entre le prince de Condé et le coadjuteur. Le premier, irascible, hautain, fruste dans son langage, comme tous les hommes d'action, faisait retentir la salle des accens de sa colère; le second, adroit, insinuant, poli, mais ferme et opiniâtre, lui répondait avec des formes respectueuses, mais sans lui céder sur aucun point. La plupart des membres du parlement, et surtout les jeunes conseillers de la chambre des enquêtes, prenaient chaudement parti pour l'un ou pour l'autre, suivant leurs opinions; mais les vieux magistrats et les présidens semblaient voir avec douleur les scènes de désordre dont le temple des lois était le théâtre.

— Oui, monsieur, s'écriait le prince de Condé d'une voix tonnante, c'est un grand scandale qu'un ecclésiastique ambitieux ose profaner ainsi le sanctuaire de la justice? Le palais est entouré de troupes apostées par vous; vos gens ont des mots d'ordre, des signes de ralliement, des armes de toutes sortes... Vrai Dieu! monsieur le coadjuteur, ceci devient intolérable.

Paul de Gondi s'inclina.

— Je ne nie pas, reprit-il avec une politesse ironique, peut-être à cause de son exagération, que je me sois fait accompagner de quelques amis pour maintenir ma liberté de penser et peut-être pour défendre ma vie... Mais Votre Altesse daignerait-elle me dire pourquoi, si je lui parais coupable, elle se fait suivre d'une noblesse de beaucoup supérieure en nombre à mes amis?

Le prince se dressa de toute sa hauteur.

— Morbleu! messieurs, s'écria-t-il avec colère, avez-vous jamais entendu pareille chose? Un coadjuteur de l'archevêque de Paris se met en parallèle avec moi, Louis de Bourbon! Jusqu'où donc ira son insolence? Paul de Gondi, concevrait-il la pensée de disputer le pas au premier prince du sang?

Un profond silence, le silence de la terreur, régna dans la salle; mais Gondi ne parut pas terrassé par cette véhémente apostrophe.

— Je n'ai jamais eu la pensée de disputer le pas à Votre Altesse, reprit-il de sa voix doucereuse, et certes on ne trouverait pas dans tout le royaume un homme assez insolent pour oser le faire; mais il est des personnes, dans cette salle même, qui, par leur dignité, peuvent et ne doivent céder le pas qu'au roi; Votre Altesse n'aurait pas dû l'ignorer ou l'oublier.

Cette réponse modérée mais vigoureuse provoqua des murmures et des applaudissemens. Le tumulte de l'assemblée interrompit pendant quelques minutes cette lutte de paroles amères.

Malgré l'intérêt que Fabien et son compagnon prenaient à ces événemens, ils n'avaient pu s'empêcher de remarquer l'émotion singulière de leur voisine inconnue. Le cou tendu, retenant son haleine, elle soulevait légèrement un coin du rideau pour mieux apercevoir les traits et la contenance du coadjuteur. Quand Gondi se tut, elle laissa brusquement retomber la draperie, et dit avec agitation en se renversant en arrière :

— Bien, bien, il n'a pas fléchi... il n'a pas reculé d'un pouce! et moi qui les accusais d'être d'accord pour me tromper!

Ces paroles, prononcées d'une voix étouffée, n'arrivèrent pas distinctement aux oreilles des deux jeunes gens; mais Eustache, qui semblait fort bien connaître cette dame, poussa Fabien d'une manière significative. Bientôt l'inconnue se pencha de nouveau sur la balustrade de la tribune, et retomba dans l'immobilité de l'attention.

Pendant ce temps, le silence s'était un peu rétabli; le prince de Condé reprit avec dédain :

— L'avez-vous entendu, messieurs? Monsieur de Gondi pense qu'il y a des dignités qui ne doivent céder le pas qu'au roi... Il serait bon peut-être qu'il nous dît s'il croit que la dignité de coadjuteur de l'archevêque de Paris est de ce nombre.

— Je n'oserais le dire, répliqua le coadjuteur; mais si cela était, peu de personnes trouveraient de la facilité à me faire céder le pas... surtout en ce moment.

— C'est un défi, jour de Dieu! c'est un défi que me porte ce prêtre orgueilleux! s'écria le prince indigné.

Mille cris partirent de tous les points de la salle. Les assistans se levèrent précipitamment; les présidens, Mathieu Molé en tête, se jetèrent entre les deux rivaux et les supplièrent, les larmes aux yeux, de mettre fin à cette terrible scène, qui pouvait causer les plus grands malheurs. C'était un spectacle imposant que de voir ces illustres magistrats, avec leur costume de cérémonie, leurs longues simarres d'hermine traînant jusqu'à terre, se prosterner presque aux genoux du prélat et du prince.

— Songez, monsieur, disait Omer Talon au coadjuteur, que vous êtes ministre des autels et que vous ne devez aimer ni le trouble ni le sang... Le premier coup d'arquebuse qui partira dans le palais ira retentir au dehors jusqu'aux limites de la France; la première goutte de sang qui coulera dans cette enceinte peut devenir un océan qui inondera bientôt la patrie!

— Monseigneur, disait Mathieu Molé dans un autre groupe au prince de Condé, Votre Altesse est le plus ferme appui du trône; est-ce à vous de l'ébranler? Vous avez sauvé la France dans vingt batailles; voulez-vous la perdre dans une guerre civile? Prince du sang royal, est-ce à vous à braver les lois?

Mais ces nobles paroles étaient perdues pour la foule qui s'agitait en tous sens. Les pairs se rapprochaient du chef de leur parti pour le soutenir, et se provoquaient déjà. Les jeunes conseillers s'assuraient que les poignards cachés dans leur ceinture ne leur manqueraient pas au besoin. Enfin, cependant, la voix forte du prince de Condé domina le bruit.

— Messieurs, dit-il d'un ton plein de dignité, je m'appelle Louis de Bourbon, et, quoiqu'on en dise, je ne veux pas la ruine de l'État; je prie monsieur de La Rochefoucauld d'aller donner à mes amis qui sont dans la grand'-salle l'ordre de se retirer.

— En ce cas-là, repartit le coadjuteur, je vais moi-même prier les miens de s'éloigner; je suis un homme de paix et, quoiqu'on en dise, j'ai horreur du sang.

Un murmure de satisfaction accueillit cette sage résolution des deux rivaux; le sourire reparut sur bien des visages austères. Le coadjuteur et le duc de La Rochefoucauld sortirent pour aller faire évacuer la grand'salle; les présidens regagnèrent leur place. Les causeries continuaient, mais les démonstrations menaçantes avaient cessé; c'était comme un moment de calme entre deux tempêtes.

Pendant ce temps, la dame masquée, appuyant son menton sur sa main, continuait de se livrer à ses réflexions. Eustache se pencha vers Fabien et lui dit à voix basse :

— Il n'est plus nécessaire de vous cacher maintenant, monsieur de Croissi, vous pouvez quitter ce manteau qui vous étouffe... Mais dites-moi, de grâce, si vous ne reconnaissez pas cette dame qui semble prendre tant d'intérêt à ces débats?

— Et comment pourrais-je la connaître? dit Fabien en souriant; vous savez bien, Eustache, que je n'ai pas eu l'occasion de fréquenter beaucoup de femmes à Paris..... D'ailleurs...

— Il faut cependant lui parler! reprit Vireton d'un air mystérieux, car, à ne vous rien cacher, c'est précisément pour elle que vous êtes ici...

Cette conversation fut interrompue par un nouvel événement dont la gravité réclamait toute leur attention à l'un et à l'autre.

Nous avons dit qu'une espèce de calme relatif s'était établi dans la grand'chambre quand le coadjuteur et monsieur de La Rochefoucauld étaient sortis pour congédier les gens armés des deux partis. Tout à coup des cris épouvantables retentirent du côté du parquet des huissiers, qui se trouvait entre le parlement et les deux pas perdus. Il se fit un grand silence, et on prêta l'oreille ; au même instant, un conseiller du parti de Gondi s'écria d'une voix lamentable :

— Au secours! au secours! on assassine le coadjuteur!

A cette nouvelle, la salle entière bondit; des imprécations effroyables, mêlées de hurlemens de joie, s'élevèrent de toutes parts. Molé se redressa, pâle comme un spectre, et leva vers le ciel ses yeux ardens. On courut à la porte, on se poussait, on s'injuriait, on voyait déjà briller des poignards et des épées nues.

En entendant annoncer la mort du coadjuteur, la dame masquée parut frappée de vertige. Elle se leva brusquement, et s'écria d'une voix saccadée en se tordant les mains :

— Ils l'ont tué... C'est pour moi, c'est pour mon service qu'il est mort! Allez, messieurs, continua-t-elle en s'adressant aux deux hommes qui se tenaient immobiles et silencieux au fond de la loge, allez à son secours! Vengez-le... Je veux qu'il soit vengé.

Un des inconnus s'approcha d'elle et lui parla bas avec chaleur.

De son côté, Fabien n'était pas moins bouleversé par l'épouvantable événement dont le bruit venait de se répandre. Il s'élança vers la porte de la loge en s'écriant :

— Le coadjuteur! mon ami, mon bienfaiteur, celui qui m'a secouru dans mon infortune!... Ouvrez, ouvrez, continua-t-il en frappant avec violence du pommeau de son épée la porte de la loge soigneusement fermée.

Eustache courut après lui et le retint par le bras.

— Où donc allez-vous, imprudent? lui dit-il ; que ferez-vous? Songez à votre sûreté!

— Ma sûreté! répliqua Fabien hors de lui, que m'importe ma sûreté, lorsqu'il s'agit de sauver ou du moins de venger mon courageux protecteur! S'est-il inquiété de la sienne, lui, lorsqu'il s'est exposé pour me sauver à la colère d'une reine?

— Silence, malheureux!

— Ouvrez! ouvrez! répéta Fabien, en attaquant la porte dont le gardien s'était enfui.

— Vous n'avez personne à délivrer, personne à venger, reprit tout à coup Vireton en regardant dans la salle, le voici lui-même.

— Qui donc?

— Le coadjuteur... c'était une fausse nouvelle.

Fabien regagna sa place ; en effet le coadjuteur rentrait

dans la grand'chambre, appuyé sur monsieur de Champlâtreux, fils du président Molé. Il était très pâle, il venait réellement de courir un immense danger ; le duc de La Rochefoucauld, en sortant avec lui, l'avait pris par le cou entre les deux battans de la porte du parquet des huissiers ; il l'eût tué sans l'intervention de Champlâtreux.

A la vue du coadjuteur sain et sauf, la dame inconnue fit entendre une exclamation brève, et Fabien, dans les transports de sa joie, embrassa Vireton. Mais de ce moment la femme masquée ne parut plus concentrer uniquement son attention sur la salle ; elle se tournait à la dérobée vers le jeune Croissi, et plusieurs fois elle attacha sur lui ses yeux perçans, qui brillaient comme deux escarboucles à travers les ouvertures de son masque.

Cependant le coadjuteur était retourné lentement à sa place ; d'un geste il réclama le silence.

— Monsieur le président, dit-il, avec un accent pénétré, j'avais cru jusqu'ici que vous étiez mon ennemi ; mais le service que vient de me rendre monsieur votre fils me prouve combien je m'étais trompé..... Je déclare publiquement que je dois la vie à monsieur de Champlâtreux, et je vous en adresse ainsi qu'à lui mes sincères remercîmens.

Molé paraissait profondément ému ; il regarda son fils, puis le coadjuteur, et fit signe de la main qu'il ne pouvait parler. A partir de cet événement commencèrent, entre le premier président et Paul de Gondi, des rapports d'amitié qui ne cessèrent plus.

Cependant le prince de Condé causait chaleureusement avec les conseillers et les pairs de son parti ; il lui fallait nécessairement répondre d'une manière convenable aux paroles du coadjuteur, et il ne voulait pas frapper d'un blâme complet l'action de La Rochefoucauld, un de ses plus hardis partisans.

— Messieurs, dit-il enfin d'un air affligé, je regrette que le zèle d'un de mes amis l'ait emporté si loin à l'encontre de monsieur le coadjuteur ; cependant, monsieur le coadjuteur devrait se souvenir peut-être qu'il n'a pas eu toujours autant d'horreur pour mort que j'en montre aujourd'hui pour la sienne.

— Je sais à quoi Votre Altesse veut faire allusion, reprit le prélat avec calme, mais elle s'est trompée en me croyant capable de m'arrêter un instant sans frémir à la pensée de s^a mort..... Avez-vous songé, continua-t-il en dardant son regard du côté des lanternes, que je pourrais produire un témoin, un témoin irrécusable, dont l'aveu vous forcerait vous-même de rendre justice à la loyauté de mes sentimens envers Votre Altesse ?

— Levez-vous, ne vous cachez pas, dit Eustache Vireton en s'adressant à Fabien.

La dame masquée s'agita sur son siége.

— Un témoin ! répéta le prince d'un air de défi, un témoin qui me fournirait la preuve que vous n'avez pas voulu récemment attenter à ma vie ? Faites-le venir, monsieur le coadjuteur, faites-le sortir, et s'il me prouve ce que vous dites, je vous tiendrai pour mon véritable ami... Mandez ce personnage ; il recevra des marques de ma munificence et du désir que j'ai de vous trouver innocent envers moi des noirceurs dont on vous accuse. Si ce témoin est ici, qu'il se montre, qu'il parle, je lui promets ma protection et mon appui.

En même temps le prince promena les yeux autour de lui ; la dame masquée eut peine à cacher une vive émotion en voyant ce regard s'attacher sur Fabien. Elle se souleva à demi, comme pour s'élancer au moindre mot, au moindre signe...... Fabien ne bougea pas. Le coadjuteur sembla, pendant quelques secondes, prendre plaisir à tenir en suspens l'attention générale.

— Votre Altesse, dit-il enfin d'un ton froid, a mal compris le sens de mes paroles. Le témoin dont je veux parler, c'est Dieu, qui voit tout, qui connaît tout, et qui sait bien que je ne saurais entrer dans un complot dirigé contre les jours de Votre Altesse.

Cette explication produisit quelque rumeur et même un certain désappointement dans la salle ; mais la dame masquée fit un geste de satisfaction, et se mit à causer à l'écart avec ses mystérieux compagnons.

XVIII

LE PARDON.

La séance, après cette violente discussion, ne présenta plus rien de remarquable qu'une querelle assez vive entre le duc de La Rochefoucauld et le duc de Brissac ; mais ces incidens n'ont aucun rapport avec notre histoire. Enfin dix heures sonnèrent à l'horloge de la salle ; c'était l'heure où la grand'chambre se séparait d'ordinaire. Le premier président annonça d'une voix tremblante de joie que l'audience était levée.

Un mouvement général suivit cette déclaration. Les membres du parlement commencèrent à sortir par groupes distincts, qui s'observaient, sans toutefois se menacer. Fabien et son guide se levèrent pour aller rejoindre le coadjuteur dans la grand'salle ; cette fois ils n'eurent pas de peine à se faire ouvrir la porte de la lanterne, car, l'alarme passée, le gardien avait regagné son poste. Cependant Vireton regardait d'un air préoccupé dans la loge voisine, et semblait s'éloigner avec répugnance.

Lorsqu'ils arrivèrent dans le couloir, ils trouvèrent la porte de cette loge encore gardée par plusieurs hommes enveloppés de manteaux. Ils allaient passer, lorsqu'un de ces inconnus, celui-là même qui s'était tenu près de la dame masquée pendant la séance, posa la main sur l'épaule de Fabien, et lui dit d'une voix rude, mais qui n'avait rien d'hostile :

— Un instant, monsieur de Croissi ; quelqu'un vous attend de côté.

Fabien reconnut le maréchal d'Hocquincourt, et, par l'ouverture du manteau, il remarqua plusieurs paires de pistolets suspendus au ceinturon de l'ami de la reine.

— Quoi ! c'est vous, monsieur le maréchal ? dit le jeune Croissi d'un ton amical en lui pressant la main ; je suis heureux de rencontrer enfin un seigneur généreux à qui je dois tant de reconnaissance.

— Bien, bien, mon brave garçon, répondit d'Hocquincourt à demi-voix ; si vous conservez un bon souvenir de moi, de mon côté je n'ai pas oublié votre conduite courageuse et chevaleresque..... Mais ne réveillons pas en ce moment de pareils souvenirs... Il y a là, continua-t-il en désignant la lanterne, une personne qui désire vous voir, et qui croit avoir des torts à réparer envers vous.

— Quoi ! cette dame masquée...

— Ne la connaissez-vous pas ?

Alors seulement Fabien apprit ce que le lecteur a sans doute deviné, la dame masquée était la reine.

D'Hocquincourt, sans lui laisser le temps de se reconnaître, l'introduisit dans la loge obscure. La reine, drapée dans sa mante, semblait brisée par une grande émotion. Le jeune Croissi voulut fléchir le genou devant elle.

— Restez debout, dit Anne d'Autriche, je n'ai qu'un instant à vous donner... Jeune homme, ce que je viens de voir m'a fait connaître mes véritables amis. Dites à monsieur le coadjuteur que sa souveraine est heureuse d'avoir des serviteurs tels que lui... J'ai deviné sa pensée à votre sujet ; il savait que je devais me trouver à la séance, il a voulu me prouver que votre fidélité demeurerait inébranlable comme la sienne. Si vous aviez dit un seul mot tout à l'heure, devant le parlement, sur ce que vous savez, il eût pu résulter de grands malheurs pour moi, pour la France !... A partir de ce moment, monsieur, vous n'avez plus besoin de vous cacher ; vous êtes libre. Maintenant ma colère est tombée ; je puis apprécier les motifs de votre conduite passée, et peut-être trouverai-je moyen de vous prouver bientôt le cas que je fais de votre caractère.

— Madame, dit Fabien d'un ton pénétré, Votre Majesté se montre si pleine de clémence et de bonté, que je la supplie d'étendre son pardon jusqu'à l'infortunée jeune fille qui...

— Ah! Montglat? reprit la reine avec un peu d'aigreur; c'est une autre affaire... mais n'importe, je lui pardonne aussi. J'imagine que vous avez les moyens de le lui apprendre?

— Celle dont parle Votre Majesté est ma femme.

— Vraiment? je reconnais à ce trait l'adresse ordinaire du coadjuteur : il n'a pas voulu qu'on pût pardonner à l'un sans pardonner à l'autre... Dites donc à votre protecteur que je vous rends mes bonnes grâces, à tous les deux, à cause de lui. Venez ce soir au Palais-Cardinal avec cette... jeune femme; nous verrons ce que nous pourrons faire pour votre fortune. Monsieur d'Hocquincourt est votre ami; il vous introduira dans mon cabinet avant l'heure du cercle... Adieu.

Le jeune homme allait se confondre en remercîmens, mais elle l'interrompit.

— Votre bras, monsieur d'Hocquincourt, dit-elle précipitamment.

Et elle s'éloigna, suivie des quatre ou cinq personnages qui lui servaient de gardes. Elle prit un couloir obscur, et sans doute elle sortit du palais de justice par des détours inconnus du public.

Fabien était resté comme étourdi par cet événement inespéré. Eustache Vireton, qui, caché derrière la cloison de la lanterne, avait tout entendu, l'entraîna dans la grand'salle avant qu'il eût repris ses sens. Ils trouvèrent le coadjuteur debout au milieu d'un groupe animé ; en les apercevant il vint au-devant d'eux.

— Eh bien ! demanda-t-il avec empressement.

— Tout a réussi merveilleusement, monseigneur, dit Eustache; grâce entière pour tous les deux ! Monsieur Fabien s'est conduit comme s'il avait eu connaissance de nos projets.

— Bravo ! dit le prélat en se frottant les mains.

— Et c'est encore à vous que je dois tant de bonheur, monseigneur, dit Fabien avec reconnaissance; la reine nous accorde notre grâce en récompense du dévouement que vous venez de montrer pour son service.

— Ah! elle est contente de mon dévouement, dit le coadjuteur d'un air de malice, en portant la main à son cou, encore très enflé par suite de la tentative criminelle de monsieur de La Rochefoucauld. Hum ! je ne voudrais pas en donner chaque jour de pareilles preuves... Mais il est temps de nous séparer... Allons, messieurs, retournons au cloître.

Il descendit avec ses amis l'escalier de la rue de la Barillerie, pendant que les partisans de Fabien se retiraient par l'escalier de la Sainte-Chapelle. « Et ainsi se termina, dit le coadjuteur lui-même dans ses mémoires, cette matinée, qui faillit abîmer tout Paris. »

Fabien éprouvait, comme on peut le croire, la plus vive impatience d'annoncer à Elisabeth le résultat, heureux pour elle et pour lui, de cette mémorable séance. La jeune femme s'émut surtout à la nouvelle que la reine les recevrait le soir même au Palais-Cardinal.

— Elle n'est donc plus irritée contre moi? s'écria-t-elle en versant des larmes d'attendrissement. Oh! Fabien, si vous saviez ce que j'ai souffert de penser que ma bonne et royale maîtresse avait pour moi de la haine et du mépris!

Le reste de la journée se passa pour les jeunes époux en projets d'avenir. Cependant la joie de Fabien était empoisonnée par le souvenir de la manière cruelle dont Albert de Croissi avait été traité dans la grand'salle. D'ailleurs, le baron devait se battre le soir même avec le capitaine des gardes du prince de Conti, et Fabien, quels que fussent les torts de son frère envers lui, ressentait de vives appréhensions en songeant aux suites possibles de ce duel. Il restait pensif et rêveur au moment même où Elisabeth s'abandonnait aux plus douces espérances.

Ils ne purent voir le coadjuteur du reste de la journée; il était dans son cabinet, entouré de ses partisans et d'une foule de personnes de qualité qui venaient au cloître pour causer des événemens de la matinée. La cour et la ville semblaient s'être donné rendez-vous ce jour-là chez Paul de Gondi, tant l'affluence des carrosses était grande au petit archevêché. Cependant, à la chute du jour, le nombre des visiteurs diminua, les jeunes gens allaient se préparer à partir, lorsque parut maître Eustache, tout pimpant, en manchettes et en rabat de dentelles. Il entra tout sautillant; derrière lui deux laquais portaient un costume complet de cavalier, de la plus grande richesse.

— Quoi ! pas encore prêts? dit-il en riant, et c'est dans une heure que vous devez être présentés à la reine? Mais je sais ce que c'est; monsieur de Croissi ne trouve pas son habit vert convenable pour cette circonstance solennelle... eh bien ! en voici un nouveau qu'il est prié d'accepter, et dont il va se revêtir sans perdre de temps.

Les laquais déposèrent les vêtemens sur un meuble et sortirent.

— Quoi ! demanda Fabien au comble de l'étonnement, ce somptueux costume m'est destiné?

— Oh ! ce n'est rien encore; si cette aimable dame veut bien passer dans la chambre voisine, elle y trouvera la plus magnifique toilette de cour qu'il soit possible d'imaginer... Robe de velours, vertugadins, dentelles, tout est d'un goût exquis... J'ai laissé dame Germain en pâmoison devant ces belles choses.

— Mais, enfin, dites-nous...?

— Je vous dirai de plus, continua l'écolier, que vous n'irez pas au Palais-Cardinal à pied, comme des solliciteurs et de petites gens... On prépare un carrosse pour vous transporter chez la reine; vous aurez des pages à cheval aux portières; des laquais courront en avant et porteront des torches : ce sera royal.

— Mais, au nom du ciel ! à qui devons-nous tant d'attentions délicates et de si riches présens?

— Et à qui pourriez-vous les devoir sinon au brave, au généreux, au galant Paul de Gondi, coadjuteur de l'archevêque de Paris et bientôt cardinal de Retz?

— Y songez-vous? demanda Fabien, monseigneur, accablé d'occupations, d'embarras, de soucis...

— A pu penser encore à la parure de madame de Croissi, à votre pourpoint et à vos fraises, au carrosse qui vous convient le mieux, au nombre et à la qualité des gens qui doivent vous accompagner; car il pense à tout, voit tout et sait tout... Il a suffi de quelques mots, qu'il m'a glissés en causant avec des grands seigneurs, des princes et des ducs. J'ai porté des ordres à deux ou trois de ses familiers; les ordres ont été exécutés comme par enchantement... Tenez, une fois pour toutes, je vous dirai mon opinion sur cet endiablé de coadjuteur : s'il avait douze royaumes à gouverner à la fois, il les gouvernerait seul et mieux que le premier ministre, beaucoup mieux que ne sont gouvernés certains États, et il trouverait encore du temps pour composer des sermons et des madrigaux,... Mais hâtez-vous ; il ne faut pas faire attendre la personne que vous allez visiter... elle n'aime pas cela, je suppose.

Elisabeth, souriant des réflexions du sorbonnien, sortit pour aller se parer avec le secours de dame Germain. Quant à Fabien, il se mit sur-le-champ à sa toilette, sans que son compagnon voulût le quitter d'un instant. Loin de là, Vireton s'assit dans un fauteuil, étendit ses jambes, dont il examina complaisamment les contours sous des bas de soie neufs, et reprit d'un ton dégagé :

— Oui, vraiment! nous aurons fort bon air dans ce beau carrosse escorté de laquais et de pages, et certainement notre arrivée fera sensation au Palais-Cardinal.

— Quoi ! maître Eustache, demanda Fabien avec surprise, devez-vous donc aussi nous accompagner?

— Et pourquoi non? dit le sorbonnien un peu piqué, ne trouvez-vous pas que j'aie une tournure assez cossue ?

Vive Dieu ! je n'ai pas à regretter ma vieille soutane noire d'autrefois, depuis que je suis dans ce cloître... *Sit nomen Domini benedictum !* Ces pauvres hères de la rue des Maçons ne me reconnaîtraient plus dans cette soie et ces dentelles ; aussi je me propose un de ces jours d'aller rôder de ce côté afin de leur montrer ma prospérité... Mais, pour revenir à votre question, qu'y a-t-il d'étonnant que j'aille avec vous à la cour ? ne pourrais-je pas bien passer pour votre secrétaire, votre intendant, que sais-je ?

— Mon pauvre Eustache, dit Fabien avec simplicité, je n'ai pas voulu vous fâcher ; je suis trop pauvre pour avoir intendant ou secrétaire, et, si vous m'accompagnez, ce sera seulement à titre d'ami.

— Merci, monsieur de Croissi, reprit Eustache avec émotion, je n'oublierai pas cette bonne parole ; mais, continua-t-il plus gaiement, en vous accompagnant au Palais-Cardinal, je n'ai pas le désir d'affronter le regard de basilic de cette reine... Pendant que vous entrerez par la porte d'honneur, pour aller dans les salons royaux, moi j'entrerai par la porte du cloître, pour aller aux cuisines ; j'ai des affaires de ce côté.

— En effet, vous visiterez sans doute ce brave garçon qui nous a rendu des services signalés, et que j'aurais voulu pouvoir récompenser.

— Oh ! quant à la récompense, il est au comble de ses vœux ; je vais lui porter la nouvelle qu'il est marmiton en chef des cuisines royales ; il crèvera d'orgueil et de joie.

— Je le félicite sincèrement de sa nouvelle dignité, dit Fabien, qui ne put s'empêcher de sourire.

— C'est encore un des tours du coadjuteur ; il a bâclé cette affaire ce soir avec le pourvoyeur du palais, qui venait lui présenter ses respects... Croyez-vous que cet ambitieux de Boniface a refusé déjà d'être sous-aide de cuisine chez monseigneur ? Il me répondit fièrement, quand j'en fis la proposition il y a quelques jours, qu'il était marmiton du roi, et qu'il ne pouvait déroger à servir un coadjuteur... Mon cousin est le contraire de César, qui préférait être *primus in vico quam secundus in Romá*.

La toilette de Fabien s'acheva pendant cette conversation ; Elisabeth reparut bientôt, parée de tout ce qui pouvait rehausser la grâce et la beauté d'une femme à cette époque. Eustache s'extasiait sur leur bonne mine et leur élégance à tous deux.

Fabien offrit la main à sa femme ; ils descendirent dans la grande cour ; un carrosse très élevé, quoique sans armoiries, les attendait. Comme l'avait annoncé Vireton, des laquais à cheval devaient les escorter et porter des flambeaux. Ils prirent place dans le carrosse ; mais, au moment de sortir du cloître, un embarras subit les arrêta quelques instans.

Une troupe nombreuse de soldats encombrait la porte. Elle écoutait une discussion engagée entre le chef des gardes du coadjuteur et un gentilhomme étranger qui portait l'uniforme et les insignes d'officier. Comme la foule s'entr'ouvrait lentement pour laisser passer le carrosse, Fabien put entendre quelques mots de cette altercation.

— Je vous dis que vous ne pouvez voir monseigneur, si vous n'avez un ordre exprès signé de sa main ! s'écriait le chef des gardes ; je connais tous les amis de monseigneur, et vous m'êtes inconnu... Nous ne laissons pas ainsi pénétrer jusqu'à Son Éminence ; ses ennemis auraient trop de facilité à se débarrasser d'elle.

— Et moi j'affirme au contraire, répliqua l'officier étranger, que je suis fort connu du coadjuteur, quoique je ne sois pas de son parti. J'ai des raisons pour cacher mon nom en ce moment, mais je veux entretenir votre maître d'une affaire d'honneur qui ne souffre aucun retard.

Fabien, se penchant à la portière, jeta sur le solliciteur un regard distrait ; il pâlit tout à coup en reconnaissant le marquis de Crenan, le capitaine aux gardes avec lequel son frère avait dû se battre le jour même. Dès que le carrosse eut franchi la porte du cloître, il ordonna d'arrêter,

descendit de voiture, et, revenant sur ses pas, il toucha l'épaule du capitaine.

— Monsieur de Crenan, dit-il à voix basse, un mot, s'il vous plaît.

En s'entendant appeler par son nom, le capitaine se retourna brusquement ; voyant un gentilhomme bien mis et de bonnes manières, il le suivit sans hésiter sur la place du parvis.

— Monsieur le marquis, lui dit Fabien avec émotion, excusez mon indiscrétion, mais pourrais-je vous demander si l'entrevue que vous désirez avoir avec monsieur le coadjuteur est relative à certain duel...

— Qui diable a pu vous dire cela ? interrompit Crenan stupéfait ; mais vous étiez sans doute aujourd'hui dans la grand'salle, et vous avez eu connaissance de cette affaire comme tant d'autres... Eh bien ! oui, c'est relativement à ce duel que je désirais voir le coadjuteur.

— Le coadjuteur personnellement ?

Crenan garda d'abord le silence, comme s'il eût craint de révéler ses secrets à cet inconnu.

— Ma foi ! reprit-il, vous pouvez m'aider à sortir d'embarras. Je vous l'avouerai donc, ce n'est pas au coadjuteur que j'ai affaire, mais à certain jeune gentilhomme qu'il cache chez lui.

— Monsieur Fabien de Croissi ?

— Justement. Le connaîtriez-vous ?

— C'est moi-même.

— En ce cas-là, dit le marquis d'une voix grave, je viens remplir un grand devoir envers vous, monsieur ; veuillez me suivre.

— Où donc ?

— Auprès de votre frère qui va mourir.

— Mon frère... Albert... Où est-il ?

— Là, dit le gentilhomme en désignant un carrosse qui stationnait sur la place du Parvis, à l'ombre des tours de Notre-Dame.

Fabien suivit son guide en chancelant ; il oubliait en ce moment les crimes d'Albert ; une douleur poignante serrait sa poitrine. Crenan monta sur le marchepied et dit doucement :

— J'ai satisfait votre vœu, monsieur de Croissi ; je vous amène ce frère que vous avez désiré revoir.

— Mon frère ! dit une voix faible et cependant impérieuse encore qui sortait du carrosse, est-ce bien Fabien de Croissi qui vient assister à mes derniers momens ?

Le marquis salua, descendit du marchepied et invita Fabien à prendre sa place, pendant que lui-même s'éloignait de quelques pas pour ne point troubler cette lugubre entrevue.

— Oui, oui, c'est moi, monsieur le baron, dit Fabien en sanglotant ; c'est moi qui vous supplie de me pardonner mes torts envers vous, comme je vous pardonne les vôtres envers moi !

Le moribond se tut un instant.

— Allons ! reprit-il comme s'il se parlait à lui-même, voilà bien à peu près les mots que je désirais entendre de sa bouche avant de mourir, lorsque j'ai supplié mon généreux adversaire de me conduire ici !... Eh bien ! monsieur, continua-t-il d'un ton différent et avec une profonde amertume, le fils de madame de Rieul, le petit-fils d'un parvenu, va donc devenir par ma mort baron de Croissi ? J'ai voulu le premier vous saluer de ce titre, et ce désir est sans doute celui d'un bon frère !

Ces paroles furent prononcées avec un accent qui fit frémir Fabien.

— Monsieur le baron, reprit-il avec douleur, pourquoi me supposer des sentimens fort éloignés de mon cœur ? D'ailleurs votre blessure n'est peut-être pas mortelle ; si vous voulez permettre qu'on vous transporte dans le cloître, on vous prodiguera toutes sortes de soins...

Albert s'agita péniblement sur les coussins qui lui servaient de couche.

— Non, non, murmura-t-il en gémissant ; la nuit est trop noire pour que tu puisses voir la pâleur de mon front et sonder la profondeur de ma blessure. Mais rassure-toi, dans quelques instans tu pourras disposer de l'héritage... D'un moment à l'autre, le sang va m'étouffer, le médecin l'a dit. J'ai voulu profiter de mes derniers instans pour te voir, te parler encore... Sans doute tu me trouves bien coupable à ton égard, mais réfléchis à ce que je devais être pour moi. Je t'avais vu trois fois dans ma vie; je te connaissais à peine. Fils d'une femme que je détestais, dont je méprisais l'origine, je t'avais nourri de mon pain, je devais te considérer comme mon vassal... Juge donc des efforts qu'il m'a fallu faire pour te montrer de l'intérêt, de l'affection, lorsque je te croyais nécessaire à mes desseins! Juge de la colère que j'ai dû ressentir lorsque je t'ai vu résister à mes volontés! Qu'étais-tu, pauvre serf, pour refuser de te sacrifier à la fortune de ton aîné? Ces sinistres paroles furent accompagnées de râlemens affreux; Fabien n'osait parler de peur d'irriter l'esprit égaré de son frère. — Allons! sois heureux puisque je ne serai plus là pour le voir, reprit le mourant; mon hôtel est prêt, tu peux aller y prendre à l'instant ton logis... Va t'emparer de mon château de Croissi, les vassaux te connaissent; ils t'ont vu leur égal, ils te verront leur seigneur!... Prends mes biens, mais avec eux je te lègue le désir de les augmenter et l'impuissance d'y parvenir! — Il se tut encore et ses râlemens devinrent plus déchirans. — Mais j'oublie, continua-t-il enfin avec une espèce de joie méchante, que tu ne pourras jouir paisiblement de tout cela... Te voilà captif dans le cloître Notre-Dame, et tu le seras bientôt dans une prison d'Etat. Je connais les courtisans, ils ne te pardonneront pas; ton protecteur se lassera de te défendre ou bien il sera vaincu... Malgré ta farouche conscience, la vie ne sera pas pour toi semée de fleurs... Et puis ta fiancée, ta chère Elisabeth, tu ne pourras l'épouser : elle est condamnée comme toi. Oui, oui! quoique tu hérites de ton aîné, toi simple cadet né pour la misère, tu ne profiteras pas de cet heureux hasard qui te protège... et cela console! — Fabien restait immobile et silencieux. Que répondre à l'expression de cet affreux délire, signe certain d'une désorganisation prochaine? Il versait des larmes amères. En ce moment, Elisabeth, qui cherchait Fabien et s'inquiétait de sa longue absence, accourut avec les pages qui portaient des flambeaux. L'éclat subit des torches laissa voir au mourant les riches habillemens des deux jeunes gens; il se souleva péniblement, et dit avec une sombre expression de haine : — C'est donc là cette jeune fille que tu préfères à tout? Elle t'a donc suivi? Que fait-elle ici dans cette brillante parure? Toi-même, d'où te vient ce costume si différent des habits de drap gris que tu portais au manoir? Prévoyais-tu donc que tu deviendrais sitôt baron de Croissi? — La jeune fille se pencha dans l'intérieur du carrosse pour connaître l'interlocuteur de Fabien; son regard rencontra le regard fauve de son beau-frère. — Bonjour, mademoiselle, dit Albert avec ironie, vous allez donc épouser votre fiancé, maintenant que je ne pourrai plus y porter obstacle?

— Monsieur le baron, dit Elisabeth timidement en baissant les yeux, ignorez-vous que nous sommes mariés?

— Mariés! mariés! répéta Croissi d'une voix sourde; imprudens! ils se marient lorsque la prison d'Etat attend l'époux, et le couvent l'épouse!

Elisabeth regarda Croissi d'un air d'étonnement; elle voyait bien qu'il était blessé, mourant, mais elle ne comprenait rien à cet égarement farouche. Fabien lui fit un signe de la main, mais elle se méprit sur le sens qu'elle devait y attacher.

— Etes-vous si mal, monsieur le baron? dit-elle avec tristesse; nous serions heureux de consacrer notre vie pour embellir la vôtre, maintenant que nous allons être heureux.

— On vous a donc pardonné?

— La reine a daigné nous accorder notre grâce, et nous allions la remercier au Palais-Cardinal.

— Au Palais-Cardinal? reprit le baron en s'agitant convulsivement, vous allez au Palais-Cardinal? mais sans doute on vous introduira par la porte dérobée, comme les roturiers et les intrigans. Moi, je n'ai jamais pu pénétrer au palais par la porte d'honneur... Mais ce carrosse, ces flambeaux, cette livrée!... répondez, continua-t-il d'une voix tonnante où s'étaient réunies ses dernières forces, est-ce par la porte d'honneur que vous entrerez chez la reine? — Fabien ne répondit pas. — Il est donc vrai? s'écria le mourant; tu as obtenu plus d'avantages avec ta grossière vertu que moi, ton aîné, avec ma raison et ma sagesse; comme ce Jacob dont me parlait mon précepteur dans mon enfance, tu m'as volé mon droit d'aînesse! Tu vas être riche, honoré, puissant; tu vas être comblé de faveurs, et moi je meurs méprisé, repoussé de tous... Eh bien!... Adieu... je vous...

La voix expira sur ses lèvres; il ne put achever sa malédiction : il était mort.

Les jeunes gens étaient glacés de terreur. Crenan et Vireton vinrent les arracher à ce spectacle lugubre. Un moment après, les deux voitures se séparèrent, et chacune prit une direction différente; l'une, sombre et silencieuse, roula pesamment vers le faubourg Saint-Germain, où se trouvait l'hôtel du défunt; l'autre partit rapidement pour le Palais-Cardinal, à la lueur éblouissante des torches que portaient les valets.

FIN DU CADET DE NORMANDIE.

www.ingramcontent.com/pod-product-compliance
Lightning Source LLC
LaVergne TN
LVHW050616090426
835512LV00008B/1509